Antonio Cabanas es autor de las obras *El ladrón de tumbas, La conjura del faraón, El sueño milenario* y *El secreto del Nilo,* con los que ha alcanzado gran éxito de crítica y público. Apasionado por la cultura del Antiguo Egipto, de la que es un buen conocedor, Cabanas dedica gran parte de su tiempo a investigar y escribir acerca de ella.

Ha realizado estudios de Egiptología así como de Lengua egipcia y Escritura jeroglífica, y desde 1990 es miembro de la Asociación Española de Egiptología.

Además, Cabanas es piloto de línea aérea, profesión que ejerce en la actualidad. Sus obras han sido traducidas a varios idiomas.

www.antoniocabanas.com

1.ª edición: marzo, 2014

© Antonio Cabanas, 2006
   Fotografías de interior: Thinkstock
© Ediciones B, S. A., 2014
   para el sello B de Bolsillo
   Consell de Cent, 425-427 – 08009 Barcelona (España)
   www.edicionesb.com

Printed in Spain
ISBN: 978-84-9872-936-8
Depósito legal: B. 1.851-2014

Impreso por NOVOPRINT
              Energía, 53
              08740 Sant Andreu de la Barca - Barcelona

Los secretos de Osiris

ANTONIO CABANAS

A mi madre, con todo el cariño
que sin duda merece

Prólogo

Si existe una civilización cuya sola mención sea sinónima de los más insondables misterios, esa es, sin duda, la del Antiguo Egipto. La milenaria cultura de este pueblo se halla impregnada de infinidad de enigmas que parecen perderse entre las espesas brumas de un pasado ya lejano y especialmente distante de nosotros.

Poco tiene en común la mentalidad de los antiguos egipcios con la nuestra y, sin embargo, todo lo que rodea a su recuerdo es capaz de llegar a subyugarnos inexplicablemente. Tanto su historia como su grandioso legado suelen acaparar nuestra atención creando, en ocasiones, una suerte de fascinación difícil de comprender, pero que invita a acercarse aún más a tan ancestral cultura.

Obviamente, los tiempos remotos en los que surgió la civilización del Valle del Nilo han dado pábulo al florecimiento de todo tipo de leyendas y misterios, alguno de ellos ciertamente extraño, que han sido capaces de cautivarnos y hacer que nuestra imaginación pudiera retroceder a una época que parece más propia de los dioses que de los hombres.

Indudablemente, el velo tan hábilmente tejido por los milenarios dedos del tiempo hace que todos estos enigmas lleguen, en ocasiones, distorsionados hasta nosotros, pues, no en vano, cinco mil años son mucho más que una mera lejanía.

Es por esta razón por la que estamos acostumbrados a escuchar las más peregrinas teorías acerca de determinados misterios referentes al Antiguo Egipto. Muchas de ellas obedecen, simplemente, a la ignorancia sobre conceptos fundamentales de la cultura egipcia. Otras, en cambio, surgen como una forma de explicación para lo que nos parece inexplicable.

Esto último no es nada nuevo, pues a través de toda la historia el hombre siempre ha sido proclive a considerar como sobrenatural todo aquello a lo que no encontraba un significado.

Con el Antiguo Egipto sucede algo parecido. Hay quien opina que una sociedad tan desarrollada como fue la del país del Nilo no hubiera sido posible sin una cierta «ayuda exterior»; una civilización mucho más avanzada procedente, quizá, de la mítica Atlántida, o de algún planeta lejano.

Los defensores de tales hipótesis consideran, por ejemplo, que los antiguos egipcios no eran capaces de desarrollar por sí mismos un tipo de escritura y, mucho menos, construir determinados monumentos.

¿Cómo pudieron ser capaces de levantar una obra de la magnitud de la Gran Pirámide? «Es imposible que con los medios de que disponían pudieran hacerlo», se dicen convencidos; por lo tanto, solo seres superiores llegados del espacio, poseedores de la tecnología necesaria, lograrían llevar a cabo semejantes proyectos.

Es cierto que, aún hoy en día, nadie sabe con exactitud cómo los egipcios erigieron la Gran Pirámide; pero esto no significa que no lo hicieran, sino, simplemente, que desconocemos la técnica que emplearon para ello.

Respecto al caso anterior existen, sin embargo, pruebas irrefutables que atestiguan que fueron los antiguos pobladores del Valle del Nilo quienes levantaron este monumento. Lo mismo ocurre con otros muchos aspectos de su cultura, que han sido puestos en entredicho, olvidando que esta civilización abarcó nada menos que tres mil años, durante los cuales se mantuvo fiel a una serie de conceptos que la hicieron única.

El propósito de esta obra no es otro que el de acercar al lector a *Kemet*, «la Tierra Negra», que era como los antiguos egipcios llamaban en realidad a su país. A través de estas páginas recorreremos algunos de los enigmas y curiosidades de la cultura del Antiguo Egipto abordando muchos de los tópicos que la rodean, con la esperanza de que, a su finalización, el lector saque sus propias conclusiones acerca de la sociedad de este milenario pueblo.

Evidentemente, este no pretende ser un libro de historia, ni mucho menos de divulgación científica, de los cuales ya existen magníficos ejemplares, sino solo un medio para hacer llegar el Antiguo Egipto al lector de una forma amena, y a la vez espero que entretenida, a través de ochenta y un enigmas que, indudablemente, no representan más que un grano de arena en el inmenso desierto de una civilización que comprendió tres mil años de historia.

ANTONIO CABANAS

El primer Egipto

¿DE DÓNDE PROCEDÍAN LOS ANTIGUOS EGIPCIOS?

He aquí el primero de los enigmas de esta milenaria civilización, pues se desconoce con certeza cuáles son sus orígenes.

Para los antiguos egipcios, la época anterior a la unificación del país por parte del faraón Menes ocupaba un tiempo imposible de determinar. Este se hundía en las propias raíces de su mitología, pues creían que durante esa época Egipto había sido gobernado por las dinastías de los dioses que tanto respetaban. Tras dicho periodo, los descendientes divinos fueron los encargados de mostrar a los hombres el camino hacia el trono del País de las Dos Tierras, el Alto y Bajo Egipto, enseñándoles todo aquello que constituiría el fundamento de su milenaria cultura.

Aún en la actualidad, la prehistoria del Valle del Nilo no es especialmente conocida, aunque en principio no muestre unas diferencias esenciales de las sinopsis clásicas. Entonces, ¿cuál podría ser el punto de partida de esta civilización?

Algunos científicos sugieren que dicho origen podría situarse a finales del periodo pluvial Abassia, durante el Paleolítico Medio, unos 100000 años a. C., aunque se hayan encontrado instrumentos de piedra muchísimo más antiguos cerca de Abu Simbel, que podrían fecharse entorno a los 700000 años a. C.

Indudablemente, estas fechas solo pueden significar el comienzo de asentamientos que tendrían lugar durante decenas de miles de años; sin embargo, es a partir de la desertización de la zona sahariana, unos 30000 años a. C., cuando los habitantes de esta área se desplazan hacia el Valle, convirtiéndose este en un crisol en el que fraguará la futura civilización egipcia.

Asistimos, sin ningún género de dudas, a una evolución milenaria en la que, al igual que ocurrirá con otros pueblos, los primitivos egipcios serán cazadores y nómadas antes de establecerse sedentariamente en aquella tierra, en la que paulatinamente desarrollarán las bases sobre las que se sustentará su sociedad.

Pero ¿a qué tipo de raza pertenecían los egipcios?

Seguramente, los egipcios fueron el resultado de la unión de otras etnias procedentes de la zona del Sáhara, o de pueblos semíticos venidos desde la península Arábiga. Los restos encontrados nos muestran a individuos tanto de rasgos europeos como negroides, lo cual hace pensar que en algún momento existiera una cierta mezcla racial.

Indudablemente, es posible que gentes venidas desde Mesopotamia también se establecieran en el Valle del

Nilo, lo que explicaría algunas similitudes artísticas entre ambas culturas.

No obstante, en un principio los egiptólogos argumentaron que la raza egipcia era hereditaria de un pueblo invasor que, probablemente, provenía del Próximo Oriente.

Mas estas teorías, que estuvieron en boga en el primer cuarto del siglo XX, defendían la idea de que las culturas africanas eran incapaces por sí mismas de desarrollarse, necesitando de una «ayuda exterior» para poder hacerlo. Dichas hipótesis fueron desestimadas con el paso del tiempo, conforme se avanzó en el conocimiento de las raíces del pueblo egipcio.

Sin embargo, la posibilidad de que una civilización superior apareciera para impulsar el desarrollo de la cultura egipcia dio pie a que surgieran teorías acerca de gentes llegadas de la desaparecida Atlántida, o incluso visitas de extraterrestres.

Hoy, no obstante, todo apunta a que el Valle del Nilo fue un punto de fusión de pueblos venidos desde áreas de su entorno.

Aunque no se conoce con exactitud cuándo llegó el Neolítico a Egipto, sí sabemos que a mediados del V milenio a. C. ya había comunidades sedentarias con una próspera agricultura en la que se cultivaba el trigo. Por ejemplo, la cultura de Badari se nos muestra como una sociedad basada en la agricultura y la ganadería, que nos dejó una magnífica cerámica, así como un gran conocimiento en la manufactura de pieles.

Son estadios de evolución continua que nos han dejado yacimientos arqueológicos como los hallados en

Nagada, cerca de la actual ciudad de Luxor, fechados entre el 4000 y el 3100 a. C., cuyos periodos hoy identificamos como Nagada I y II, en los que queda plenamente patente el florecimiento de aquella sociedad, a la vez que demuestran que, durante miles de años, las influencias recibidas forjaron una civilización absolutamente genuina.

¿EXISTIÓ EL REY ESCORPIÓN?

Hablar del rey Escorpión es hablar sobre un verdadero enigma. ¿Existió realmente este personaje? ¿Tiene algo que ver con la figura que el cine se ha encargado de mostrarnos?

Retroceder más de cinco mil años en busca de alguna pista que nos acerque al mítico gobernante no es una tarea fácil. Las brumas tejidas por cinco milenios y la dificultad que representa la interpretación de los jeroglíficos arcaicos hacen que sea arriesgado el asegurar con rotundidad la existencia de este rey, sobre todo teniendo en cuenta que su nombre no aparece en ninguna de las listas reales confeccionadas por los antiguos egipcios. Entonces, ¿de dónde procede este mito?

En el curso de la campaña arqueológica llevada a cabo por J. Quibell entre 1896 y 1898 en Hieracómpolis, cerca de la actual El Kab, se descubrió en uno de sus templos una maza de piedra con una curiosa decoración. En ella se podía ver claramente representada, y en relieve, la figura de un hombre que portaba la corona del Alto Egipto, en lo que parece un ceremonial de apertura de un canal de riego. Frente al rostro del rey puede observarse la imagen de un escorpión, y un poco más arriba un relieve de una flor en forma de roseta, con siete pétalos, que era usualmente empleada durante el periodo Predinástico para simbolizar a los gobernantes. Este es el origen del nombre del rey Escorpión, cuya maza se encuentra en la actualidad en el Ashmolean Museum de Oxford.

Por si hubiera poca ambigüedad con este personaje, un nuevo descubrimiento vino a complicar aún más la cuestión. En las excavaciones realizadas por la misión arqueológica alemana de El Cairo durante el año 1988, en los cementerios reales de Abydos, se halló una gran tumba subterránea compuesta por doce estancias. Aunque la tumba ya había sido violada, en una de las cámaras se encontró un cetro de marfil *heka*, símbolo del poder real, y cerca de cuatrocientas vasijas procedentes de Palestina, signo evidente de que ya en aquella época se mantenían relaciones comerciales con el Próximo Oriente. Muchas de estas vasijas llevaban pintado con tinta el símbolo del escorpión, lo que hizo pensar en la posibilidad de que el rey que había sido allí enterrado fuera el mismo que el representado en la maza. Indudablemente, esto no es más que una hipótesis, puesto que no se conoce con seguridad el nombre del rey sepultado en esta tumba, aunque sí se sepa su datación, unos cien años antes de la I Dinastía (3200 a. C.), un periodo que los egiptólogos llaman, actualmente, Dinastía 0.

Lo que sí parece quedar claro es el hecho de que bajo el mando del rey representado en la famosa maza,

Egipto debe tener ya un control sobre su agricultura. Son capaces de construir canales y embalses, tan necesarios para sus cultivos, conociendo la eficacia de dichos canales, con los que llegaron a construir verdaderas redes de distribución.

En las imágenes en relieve, el llamado rey Escorpión inaugura un nuevo cauce, sabedor de los beneficios que reportará al país el regar con regularidad el munífico limo que cubre los campos. Ello nos habla de una organización agraria y un asentamiento definitivo de aquella civilización.

Históricamente, este rey puede representar un punto de partida que emerge de las penumbras de los mitos. Dichos relieves nos dicen que era soberano del Alto Egipto, así como también que el país todavía no se encontraba unificado.

Evidentemente, con semejantes datos solo se pueden hacer conjeturas respecto a la figura del rey Escorpión, que, a la postre, quizá fuera uno más de entre los muchos gobernantes que reinaron en el Alto Egipto hacia finales del Predinástico.

Como es fácil de comprender, cualquier parecido de este legendario rey con el que se ha propuesto en alguna película solo puede ser debido a la imaginación del guionista.

¿FUE MENES EL PRIMER REY DE EGIPTO?

Siempre que miramos hacia los albores de la civilización egipcia, el nombre del mítico Menes surge ante nosotros como la primera figura histórica del país del Nilo; pero ¿existió realmente este rey?, ¿no fue Narmer el unificador del Alto y Bajo Egipto, y por tanto el primer faraón?

En el siglo III a. C., el sacerdote egipcio Manetón escribió su famosa *Crónica de Egipto*, en la que relata la historia de este país desde el principio de los tiempos. En ella instituye el sistema de dinastías tal y como hoy lo entendemos, asegurando que el primer rey de la I Dinastía fue Meni, al que los griegos llamaron Menes, nombre con el que hoy es conocido. Esta misma figura encabeza las listas reales grabadas en el templo de Seti I, en Abydos, durante el comienzo de la época ramésida, dos mil años más tarde, y se encuentra escrita sobre papiro en el llamado Canon Real de Turín.

En ese caso, ¿es Menes, y no Narmer, el primer rey de Egipto? ¿Existe la posibilidad de que ambos monarcas sean la misma persona o, simplemente, debe ser considerado Menes como un mero personaje mitológico?

Sería imposible responder a tales cuestiones con rotundidad, pues concurren teorías para todos los gustos, que han dado lugar a las más encendidas críticas y controversias entre los mismos académicos, aunque, eso sí, esté fuera de toda duda la existencia del rey Narmer.

Durante las excavaciones realizadas en Hieracómpolis en el año 1897, J. Quibell hizo un hallazgo de extraordinaria importancia. En el depósito principal de un templo descubrió una paleta de esquisto, de forma triangular, de 63 cm de altura, en cuya superficie estaban grabados una serie de bajorrelieves de asombrosa belleza. En ella se puede observar, por primera vez, a un rey portando las coronas del Alto y Bajo Egipto mientras somete a sus enemigos. El monarca en cuestión no es otro que Narmer, y las escenas representadas en la paleta fueron interpretadas como una conmemoración de la unificación del país.

Sin embargo, algunas voces ponen en duda la explicación anterior, proponiendo que las imágenes grabadas se refieren simplemente a la conmemoración de alguna victoria, o incluso a un mero acto ritual. Entonces, ¿por qué motivo se tiene a Narmer como el primer rey de un Egipto unificado? ¿Responde tal aseveración a una ligereza por parte de los egiptólogos?

La cuestión se aclaró con el descubrimiento, por parte de la misión arqueológica alemana de El Cairo, de un sello en el que vienen reflejados, en perfecto orden cronológico, los ocho primeros reyes de la I Dinastía. El sello en cuestión fue hallado en el cementerio real de dicha dinastía en Abydos, y en él puede leerse que el primer faraón tuvo por nombre Narmer. ¿Debemos, pues, desechar definitivamente a Menes como soberano de Egipto?

La respuesta es complicada, sobre todo si tenemos en cuenta que, como dijimos antes, su nombre se encuentra inscrito en las listas reales. Incluso Heródoto hace referencia a él en sus crónicas asegurando que, tal y como le contaron los sacerdotes egipcios, este rey fue el fundador de la ciudad de Menfis, llegando a desviar el curso del Nilo para así poder construirla.

Es posible, por tanto, que ambos reyes sean la misma persona, y que la confusión sea debida a una incorrecta interpretación por parte de los antiguos escribas al inscribir los nombres, o incluso que el rey tuviera un nombre compuesto. Sobre este particular se puede leer en un sello de Narmer su nombre junto con la palabra *meni*, lo cual puede inducir a pensar en la posibilidad de un nombre compuesto.

Sin embargo, y para complicar aún más las cosas, el signo *mili* está también presente junto al nombre de su sucesor, Aha, lo cual ha dado pie a algunos investigadores a especular con que sea este último el verdadero Menés.

Quizás, algún día, nuevos hallazgos arrojen un poco más de luz sobre este enigma, aunque por lo pronto los datos apunten a que, tal y como nos contó Heródoto, Menes fuera una figura histórica verdadera y, posiblemente, identificada con Narmer.

Los antiguos griegos, siempre tan aficionados a las buenas historias, nos han dejado algunas que nos hablan del final de este faraón. Al parecer, y según una de estas leyendas, Menes, que ya tenía más de sesenta años, murió durante una cacería al ser atacado por un hipopótamo.

A propósito, y solo como mera curiosidad, la palabra egipcia *meni*, que los griegos tradujeron como *menes*, significa algo así como «fulano de tal».

Mito y realidad de las pirámides

¿POR QUÉ SE CONSTRUYERON?

Para poder llegar a entender por qué se construyeron las pirámides sería necesario un cambio en nuestra mentalidad actual, a fin de poder encaminarse hacia los milenarios tiempos en que fueron erigidas y así comprender los motivos.

Las pirámides, como otros muchos monumentos, esculturas u obras de arte del Antiguo Egipto, no fueron sino una parte más del proceso evolutivo de una civilización que se extendió por el valle del Nilo durante más de tres mil años. Como parte de ese proceso cumplieron una misión concreta, gozando de una época de esplendor para, finalmente, caer en desuso y quedar únicamente como grandiosas remembranzas de una gloria pasada de la que, indudablemente, son parte esencial.

Las pirámides no se construyeron por casualidad, sino que significaron la culminación arquitectónica de un pensamiento religioso que al hombre actual resultaría, cuando menos, complejo, pero que formaba parte consustancial de aquel pueblo. Las extrañas teorías que, a menudo, se escuchan sobre el significado de estos monumentos no denotan más que un desconocimiento de ese pensamiento, siendo la realidad bien diferente. ¿Eran, entonces, simples tumbas, o quizá, como algunas personas afirman, cumplían ocultas funciones que iban mucho más allá de lo que los egiptólogos aseguran?

Desde los albores de su civilización, los egipcios fueron fieles a sus ritos religiosos, a menudo complejos, y a determinados cultos que observaron hasta la misma desaparición de su cultura. Si en algo creían era en el Más Allá, en una nueva vida después de la muerte que disfrutarían en los Campos del Ialú, su paraíso. Mas para poder alcanzar este idílico lugar era necesario, entre otras cosas, ser enterrado adecuadamente. Por ello, los difuntos fueron sepultados siguiendo una serie de rituales que les aseguraran su acceso al otro mundo.

Las tumbas en las que se inhumaron variaron durante su milenaria historia, como si de una moda más se tratara, aunque no así la función, que siempre fue la misma. Obviamente, los reyes, como soberanos de aquella tierra, se hicieron construir los más fastuosos sepulcros, siendo las pirámides grandiosas representaciones de su poder.

El estudio de los hallazgos arqueológicos demuestra que las pirámides no eran meras tumbas, sino que formaban parte de verdaderos complejos funerarios. En ellos se cumplían las más diversas funciones, pues además de las capillas y templos anexos donde se rendían los cultos religiosos, existían almacenes donde guardaban y distribuían convenientemente todo tipo de productos, como pudieran ser el ganado o alimentos en general, pues se sabe que disponían incluso de panaderías, dando además trabajo a un considerable número de empleados que, a la postre, dieron un impulso económico al país.

Para los antiguos egipcios, la pirámide era algo más que el sepulcro de un rey, era un lugar de transformación espiritual desde el cual el faraón ascendía para alcanzar las estrellas y convertirse en un *akh*, un espíritu. Para un pueblo tan amante de los símbolos como era el egipcio, la pirámide representaba un verdadero icono, capaz de unir el cielo y la tierra, en el que el rey renacía y se glorificaba asegurando su autoridad divina.

Son muchas las pruebas que demuestran lo anterior, empezando por su propio nombre, ya que a la pirámide, que es una palabra griega, los antiguos egipcios la llamaban *mer*, que significa «lugar de ascensión».

Los egipcios tenían por costumbre bautizar sus pirámides; pues bien, de los veintiséis nombres de que se tiene referencia en la actualidad, seis hablan de ascensiones reales, cinco de su estado de perfección, otras cinco de su permanencia divina y ocho hacen mención a determinados aspectos como puedan ser la pureza, prosperidad, o a un compendio de todas las anteriores. Incluso los puertos fluviales de los complejos piramidales hacen alusión a este tipo de nombres, pues al atracar en sus muelles las embarcaciones que transportaban los sarcófagos a fin de descargarlos, se decía que lo hacían ante las «Puertas del Cielo», lo que nos dice, claramente, cuáles eran sus funciones, y qué impulsó a construir las pirámides.

¿SE ENTERRÓ A LOS FARAONES EN LAS PIRÁMIDES? ¿CUÁL ES SU SIGNIFICADO?

Como ya se ha comentado anteriormente, la pirámide era el lugar desde el cual el rey ascendía al cielo para reunirse con los dioses estelares. Sin embargo, su significación iba aún más allá. Eran verdaderos símbolos solares que se identificaban con ritos antiquísimos, cuyos orígenes religiosos procedían del culto solar de Heliópolis. En el templo de esta ciudad se encontraba la piedra sagrada *benben*, representación de la colina primigenia surgida de la nada en donde comenzó la vida. Dicha piedra tenía una forma cónica, hay quien opina que posiblemente fuera un meteorito, y simbolizaba a los rayos solares como concepto creador. Las pirámides llegaron a ser identificadas con ella, creyendo que los rayos del sol se materializaban adoptando su forma.

Sería necesario retroceder en el tiempo cuatro mil quinientos años para poder ver las pirámides recién terminadas, con sus caras de piedra caliza, de un blanco inmaculado, perfectamente pulidas. Su aspecto debió de ser magnífico, pudiendo imaginar el efecto que causarían los rayos del sol al incidir sobre ellas, tal y como si fueran espejos. Por tan cegadora luz, el faraón ascendería en su barca sagrada hasta unirse con el astro rey glorificándose como un dios. Es por ello por lo que se han encontrado enterradas embarcaciones junto a las caras este y oeste de alguna pirámide, puesto que así se posibilitaba la ascensión hacia el sol naciente, o el poniente.

Visto todo lo anterior, ¿se enterraron los faraones en ellas?

La respuesta es que, en su mayor parte, sí, aunque haya quien asegure lo contrario, aduciendo las más peregrinas teorías, que, en algunos casos, alcanzan la fantasía.

El hecho de no haber encontrado ningún sepulcro intacto dentro de las pirámides no debe extrañarnos en absoluto, pues no podemos olvidar que estos monumentos ya eran milenarios cuando los arqueólogos los estudiaron, y que prácticamente todos fueron saqueados en la antigüedad.

Sin embargo, no es cierta la teoría que afirma que nunca se han encontrado pruebas que demuestren que los faraones se enterraran en las pirámides. En el interior de sus cámaras se han hallado multitud de vestigios que no dejan lugar a dudas acerca de tales enterramientos, perteneciendo muchos de ellos a las mismas momias que allí habían sido sepultadas.

Es fácil de imaginar las riquezas que debieron de albergar en su día aquellos monumentos, y también cómo los saqueadores de tumbas se encargaron de expoliarlos en el transcurso del tiempo, no respetando ni el cadáver del difunto rey. En su afán por encontrar cualquier objeto valioso, despedazarían el cuerpo embalsamado en busca de los ricos amuletos que solían hallarse entre los vendajes de la momia, dejando posteriormente sus restos esparcidos por las cámaras. Eso fue lo que descubrieron los primeros exploradores y científicos cuando entraron en algunas pirámides, restos humanos diseminados por las cámaras funerarias, a causa del antiguo pillaje.

Hay quien argumenta que dichos despojos no eran los originales, pudiendo pertenecer a un enterramiento posterior, lo cual es cierto en algunos casos, mas también existen ejemplos que demuestran lo contrario. En la mayoría de las pirámides se encontró el sarcófago en su cámara funeraria, llegando a contener, alguno de ellos, fragmentos óseos o miembros momificados pertenecientes a la misma época. Asimismo, se han hallado vasos canopes que contenían las vísceras del faraón, casi intactos, y como prueba más concluyente, dos momias reales completas dentro de sus ataúdes. Una de ellas fue descubierta por Shahin en 1880, y resultó pertenecer al faraón Merenra, y la otra la localizó De Morgan, y era del rey Hor. Esta última, aunque profanada, se hallaba acompañada de un báculo, dos cetros y un flagelo, *neket*, símbolo de la realeza. Ambas momias se encuentran actualmente en el Museo de El Cairo.

Independientemente de todo lo anterior, también se construyeron algunas pirámides que no fueron utilizadas como tumbas. Tal es el caso de las llamadas pirámides satélites, cuya función era la de albergar el *ka* del difunto, su fuerza vital, con lo que se creaba una especie de nexo de unión con el mundo de los vivos. Estas pirámides se hallaban dentro de los complejos funerarios y eran una parte fundamental de los ritos que allí se celebraban.

¿QUIÉNES Y CÓMO CONSTRUYERON LAS PIRÁMIDES?

La primera cuestión no deja lugar a ninguna duda, pues existen pruebas irrefutables que indican que fueron los antiguos egipcios quienes las construyeron. Respecto a la posibilidad de que los obreros fueran esclavos, la respuesta es no. Los trabajadores que levantaron las pirámides lo hicieron a cambio de remuneración, y en ningún caso significó un trabajo forzado. La esclavitud no apareció en Egipto hasta épocas muy posteriores, cuando los faraones expandieron su territorio con sus conquistas.

El cómo se construyeron es, sin embargo, motivo de encendida polémica entre algunos arquitectos e ingenieros que exponen las más variopintas tesis sobre el método empleado para levantar aquellos monumentos. Por otra parte, hay quien defiende la teoría de que solo una civilización superior pudo haber sido capaz de afrontar semejante obra, y que fueron gentes procedentes de la Atlántida quienes las proyectaron, pues, según afirman, los antiguos egipcios no disponían de tecnología suficiente para ello.

Al hablar sobre el enigma de la construcción de las pirámides, nos estamos refiriendo a las grandes moles erigidas durante la IV Dinastía, pues el resto de ellas, al ser mucho más pequeñas, no plantean los mismos problemas. Sin embargo, y aunque nadie sabe con certeza cuál fue el método que usaron, existen pruebas que demuestran que fueron los egipcios quienes las construyeron.

La primera pregunta que nos plantemos es ¿de dónde pudieron extraer tal cantidad de piedra, si solo a la Gran Pirámide se le estima un volumen de 2.600.000 metros cúbicos? La respuesta puede dar una idea de la perfecta organización y previsión que demostró aquel pueblo, pues las canteras principales se hallaban en la misma meseta, apenas a trescientos metros del lugar que eligieron para construirlas. De allí salió la mayor parte del material, aunque también hubo que traer piedra caliza para el revestimiento procedente de las canteras de Tura y Mokkatam, situadas al otro lado del Nilo, y bloques de granito desde Asuán, siendo hoy en día posible ver las marcas dejadas por los canteros en los yacimientos.

La siguiente cuestión sería saber la mano de obra que fue necesario emplear para acometer un proyecto como aquel, para lo cual podemos tomar como ejemplo la pirámide de Keops, que es la mayor de todas.

En sus obras, Heródoto asegura que los trabajos duraron veinte años, lo cual es factible, teniendo en cuenta que Keops reinó durante veintitrés. Se calcula que se necesitaron unos veinticinco mil trabajadores, pues un número mayor hubiera colapsado las obras, sabiéndose con seguridad que se formaron cuadrillas de dos mil hombres, que a su vez se dividieron en dos grupos de mil, y que cada grupo se subdividió en cinco nuevos de doscientos hombres, y estos en veinte equipos de diez. El egiptólogo alemán R. Stadelmann calculó que, cumpliendo una jornada laboral de diez horas, sería necesario colocar unos trescientos cuarenta bloques diarios, para lo cual se necesitarían unos mil trescientos picapedreros en las canteras. Asimismo, se ha comprobado que tres hombres pueden mover una piedra de una tonelada sobre un terreno lubricado con agua, y el egiptólogo M. Lehner, durante su programa de construcción de una pirámide (Nova), descubrió que doce hombres podían arrastrar fácilmente un bloque de dos toneladas montado sobre un trineo, por una rampa ascendente. ¿Cuántos obreros serían necesarios para trasladar los bloques y colocarlos en la Gran Pirámide?

Lehner dedujo que si cada equipo de veinte hombres arrastrara cinco piedras por día, se necesitarían mil trescientos sesenta trabajadores para mover los trescientos cuarenta bloques diarios, algo perfectamente posible; estos cálculos demuestran que dos cuadrillas de dos mil hombres podrían haber construido la pirámide de Keops. A dichas cuadrillas habría que añadirles, lógicamente, los picapedreros, carpinteros, constructores de rampas; amén de los obreros encargados de los abastecimientos, como eran los aguadores, panaderos, cerveceros, etcétera.

En cuanto a la construcción en sí, no existen tecnologías misteriosas, sino una experimentada técnica que es posible observar a través de las múltiples huellas dejadas en la propia pirámide, y que causan verdadero asombro. Empezando por la misma nivelación de la base, que es de una precisión tal que nadie hoy en día podría superarla.

Lógicamente, es difícil de creer que con las rudimentarias herramientas que poseían pudieran cortar la piedra o trabajarla apropiadamente, mas hay pruebas que confirman que así fue. Por ejemplo, para cortar la piedra utilizaban sierras de cobre como guías y un compuesto de agua, yeso y arena de cuarzo, que era lo que verdaderamente cortaba. Se han encontrado restos de este compuesto en varios bloques, lo que confirma su uso. Por otra parte, los escoplos y los martillos de dolerita, una piedra de gran dureza, eran comúnmente empleados, siendo posible ver las marcas de los escoplos en la piedra caliza que revestía la pirámide.

Sin embargo, continúa siendo un misterio el procedimiento empleado para elevar los bloques, aunque hay restos de rampas, claramente visibles, que demuestran que, de alguna forma, estas fueron utilizadas.

Existe mucha información sobre otras pirámides, sobre todo las pertenecientes al Imperio Medio, con la que se puede comprobar la existencia de rampas y los caminos que utilizaban para transportar los materiales.

Para concluir, es interesante resaltar que la construcción de las pirámides supuso la colonización de algunas zonas, al crearse verdaderos asentamientos por parte de los obreros que allí trabajaron. Se han hallado multitud de tumbas de estos trabajadores, alrededor de las áreas piramidales, en las que ponen de manifiesto el orgullo que para ellos significó el trabajar en tan grandiosas obras, demostrando además que no eran esclavos, ya que estos jamás hubieran sido enterrados en tumbas semejantes.

¿ESTABAN ALINEADAS CON LAS ESTRELLAS?

El papel desempeñado por las estrellas dentro de la religión egipcia es innegable, quedando plenamente patente desde los mismos albores de su civilización. Las conexiones estelares con los diversos ritos funerarios practicados dentro de los complejos piramidales ya han sido comentadas con anterioridad; sin embargo, es inevitable hacerse la siguiente pregunta: ¿estaban alineadas todas las pirámides con los puntos cardinales, o solo alguna de ellas?

La respuesta es que la práctica mayoría lo están, aunque, sin lugar a dudas, son las pertenecientes a la IV Dinastía las que demuestran una mayor precisión. Obviamente, la siguiente cuestión que nos planteamos es cómo consiguieron hacerlo, y el método empleado para ello.

Como es habitual cuando se habla del Antiguo Egipto, existen varias teorías al respecto. La más difundida es la creencia de que se sirvieron de las estrellas circumpolares como referencia, aunque nos encontremos con el inconveniente de que, debido a la precesión de los equinoccios, en aquellos lejanos tiempos, 2500 a. C., no había ninguna estrella que señalara con exactitud el norte.

Otra teoría, plenamente posible, aduce la posibilidad de que biseccionaran un ángulo entre dos puntos situados a la misma altura en la trayectoria de una estrella septentrional, o bien tomaran dos estrellas que estuvieran situadas en el mismo plano vertical pero alineadas en lados opuestos al polo. El profesor I. E. S. Edwards, máxima autoridad en el estudio de las pirámides, estaba convencido de que utilizaron un método de este tipo para alinearlas, llegando a proponer él mismo uno.

También hay quien opina que pudieron haber alineado las pirámides tomando como referencia el sol. Hay textos antiquísimos que hablan de ello, haciendo hincapié en cómo averiguar la «posición de la sombra», y la «zancada de Ra». El medio que pudieron utilizar fue el de clavar un palo de mediana altura en el suelo y, aprovechando la trayectoria del sol desde el este al oeste, medir la sombra proyectada sobre la estaca unas horas antes del mediodía. Después trazarían un círculo cuyo radio fuera la línea de sombra, volviendo a medir esta por la tarde en el instante en que alcanzara el borde del círculo trazado. La bisección del ángulo formado por ambas líneas de sombra indicaría el norte.

Este sistema es menos preciso que el obtenido observando las estrellas, ya que el sol varía su posición a lo largo del año, pero pudo haber sido utilizado. De hecho, existen unas líneas de orificios rectangulares en los lados situados al este y al norte de la Gran Pirámide, en cuyo interior se cree irían unas estacas que, unidas por una cuerda, prolongarían la línea de referencia con respecto al sol, y que serían utilizadas para construir la base de la pirámide perfectamente alineada.

Por supuesto, existen otras teorías que poco o nada tienen que ver con las anteriores, como la de R. Bauval, que está convencido de que las pirámides de Keops, Kefrén y Micerinos son en realidad una representación de las tres estrellas que forman el cinturón de Orión, como afirma en varios de sus libros. Para este autor no hay otra explicación posible para la situación de dichas pirámides en la meseta de Guiza. Sin embargo, la posición de estos monumentos obedece, posiblemente, a simples causas topográficas. Si los antiguos egipcios hubieran querido proyectar mapas estelares sobre su tierra, lo habrían hecho con algún grupo más de pirámides, y no existe ninguna prueba de ello.

Por otra parte, en Guiza se construyeron otras pirámides menores pertenecientes a esposas y familiares de los faraones allí enterrados que darían al traste con la teoría de Bauval, pues, obviamente, variarían el mapa estelar que este investigador propone. Además, es arriesgado pensar que la construcción de las pirámides obedece a un plan general ideado por Keops, que fue el encargado de levantar la primera, y que debía ser concluido varias generaciones después; sobre todo cuando su hijo y heredero, Djedefre, se hizo enterrar en otro lugar, Abu Rowash, donde erigió una pirámide cuyos restos todavía existen.

¿CUÁL FUE LA PRIMERA PIRÁMIDE?

La propia concepción de la pirámide, así como su ocaso, es producto de la misma evolución de la cultura egipcia y sus ritos funerarios. Pero ¿de dónde surgió la idea de crear un monumento tan grandioso?, ¿quién fue capaz de planificar un proyecto semejante?

El origen del diseño piramidal quizás habría que buscarlo en Hierakómpolis, en el Alto Egipto, donde los reyes de finales del Periodo Predinástico se hicieron enterrar en túmulos con forma de montículo, en clara referencia a las pequeñas colinas que surgían tras la crecida del Nilo, de las que comenzaba a brotar de nuevo la vida. Con el tiempo, aquellos tipos de tumbas se transformaron en santuarios, edificándose templos anexos a la vez que se levantaban las primeras estructuras que albergaban los sepulcros.

Esta forma de enterramiento fue cambiando con el paso de los siglos hasta transformarse en lo que hoy conocemos como *mastaba*, palabra árabe que significa «banco», por la similitud que tenía su superestructura con los bancos que suele haber en el exterior de las casas, adosados a la pared, tal y como también ocurre en muchos de nuestros pueblos. Esta clase de sepulcro llegó a ser de considerables dimensiones, contando, incluso, con un área cercada en el que se levantaron construcciones para atender los ritos funerarios, igual que sucedería en el futuro con las pirámides. Las mastabas fueron el lugar de descanso eterno para los faraones de las dos primeras dinastías, siendo sustituidas por las pirámides a partir de la tercera. No obstante, la nobleza y los altos dignatarios continuaron enterrándose en ellas durante gran parte de la historia de Egipto, manteniéndose de este modo como tumbas privadas.

Sin embargo, el tiempo de las mastabas estaba cumplido, pues la genialidad de un hombre iba a hacer posible la aparición del monumento por excelencia de Egipto: la pirámide. Hace 4.600 años, durante la III Dinastía, cuando el faraón Djoser gobernaba el país del Nilo, Imhotep, su arquitecto, concibió para su señor la primera tumba de este tipo de la historia. Este personaje de leyenda, considerado como sabio entre los sabios en el Antiguo Egipto, era, además de arquitecto, visir, administrador real, sumo sacerdote de Heliópolis, escultor, jefe de los carpinteros y médico, siendo tan grande su sabiduría que los escribas le tomaron como patrón, rindiéndole culto en cada ocasión en que empezaban a escribir, al lanzar con sus cálamos cuatro gotas del agua que usaban para diluir la tinta. Llegó a ser divinizado y, durante la Baja Época, dos mil años después, los griegos le asociaron a Asclepios, su dios de la medicina. Él fue el constructor de la pirámide escalonada, la primera de Egipto.

Imhotep concibió una obra grandiosa, que iba mucho más allá de un mero monumento funerario, pues ideó un complejo que ocupaba quince hectáreas, en cuyo interior hizo construir, además de la pirámide, espléndidos edificios, como los Pabellones del Norte y del Sur, el patio donde se celebraba el *Heb-Sed*, el jubileo real que los faraones conmemoraban cada treinta años y en el que efectuaban ritos de renacimiento y regeneración, capillas, terrazas, templos de hermosas columnas, altares, y hasta otra tumba, llamada del Sur, que podía acoger el ka del faraón. Todo este recinto estaba rodeado de una muralla que medía un kilómetro y medio, y cuyos muros, de diez metros y medio de altura, estaban construidos en el estilo arquitectónico conocido como «fachada de palacio», con bastiones y puertas falsas primorosamente trabajadas.

La pirámide, el monumento principal, fue el resultado de una serie de cambios que se produjeron durante su erección, pues está totalmente comprobado que en un principio solo se construyó una mastaba, sobre la cual fueron añadiéndose nuevas edificaciones, hasta seis niveles, que le dieron la forma escalonada final, confiriéndole una altura total de sesenta metros. Una obra extraordinaria, pues fue el primer monumento construido enteramente de piedra, que aún señorea las arenas de la necrópolis de Saqqara, el lugar sobre el que se construyó.

Pero si el monumento en sí resulta admirable, su interior es, cuando menos, sorprendente, pues las entrañas de la pirámide son un verdadero laberinto de pozos, cámaras mortuorias, almacenes y galerías, de casi seis kilómetros, por el que es fácil perderse; algo no conocido hasta aquel momento. El lugar de descanso final del faraón Djoser se excavó a veintiocho metros de profundidad, y los bloques de piedra caliza que forman el techo de la primera bóveda funeraria contenían relieves de estrellas de cinco puntas, para que el faraón, aun sepultado por toneladas de piedra, pudiera ascender hacia el firmamento. En la inmensa red de túneles y cámaras, Imhotep decoró una parte como si en verdad se tratara del palacio real. Salas exquisitamente decoradas con baldosas de fayenza azul, y puertas cuyos marcos se encontraban llenos de inscripciones. Las cámaras azules, que es como se conocen, tenían los techos imitando a un firmamento cubierto de estrellas.

Junto a la entrada de la pirámide, en la cara norte, se construyó un *serdab*, una pequeña sala que albergaba la estatua del difunto, perfectamente alineada con los apartamentos subterráneos del rey. En él se encontraba una estatua de Djoser que, gracias a una inclinación de 13° que Imhotep dio a la habitación, miraba a través de unos orificios practicados en la piedra hacia el cielo del norte, a fin de unirse a las estrellas. *Serdab* es una palabra árabe que significa «bodega», ya que a este tipo de cámara los antiguos egipcios la llamaban *per-tut*, que quiere decir «la casa de la estatua».

El complejo funerario de Djoser —que en realidad se llamaba Netjerykhet, ya que el primer nombre le fue puesto con posterioridad— fue muy visitado en la antigüedad, pues se sabe que mil años después de ser construido la muralla se encontraba en pie, y que muchos egipcios visitaban el lugar, como ha quedado atestiguado por los grafitos en hierático que dejaron.

En cuanto a la tumba del gran Imhotep, cuarenta y seis siglos cayeron sobre ella cubriéndola con el espeso manto de las arenas de Saqqara. La última morada del genial arquitecto se encuentra perdida, aunque es lógico pensar que se halle enterrado cerca de su señor, a la espera de ser descubierta.

¿Quién construyó la Gran Pirámide?

Pocos monumentos en la historia han producido tanta fascinación como la Gran Pirámide. Cualquier persona que haya tenido la ocasión de visitarla sabe a lo que me refiero, pues a nadie deja indiferente. Su grandiosidad queda patente desde el mismo instante en que el viajero la ve alzarse sobre la planicie de Guiza, envuelta en los sutiles velos de una intemporalidad que esparce en derredor, creando un magnetismo al que es difícil sustraerse. Al acercarse a ella por primera vez y observarla en toda su magnificencia, el visitante se siente abrumado por la magnitud de tan colosal obra, preguntándose al momento cómo pudieron construir algo semejante y, sobre todo, quién fue su artífice.

Ya en la antigüedad muchos hombres se hicieron estas mismas preguntas, habiendo quien llegó a dedicar gran parte de su vida al estudio exhaustivo de este monumento, a fin de poder contestarlas. Es por ello que existe una enorme cantidad de obras en las que científicos e investigadores han dejado plasmados los resultados de su trabajo, para así intentar dar respuesta a estos interrogantes. Como es lógico, existen conclusiones para todos los gustos, habiendo proliferado las teorías que aseguran que la Gran Pirámide no fue construida por los antiguos egipcios, sino por seres venidos de otros planetas, o por descendientes de civilizaciones perdidas poseedores de avanzadas tecnologías.

A lo largo de la historia, el ser humano ha tendido a considerar como sobrenatural todo aquello a lo que no encontraba una explicación. En la actualidad, al mirar a la Gran Pirámide, ocurre algo parecido. Muchas personas creen que los antiguos egipcios no poseían los medios adecuados para acometer semejante obra, por lo que era imposible que la construyeran, sobre todo cuando aún hoy se desconoce el método utilizado para hacerlo. Es cierto que nadie sabe con exactitud el modo en el que se levantó la pirámide, pero ello no significa que no lo hubiera, sino, simplemente, que lo desconocemos. Sin embargo, existen pruebas concluyentes que demuestran que la Gran Pirámide fue edificada por los egipcios, y que fue erigida a mayor gloria de su rey, el faraón Keops.

Heródoto, que viajó a Egipto en el siglo V a. C., ya adjudicó a Keops la autoría de la construcción de la Gran Pirámide, dibujando, además, una imagen de este faraón ciertamente oscura, ya que le presentó como un tirano déspota y cruel, capaz de sojuzgar a su pueblo para así conseguir completar su obra. Esta imagen poco se corresponde con la realidad, pues Keops no fue un rey cruel, y tampoco sojuzgó a su pueblo, aunque Heródoto tuviera razón al afirmar que fue él quien construyó este monumento.

No es cierta la teoría que asegura que no existe ninguna evidencia de que Keops fuera enterrado en la Gran Pirámide, pues aunque el cuerpo del faraón nunca se encontró en su interior, y el sarcófago que debió de contener sus restos estaba vacío cuando se descubrió, no hallándose tampoco ninguna estatua representativa del rey, hay pruebas irrefutables que no dejan lugar a dudas sobre el hecho de que la pirámide pertenece a Keops.

En el año 1837, un coronel británico llamado Howard Vyse exploró la Gran Pirámide, en compañía de su ingeniero Perring, en busca de una sala secreta que pensaba se hallaba comunicada con uno de los canales de ventilación que parten desde la cámara del rey. Para encontrarla, Vyse accedió a una cámara situada sobre el techo de dicha habitación real, llamada de Davison, y desde allí se abrió paso con dinamita hacia la parte superior. Fue así como descubrió las que hoy conocemos como «cámaras de descarga», cinco cámaras superpuestas que distribuyen el peso de toda la obra que hay encima, que fue atravesando hasta alcanzar la superior, a la que puso por nombre Campbell en honor del cónsul de su majestad británica en El Cairo.

Vyse no encontró la sala que estaba buscando; sin embargo, hizo un descubrimiento importantísimo que despejó toda duda sobre a quién perteneció la pirámide. En dicha cámara halló pintado con tinta ocre, sobre los bloques de piedra, el nombre de Khufu, el verdadero nombre de Keops, pues esta última es la forma griega con que nosotros le conocemos.

Este hallazgo ha querido ser devaluado por algunas personas que aseguran que las inscripciones con el nombre del faraón no son más que una falsificación, lo cual es insostenible, como ahora veremos. En primer lugar, nadie antes que Vyse pudo entrar en la cámara desde que esta se construyera cuatro mil trescientos años atrás, ya que, como hemos visto, el coronel solo accedió a ella gracias a la dinamita. En segundo lugar, las inscripciones se hallan dibujadas sobre los bloques más pesados de toda la pirámide, algunos de 40 toneladas, que obviamente tuvieron que ser colocados antes de la finalización de las obras. En tercer lugar, junto al nombre del rey se hallan los nombres de las cuadrillas de obreros que trabajaron los bloques, que los dejaron firmados antes de colocarlos, probablemente en la misma cantera, llegando incluso a escribir la fecha en uno de ellos, «primer mes de Akhet, la estación de la inundación, del decimosexto año de reinado». Existe, además, otro detalle que hace imposible ninguna falsificación, y es que las líneas de nivelación empleadas por los albañiles para desbastar y alisar definitivamente los bloques en suelos y techos se encuentran encima de las firmas de los obreros, lo que demuestra claramente que estas estaban pintadas antes de que las piedras fueran colocadas en su lugar.

Independientemente de todo lo anterior, hay más datos que pueden atribuir a Keops la autoría de la obra. Como ya hemos visto en capítulos anteriores, las pirámides eran verdaderos complejos funerarios que albergaban todo lo necesario para poder cumplir sus ritos. Gracias al descubrimiento de una de las embarcaciones solares sepultada junto a la pirámide, se encontró el nombre del heredero de Keops, Djedefre, inscrito en las losas que cobijaban la barca, ya que, como sucesor al trono de su padre, él fue el encargado de enterrarle.

Si observamos la meseta de Guiza, aún hoy en día podemos apreciar como al oeste de la Gran Pirámide se alzan las mastabas construidas por los nobles y altos dignatarios de Keops para reposar cerca de su señor por toda la eternidad y así recibir sus divinas influencias. Si volvemos nuestra mirada hacia el este, lo que veremos serán las sepulturas de los familiares del faraón. Allí se levantan tres pequeñas pirámides pertenecientes a la reina Hetepheres, madre de Keops, y a dos de sus esposas, la reina Henutsen, y Meritites; incluso el príncipe Kawab, el hijo mayor de Keops, que murió antes que su padre, se halla enterrado en una mastaba cerca de la tumba de su madre, la reina Meritites. Toda la familia reunida en torno al faraón por los siglos de los siglos, ¿no supone esto suficiente evidencia?

Por cierto, que el arquitecto que se encargó de esta magna obra no fue otro que el primo del faraón llamado Hemón.

¿Qué enigmas guarda la Gran Pirámide?

No cabe ninguna duda del poder que la Gran Pirámide ha ejercido a lo largo de la historia sobre muchos de los que la han visitado. Ante ella, es fácil hacer volar la imaginación y fantasear en busca de un significado distinto del que los científicos le han dado. Simplemente, su grandioso tamaño invita a ello, pues se nos hace difícil creer que una mole semejante fuera proyectada como una tumba.

No es mi intención aburrir al lector con más datos acerca de su construcción, aunque sí me permitiré recordar, brevemente, algunas cifras que nos ayudarán a comprender el porqué del asombro que siempre ha despertado este monumento.

La Gran Pirámide ocupa una superficie aproximada de cinco hectáreas. Sus lados miden doscientos treinta metros, y no hay más de dos centímetros de diferencia entre ellos. Originalmente, tuvo una altura de 146,7 metros, aunque ahora mida menos, ya que le faltan 9,4 metros. Sus cuatro esquinas forman ángulos rectos casi perfectos, siendo su nivelación de una precisión insuperable. Como ya sabemos, sus caras están orientadas a los cuatro puntos cardinales, y para construirla se calcula que fueron necesarios 2.300.000 bloques de piedra, que pesan una media de dos toneladas y media, aunque haya bloques mucho más pesados, como los del revestimiento de la base, que alcanzan las quince toneladas, o los situados en las cámaras de descarga, que pueden pasar de las cincuenta toneladas. En las cercanas canteras es posible ver las huellas del trabajo que se realizó en su día, pues tienen una profundidad de treinta metros, calculándose que se pudieron haber extraído unos 2.700.000 metros cúbicos de piedra.

Estas abrumadoras cifras se presienten desde el primer instante en que se ve la pirámide, por ello no es extraño que los sabios de la expedición dirigida por Napoleón Bonaparte a Egipto, en 1798, hicieran los primeros cálculos matemáticos modernos ante la magnitud de lo que vieron. Según estos, con los bloques de la pirámide se hubiera podido rodear toda Francia con un muro de tres metros de altura y treinta centímetros de grosor, asegurándose que fue Monge, el famoso matemático, quien realizó dichos cálculos. A partir de ese momento, son muchos los que han querido ver en las medidas del monumento los más variopintos códigos capaces de explicar, incluso, teorías sobre el pasado o futuro de la humanidad. Es por ello por lo que a menudo hemos podido ser testigos de cifras sorprendentes, producto de las operaciones más diversas en pos de conseguir el resultado apetecido.

Mas es en el interior de la pirámide donde el visitante puede percibir la verdadera dimensión del monumento. El innegable halo de misterio que envuelve cada rincón se capta con facilidad invitando a la ensoñación. Pasadizos, túneles y cámaras cubiertas por miles de toneladas de dura piedra, tan vacías que es fácil escuchar el eco de las pisadas en su interior, e incluso nuestros murmullos; y, sin embargo, hubo un tiempo en el que todas cumplieron su función. El pasaje ascendente fue el encargado de albergar los bloques de granito que taponaron la entrada a la tumba; la mal llamada «cámara de la reina», puesto que allí nunca se enterró a ninguna, y que fue bautizada con este nombre por los árabes debido a que su techo estaba construido a dos aguas como en las cámaras en donde eran enterradas sus mujeres, cumplió, seguramente, las funciones de un *serdab*, un lugar reservado para el *ka* del faraón, como lo demuestra el nicho de casi cinco metros de altura que hay en una de sus paredes, en el cual debió de alzarse una estatua del rey. La gran galería es una obra maestra de la arquitectura de casi cuarenta y siete metros de longitud por nueve de altura y cuyo techo forma una maravillosa bóveda con ménsulas, que da acceso a la cámara real. Esta es una sala construida enteramente de granito rojo, en la que Keops mandó colocar el sarcófago en el que descansarían sus restos por toda la eternidad, justo en el eje central de la pirámide, rodeado de enormes bloques de casi cincuenta toneladas que esperaba le mantuvieran a salvo de los saqueadores de tumbas, algo que no consiguió.

Sin embargo, y conjeturas aparte, la Gran Pirámide se halla envuelta en multitud de leyendas, alguna de innegable belleza, como la que nos legó el historiador árabe del siglo XV al-Makrizi, según la cual sus cámaras ocultas se hallaban decoradas con estrellas y planetas; en su interior, además de tesoros incalculables, había «armas de hierro que no se oxidaban, y vidrio que podía doblarse sin que se rompiera».

Este tipo de mitos eran bien conocidos por los árabes desde hacía cientos de años, pues ya en el siglo IX de nuestra era el califa al-Mamun se sintió tan fascinado por ellos que decidió explorar el interior de la pirámide en busca de aquellas misteriosas salas. Al-Mamun era hijo de al-Rashid, el legendario califa de *Las mil y una noches*; y fue el primer hombre en conseguir horadar la dura piedra y penetrar en el interior del monumento desde la lejana antigüedad. Para lograrlo fueron necesarios ímprobos esfuerzos, ya que los hombres de al-Mamun tuvieron que recurrir al método de calentar las piedras con fuego para rociarlas, seguidamente, con vinagre frío a fin de agrietarlas para así poder fragmentarlas. Utilizando este sistema abrieron un túnel de unos treinta metros en la cara norte de la pirámide, aproximadamente quince metros por debajo de la entrada original, para penetrar por fin en su interior.

Cuentan que, una vez dentro, los hombres de al-Mamun se vieron sometidos a nuevos esfuerzos, ya que se encontraron con tres bloques de granito que taponaban la entrada al corredor ascendente, que tuvieron que rodear cavando en la mampostería. Cuando los árabes consiguieron acceder, finalmente, a las cámaras del interior, se encontraron con que estas estaban vacías, pues tan solo hallaron un sarcófago de granito en la llamada cámara del rey que, tras forzar su tapa, resultó estar tan vacío como todo lo demás; una gran desilusión, sin duda, para el califa y sus hombres, que, enfurecidos, la emprendieron a martillazos contra las paredes cometiendo algunos destrozos. Se dice que, para apaciguarlos, al-Mamun escondió en la pirámide un cofre con monedas de oro para que sus hombres lo encontraran; monedas que, por otra parte, equivalían al sueldo que debía pagarles.

Mas si hay un enigma dentro de la pirámide que nos puede resultar sugestivo, ese es el de la famosa Sala de los Archivos. Hay quien cree que la Gran Pirámide no fue construida en el año 2550 a. C., sino mucho antes, aproximadamente diez mil años antes de nuestra era, y que en su interior existe una cámara oculta, a la que llaman Sala de los Archivos, en la cual se encuentran depositados antiguos documentos sobre la Atlántida. Tales teorías tienen su origen en el médium Edgar Cayce, un estadounidense que se hizo famoso en la década de los años treinta del siglo pasado al tratar determinadas enfermedades mal diagnosticadas por los médicos. En sus estados de trance, Cayce aseguró la existencia de dicha sala de archivos, que podría estar situada en algún lugar entre la Gran Pirámide y la Esfinge.

Obviamente, esta sala nunca se encontró, aunque hay científicos e investigadores que han desarrollado trabajos en el interior del monumento en busca de cámaras ocultas. Tal es el caso del ingeniero R. Gantenbrick, que con su pequeño robot llamado Upuaut exploró el canal meridional, mal llamado de aireación, que sale de la cámara de la reina. Tras recorrer sesenta y cinco metros, el Upuaut se detuvo ante una pequeña losa de piedra caliza con dos manijas de cobre que le impidió continuar.

Lo que haya más allá forma parte del propio misterio que envuelve a la pirámide, en cuyas entrañas puede que existan nuevas cámaras por descubrir; quizás algún día lo averigüemos.

Después de comprobar la magnitud de la obra que Keops mandó erigir un día sobre la meseta de Guiza, parece imposible que haya existido ningún otro faraón capaz de superarle y, sin embargo, lo hubo. Este no fue otro que su propio padre, Snefru, que construyó nada menos que tres grandes pirámides y, posiblemente, siete pequeñas, utilizando para ello 1,4 veces más piedra que su famoso hijo.

Snefru, cuyo nombre significa «el que es bello», fue el primer rey de la IV Dinastía. Era hijo del faraón Huni y de Meresanj, una reina menor, por lo que no tenía derecho alguno al trono de Egipto. Sin embargo, el príncipe se desposó con la hija de Huni, la princesa real Hetepheres, que le legitimó como heredero, ascendiendo de este modo al poder a la muerte de su augusto padre.

Una vez en el trono, el joven rey comenzó a construirse su morada eterna. Para ello levantó en Médium una pirámide sumamente misteriosa y muy diferente del resto, debido a los cambios que hubo sobre el proyecto original. Lo que en un principio era una pirámide de siete escalones, se transformó más tarde en una de ocho, convirtiéndose finalmente en una verdadera torre. Hay quien asegura que dicha pirámide no pertenece a Snefru, sino a su padre, Huni, admitiendo la posibilidad de que el primero se limitara a finalizarla.

Sin embargo, no existe prueba alguna que demuestre que Huni fuera enterrado en esta pirámide, y en cambio sí hay otras que nos hablan de su hijo. Así, por ejemplo, el antiguo nombre que recibió Médium fue el de Djed Snefru, que significa «Snefru es estable», y el nombre de este faraón aparece en el propio yacimiento y en el cementerio que se encuentra situado al norte de la pirámide, existiendo inscripciones de la XVIII Dinastía que hablan del templo funerario situado junto al monumento como el templo de Snefru.

Mas fuera o no construida la pirámide de Médium por Snefru, el hecho es que en el año 15 de su reinado, este faraón decidió erigir otra. Para ello eligió la zona de Dashur, situada a unos diez kilómetros al sur de Saqqara, en donde comenzó a levantar la que hoy es conocida como «pirámide romboidal» o «inclinada». La construcción de esta pirámide supuso un verdadero quebradero de cabeza tanto para el faraón como para el arquitecto casi desde el primer momento, ya que, inicialmente, se le dio una inclinación exagerada, 60°, que enseguida tuvieron que rectificar a 55° debido a la aparición de problemas estructurales. Pero la inestabilidad del terreno, muy arcilloso, y la falta de un buen mortero para rellenar los bloques adecuadamente, hicieron que los problemas continuaran, obligando a disminuir definitivamente la inclinación a algo menos de 44° cuando la pirámide contaba ya con cuarenta y nueve metros de altura.

Obviamente, Snefru no estaba nada satisfecho con el resultado de la obra y, así, antes de que esta fuera finalizada, decidió que era necesario construirse otra que fuera merecedora de albergar sus restos por toda la eternidad. Lógicamente, en esta ocasión, Kanofer, hijo y arquitecto del faraón, eligió adecuadamente el terreno sobre el que se levantaría el monumento, trasladando el proyecto a un lugar situado unos dos kilómetros al norte. Allí erigieron la que hoy conocemos como «pirámide roja», que ellos llamaron «brillante», construida con una inclinación de 43°. Esta pirámide está considerada como la primera geométricamente pura, la pirámide perfecta, y en ella se enterró el faraón. Su interior muestra un avance de lo que años más tarde realizaría Keops en su pirámide, pues los techos de las cámaras también forman bóvedas con ménsulas. La sala sepulcral se diseñó en una zona elevada y poco accesible para los ladrones, que no tuvieron ningún problema en saquearla ya en la antigüedad, no dejando más que los despojos reales.

La pirámide fue acabada apresuradamente, posiblemente a causa de la muerte del rey. Sin embargo, mil años después todavía se mantenía un culto a este faraón en sus complejos funerarios por parte de su clero.

A diferencia de su hijo y sucesor Keops, la imagen de Snefru que ha llegado hasta nosotros es la de un soberano querido y respetado por su pueblo, poseedor de una gran reputación como incansable constructor. Además de las tres grandes pirámides, Snefru levantó una pequeña en Seda, cerca de el-Fayum, que no contenía ninguna cámara en su interior, y cuya función no se conoce con certeza, y posiblemente otras seis más, todas escalonadas y de pequeñas dimensiones, que suelen atribuírsele. Una obra colosal, sin duda, para alguien que gobernó durante veinticuatro años.

¿SE CONSTRUYERON MÁS PIRÁMIDES DESPUÉS DE LA IV DINASTÍA?

La construcción de estos monumentos continuó en Egipto, prácticamente, a lo largo de toda su historia, aunque la época de las grandes pirámides acabara con los reyes de la IV Dinastía. Sin embargo, los faraones de la V y VI Dinastías no dejaron de erigirse la suya, pues todos se levantaron una, aunque fueran de un tamaño mucho menor.

Existen varios motivos para este hecho, siendo el principal de ellos la descentralización del poder y el enorme coste que representaba una obra tan formidable. Además, los ritos funerarios evolucionaron, no siendo ya necesarias aquellas enormes moles de piedra para asegurar al faraón un lugar junto a los dioses estelares. Los *Textos de las Pirámides*, grabados en las paredes de los sepulcros, eran suficientes para asegurar con su magia el viaje del rey a las estrellas, independientemente del tamaño de la tumba.

A pesar de este hecho, los egipcios fueron perfeccionando sus técnicas de construcción edificando complejos funerarios mucho mejores que los de las grandes pirámides. Obviamente, rebajaron los costes, sustituyendo los bloques interiores de piedra por ladrillos de adobe, mucho más baratos, recubriendo finalmente todo el conjunto con un revestimiento de piedra caliza similar al de las pirámides gigantes, por lo que su aspecto exterior era, así, exactamente igual al de estas.

Con el final de la VI Dinastía concluyó el Imperio Antiguo y un periodo oscuro y sumamente convulso se cernió sobre Egipto. El llamado Primer Periodo Intermedio, nombre con el que hoy conocemos aquella época, no supuso el fin para las pirámides, ya que hubo algunos reyes que las siguieron levantando a pesar de la gran inestabilidad política que asolaba al país. Indudablemente, se trataba, en general, de pequeñas construcciones, aunque hubiera alguna excepción, como la misteriosa pirámide de Khui, cuya enorme estructura de ladrillo es la más grande construida con este material, si exceptuamos la erigida en Abu Rowash.

Con la llegada de la XI Dinastía comenzó uno de los periodos más brillantes de la historia de Egipto, el Imperio Medio. Los faraones de esta época volvieron a recuperar el gusto por las construcciones piramidales levantando magníficos monumentos en los que emplearon técnicas mucho más avanzadas que en el pasado, aunque continuaron utilizando el ladrillo en el interior, revistiendo posteriormente de piedra caliza el conjunto.

Durante las siguientes tres dinastías los faraones continuaron enterrándose en sus pirámides, y con la llegada del Segundo Periodo Intermedio y la invasión de los legendarios *hicksos*, a los que nos referiremos más adelante, la costumbre no decayó, puesto que algunos de estos reyes siguieron utilizándolas. No fue sino con el advenimiento de la famosa XVIII Dinastía cuando estos monumentos dejaron de dar cobijo a los difuntos reyes de Egipto. Amosis, el primer faraón de esta dinastía, fue el último en construirse una pirámide. La edificó en Abydos, aunque no se tiene constancia de que se enterrara en ella, sirviéndole, quizás, únicamente como cenotafio.

A partir de entonces, los faraones del Imperio Nuevo abandonaron la vieja costumbre, y se hicieron enterrar en el Valle de los Reyes, cuyos altos farallones se hallan dominados por un pico montañoso al que los árabes llaman El-Qurn, y que recuerda, en cierto modo, a una forma piramidal. Era en ese lugar donde habitaba la diosa Meretseger, «la que ama el silencio», que velaba por todos los que habían elegido el interior de aquel paraje para su descanso eterno.

Curiosamente, el uso de las pirámides como monumento funerario no desapareció, sino que fue retomado por los ciudadanos corrientes, que levantaron pequeñas formas de ladrillo de este tipo en las entradas a sus tumbas, o junto a las capillas.

Muchos siglos después, en Nubia, durante el periodo conocido como Napata, aproximadamente en el siglo VIII a. C., y el de Meroe, en el siglo IV a. C., los faraones procedentes de aquellas tierras se hicieron construir de nuevo pirámides, en un intento vano de rememorar los gloriosos tiempos de un pasado ya muy lejano, que nunca regresaría.

A pesar de los miles de años pasados desde aquellos tiempos, el monumental legado del país de los faraones ha llegado hasta nosotros, y hoy sabemos que se levantaron unas noventa pirámides reales en Egipto, y el doble en Nubia; una cifra más que considerable, aunque muchas se encuentren prácticamente destruidas.

Entonces, ¿cuál es el motivo por el que estas pirámides se hallan, en la actualidad, en un estado tan ruinoso? ¿Por qué algunas de ellas no son más que montañas de escombros?

La respuesta es sencilla, y hay que buscarla en el pillaje sistemático que, durante siglos, se realizó contra estos monumentos, pues se generalizó el uso de las pirámides como canteras donde conseguir buena piedra por parte de los árabes. Muchos de los edificios antiguos y las mezquitas que hoy podemos ver en El Cairo están construidos con el revestimiento de las pirámides. En Guiza, las gigantescas moles apenas se han visto afectadas por ello, pero no ocurre igual con el resto de estos monumentos cuyo interior estaba construido con ladrillos de adobe, ya que, al quitarles el revestimiento de piedra caliza que los había protegido durante siglos, acabaron por desmoronarse.

LA ESFINGE MISTERIOSA

Si existe en Egipto una imagen capaz de resultarnos enigmática, esa es, sin duda, la Esfinge. Echada sobre la arena con su cuerpo de león y cabeza humana, parece desafiar, impávida, el paso de los milenios sin apartar por un momento su vigilante mirada del lejano Este, para dar la bienvenida a Ra-Khepri, el sol de la mañana, en tanto guarda celosamente la sagrada necrópolis.

Su figura, castigada por las inclemencias durante decenas de siglos, lucha aún hoy en día denodadamente por intentar mantenerse firme en su lugar, tal y como la construyeron; magnífica. Al verla por primera vez, el visitante puede comprobar las huellas que el tiempo ha dejado en su cuerpo, imaginando cómo debió de ser en un principio, cuando fue creada. Se cree que en aquel tiempo la Esfinge estaba totalmente teñida de rojo, y que el *nemes*, el clásico tocado egipcio que cubría la cabeza, se encontraba pintado a rayas alternas azules y amarillas; sin lugar a dudas, su aspecto al recibir los primeros rayos del sol debió de resultar espectacular, digno del papel que representaba.

Sin embargo, al observarla con mayor atención, el viajero también puede percibir la evidente desproporción que parece poseer su figura, lo cual no deja de causar cierta extrañeza, sobre todo porque el pueblo que la cinceló siempre se caracterizó por el amor al trabajo bien hecho. Mas los setenta y tres metros de longitud y los veinte metros de altura que mide la Esfinge no guardan las proporciones adecuadas, ya que el cuerpo se esculpió a una escala de 22:1, y la cabeza a otra de 30:1. ¿Cómo es posible semejante diferencia para un pueblo que amaba el perfeccionismo? ¿Existe alguna explicación?

La respuesta es sencilla. La práctica totalidad del cuerpo de la Esfinge está esculpido en la misma roca de piedra caliza, pero su dureza es desigual. Así, la parte superior del cuerpo se trabajó en una piedra más blanda, por lo que es la más deteriorada de todas, mientras que la cabeza está hecha con una piedra mucho más dura, siendo la que mejor se conserva. La desproporción que se observa en el monumento es una consecuencia de todo esto, ya que debido a la geología del emplazamiento surgieron grietas en algunas partes durante la construcción, que obligaron a alargar el cuerpo para intentar remediar el problema. La mala calidad de la roca sobre la que se erigió la Esfinge ha sido la causa de que, ya desde la antigüedad, fuera necesario restaurar en diversas ocasiones el monumento, permanentemente expuesto a las inclemencias del viento del desierto. Después, y durante siglos, la arena lo cubrió por completo, ayudando así a su conservación, hasta que al ser definitivamente desenterrada en el último siglo, la humedad y la contaminación atmosférica han acelerado su deterioro hasta límites preocupantes.

El segundo gran misterio que encierra la Esfinge es el de su antigüedad. Hay quien defiende que nada tiene que ver este monumento con las gigantescas pirámides que lo rodean, sino que es mucho más antiguo que estas, llegando a establecer su construcción entre el año 5000 y el 8000 a. C. Pero ¿por qué esa edad? ¿Cuál es el motivo que les induce a trasladar la Efigie a tiempos tan remotos?

Todo proviene a raíz de unos estudios que realizó R. Schoch, geólogo de la universidad de Boston, quien afirmó que la erosión que sufría la Esfinge se debía al impacto continuado de la lluvia, y no al efecto del viento. Para que esto fuera posible, se tenían que haber dado unas condiciones climáticas muy diferentes a las que Egipto tuvo durante el Imperio Antiguo, y que solo hubieran podido producirse en el periodo arriba apuntado.

En ese caso, ¿están en lo cierto quienes suscriben semejante antigüedad a la Esfinge?

Aunque esta teoría presenta un indudable atractivo, existen numerosos datos que la hacen poco probable, comenzando por la opinión de otros geólogos que discrepan de su colega Schoch. Asimismo, los arqueólogos disponen de suficientes pruebas para demostrar que entre el año 5000 y el 8000 a. C., los antiguos egipcios no disponían de medios para haber podido acometer una obra como aquella. Por otra parte, la Esfinge forma parte de un conjunto arquitectónico en el que se encuentran otros dos templos, el Templo del Valle y el Templo de la Esfinge, cuyas piedras proceden del mismo yacimiento que se empleó para construir la Esfinge, habiendo sido realizadas dichas obras en la misma época, durante la IV Dinastía, unos 2550 años a. C.

Justo enfrente del monumento se encuentra el templo a él dedicado, el Templo de la Esfinge, en el que había un gran patio columnado formado por veinticuatro pilares de granito rojo, cuyos restos aún son visibles, entre los cuales había diez estatuas del faraón Kefrén, hecho que invita a pensar que es a él a quien representa la Esfinge. Hubo un tiempo en el que se mantuvo su culto en este templo, y durante la XVIII Dinastía se visitaba con frecuencia. Precisamente fue en ese periodo cuando se realizaron las primeras restauraciones del monumento, lo que demuestra que hubiera sido poco probable que la Esfinge contara con la edad que Schoch asegura, pues en aquella época tendría ya unos seis mil años de antigüedad; demasiados para haber podido seguir en pie, dados sus problemas estructurales.

En cuanto al significado de tan enigmática imagen, cabe pensar en ella como un guardián del complejo funerario, pues la propia palabra «esfinge» procede del egipcio antiguo *sesep-ankh*, que quiere decir «ídolo viviente», lo cual le significa como personificación del poder real, como también atestigua el *nemes* que adorna su cabeza y que solo los faraones tenían derecho a llevar. Vigilante desde la meseta, ella guardaba del caos al difunto faraón.

Lógicamente, la Esfinge está rodeada de leyendas, algunas sumamente cautivadoras, como la que relata la famosa «estela del sueño». Cuenta que, siendo aún un príncipe, Tutmosis IV se quedó dormido a la sombra de la Esfinge después de un caluroso día de cacería. Entonces la Esfinge se le apareció en sueños y le prometió que si le libraba de la arena que cubría casi todo su cuerpo, le haría faraón. Tras despertar, el príncipe se ocupó de que el monumento fuera liberado de las ardientes arenas, llegando posteriormente a ser faraón, tal y como le prometiera la Esfinge. En agradecimiento, Tutmosis erigió, en el primer año de su reinado, una estela de tres metros y medio entre las patas delanteras de la Esfinge, en la que da fe de esta historia, que aún hoy se puede ver.

También el historiador árabe al-Makrizi nos dejó algunas sugestivas historias. En una de ellas aseguraba que, en el interior de la Esfinge, existía una cámara secreta donde había una copa que perteneció al mismísimo rey Salomón. Curiosamente, y tal y como nos contó al-Makrizi, el egiptólogo Zahi Hawass descubrió en 1980, en el lado norte de la Esfinge, un pasadizo que conducía a una solitaria sala, aunque en ella no hubiera ni rastro de la misteriosa copa.

Por cierto que, gracias a este historiador, sabemos que la nariz que le falta a la cara del monumento no le fue arrancada por ningún cañonazo, como mucha gente cree, pues ya le faltaba en el siglo XV, Al-Makrizi afirma que un fanático se la rompió a martillazos.

La magia en el Antiguo Egipto

¿CREÍAN LOS ANTIGUOS EGIPCIOS EN ELLA? ¿QUÉ PODERES LE ATRIBUÍAN?

Si hubo un pueblo en la antigüedad verdaderamente comprometido con la magia, ese fue el del Valle del Nilo. En la civilización del Antiguo Egipto, la religión y la magia caminaron juntas, e íntimamente ligadas, desde sus mismos orígenes, aunque cumplieran funciones diferentes. La religión nunca se fusionó con la magia, pero sí la admitió como una enseñanza procedente de los mismos dioses.

Los antiguos egipcios utilizaron la magia con asiduidad, como también lo habían hecho sus propios dioses, pues no en vano estos crearon el mundo con ella. La mitología egipcia es todo un compendio de cómo los dioses ancestrales se sirvieron de la magia en su vida diaria, y el pueblo que habitaba a las orillas del Nilo no hizo sino imitarles.

Para un país que veneraba fervientemente las fuerzas sobrenaturales, la magia suponía una práctica común que formaba parte de la vida cotidiana en todos sus aspectos. Para llegar a comprender esto, es necesario tener en cuenta que el concepto que los antiguos egipcios tenían de ella era, sobre todo, protector. La utilizaban, fundamentalmente, para luchar contra las enfermedades y poder alejar del cuerpo los extraños males que a muchos les aquejaban, y para los que no encontraban explicación; motivo por el cual les hacía suponer que eran de origen demoníaco.

Para combatir tales fuerzas malignas, los antiguos egipcios solían valerse del uso de amuletos y talismanes con los que defender su cuerpo de las malas influencias y, principalmente, de la ayuda de los magos. Estos utilizaban el poder de la palabra, en el que aquel pueblo creía ciegamente, recitando fórmulas mágicas con las que poder alejar el mal que les afligía.

Hay que tener en cuenta que los antiguos habitantes del Valle del Nilo eran grandes amantes de la simbología. Las mismas estatuas de sus dioses eran empleadas para procurar remedio a las enfermedades, y la mera lectura de los jeroglíficos grabados en ellas era considerada como un poderoso conjuro. Por otra parte, el uso de tales prácticas estaba generalizado por todo el país, ya que eran utilizadas tanto para prevenir las agresiones de los animales peligrosos que abundaban en el valle (serpientes, escorpiones, cocodrilos, etc.), como para alejar las enfermedades, o protegerse de los pueblos enemigos.

Las gentes del Antiguo Egipto creían en el equilibrio de la naturaleza que les rodeaba, del que ellos formaban parte sustancial, de tal forma que sus actos y sus palabras tenían repercusión sobre el orden cósmico establecido; pronunciar o leer una frase significaba que esta se cumplía. Por ello usaban la magia en todos los órdenes de la vida, a fin de que aquel orden que veneraban permaneciera inmutable. Un buen ejemplo de lo anterior sería el empleo de la magia como medio para procurar al país una generosa crecida de las aguas del Nilo, con el fin de asegurarse una buena cosecha.

No hay duda, por tanto, de que el Antiguo Egipto fue una tierra de magos, empezando por el mismo faraón, que era tenido como una reencarnación del dios Horus, y por tanto poseía el poder que le conferían los dioses. Él era, de hecho, el primer mago de Egipto.

Excluyendo al rey, en Egipto existían diferentes clases de magos que solían ser preparados desde niños en los templos, con el fin de que alcanzasen, un día, los niveles iniciáticos adecuados. A estos magos solían llamarles *heka*, pues con este mismo nombre era conocido el dios de la magia, aunque también hubiera sacerdotes encargados de los ritos mágicos de los diferentes cleros que fueron denominados de distinta forma. Muchos de estos magos formaban parte de la misma Administración del Estado, siendo tenidos en la más alta consideración.

Obviamente, la magia negra era bien conocida en el Antiguo Egipto, existiendo también magos que se movieron dentro del terreno de la hechicería y la superstición. Dichos hechiceros eran conocidos como *hekay*, careciendo de buena reputación.

No obstante, se sabe que el concurso de los *hekay* era demandado en no pocas ocasiones, siendo el ejemplo más destacado el de la conspiración urdida en el harén real de Ramsés III para acabar con la vida de este. En dicho complot se hizo uso de la magia negra, y durante las pesquisas realizadas por la policía se encontraron estatuillas de cera de este faraón atravesadas por varios alfileres, así como fórmulas mágicas destinadas a menoscabar el poder que, como rey, le habían conferido los dioses, para hacerle de este modo más vulnerable a los encantamientos.

En definitiva, la magia llegó a formar parte inherente de la cultura del Antiguo Egipto, siendo sus misterios de una complejidad tal, que serían necesarios, sin lugar a duda, varios volúmenes para poder abarcarla.

¿QUÉ SON LOS *TEXTOS DE LAS PIRÁMIDES*?

Cuando en 1881 el arqueólogo francés Gaston Maspero entró por primera vez en la pirámide del faraón Unas, quedó fascinado ante la belleza de las inscripciones que adornaban los muros de la tumba. Sus cámaras, construidas con fina piedra caliza de Tura y algunas de cuyas paredes estaban hechas incluso de alabastro, se hallaban salpicadas de elegantes jeroglíficos grabados desde el suelo hasta el mismo techo. Las inscripciones, dispuestas en columnas verticales, estaban rellenas de un color azul intenso, que destacaba vivamente al estar impresas sobre un fondo blanco. Eran los llamados *Textos de las Pirámides*, los textos funerarios egipcios más antiguos que se conocen.

Pero ¿qué significaban aquellos textos? ¿Por qué las

estancias de la pirámide de Unas se encontraban repletas de ellos?

Esas mismas preguntas fueron las que se formuló Maspero, lo cual le animó a intentar encontrar una respuesta, traduciéndolos ese mismo año por primera vez y publicando los resultados al siguiente. El resultado fue la sobrecogedora visión de la inmortalidad tal y como el faraón Unas la concibió; magia en estado puro.

Grabados en los muros, cientos de conjuros nos hablan de la resurrección del rey y de su posterior viaje estelar hacia las «Estrellas Imperecederas». Su barca solar le guiará hasta unirse con los dioses.

Con los *Textos de las Pirámides*, queda plenamente patente el poder que para los antiguos egipcios poseía la palabra hablada, e incluso escrita, pues cualquiera de estas acciones hacía que esta se cumpliera. En los muros de las cámaras, los ensalmos están dirigidos tanto a proteger al difunto de todo mal como a garantizarle la inmortalidad, propiciando su resurrección para transformarle en dios.

Todo está pensado al detalle, pues en la pirámide de Unas los textos se hallaban dispuestos de tal forma que el faraón pudiera leerlos ordenadamente después de su renacimiento al salir del sarcófago. Los jeroglíficos representan los diferentes aspectos de ese resurgimiento: el instante en que el rey vuelve a despertarse en el interior de la pirámide, su posterior ascensión a los cielos hacia las estrellas del septentrión y, finalmente, su anhelado encuentro con los dioses.

Fue Unas, el último faraón de la V Dinastía, que gobernó Egipto unos 2300 años a. C., el que inició la costumbre de grabar semejantes inscripciones en el interior de las pirámides, práctica que, por otra parte, continuaron otros faraones de la VI Dinastía, e incluso de la VIII, ya en el llamado Primer Periodo Intermedio. En total se han encontrado nueve pirámides en las que se pueden admirar estos textos. Seis de ellas pertenecieron a faraones, y las otras tres a reinas, en concreto esposas de Pepi II, el rey más longevo que gobernó en Egipto, ya que reinó durante noventa años.

No obstante, el origen de este tipo de inscripciones es anterior al reinado de Unas. Su antigüedad puede remontarse al Periodo Predinástico, pues algunos de los ensalmos demuestran un cierto arcaísmo, siendo su interpretación bastante complicada. Se conocen unos ochocientos tipos de conjuros diferentes dentro de estos textos, aunque, curiosamente, no suelen repetirse en las diferentes tumbas en los que se emplearon.

Mas si hay algo verdaderamente misterioso entre los ensalmos que cubren las paredes de estas tumbas, es, sin duda, el llamado *Himno Caníbal*. Este himno, que solo se encuentra en las pirámides de los reyes Unas y Teti, su sucesor, es una extraña representación de cómo el faraón es capaz de devorar a los propios dioses para así asimilar todos sus poderes y su magia. Es una verdadera ceremonia de canibalismo, que probablemente surja como una evocación de ritos practicados en épocas primitivas.

En la pirámide de Unas, el *Himno Caníbal* se encuentra descrito en las paredes de la antecámara funeraria. Los maravillosos jeroglíficos que cubren sus muros nos susurran la impresionante letanía en la que el faraón se alimenta de los dioses para apropiarse de sus facultades divinas. Algunos de los pasajes de este misterioso himno son verdaderamente espeluznantes, pues narran con crudeza los banquetes matutinos, vespertinos y nocturnos del faraón, tras los cuales Unas se manifiesta como «el poderoso que predomina entre los poderosos».

Como hecho curioso que nos viene a hablar, claramente, de la particular mentalidad de los antiguos egipcios, conviene resaltar que al grabar sobre los muros de la tumba multitud de símbolos que representaban a diversos tipos de criaturas, algunas peligrosas, el difunto podía llegar a sentirse amenazado por ellas. Para paliar en parte este problema, los artistas trataron de sustituir este tipo de jeroglíficos por otros que tuvieran el mismo significado pero que resultaran inocuos, llegando, incluso, a mutilar el cuerpo del animal representado para hacerle de este modo inofensivo; algo sorprendente.

¿QUÉ SON LOS *TEXTOS DE LOS SARCÓFAGOS*?

Como hemos visto, los *Textos de las Pirámides* fueron concebidos, únicamente, para ser grabados en el interior de las pirámides que dieron cobijo a algunos faraones y reinas. Tales ensalmos solo estaban destinados a la realeza, por lo que para el resto de los mortales resultaba imposible acceder a ellos, llegándose a dar la circunstancia de su total desconocimiento por parte del pueblo, pues su existencia fue un secreto celosamente guardado por los propios sacerdotes.

Con el final del Imperio Antiguo, sobre el 2150 a. C., y la llegada del Primer Periodo Intermedio, los disturbios y las revueltas se apoderaron de Egipto. Una tenebrosa oscuridad se adueñó del país, generalizándose el saqueo de tumbas. Todos los símbolos grabados en las paredes de las cámaras funerarias dejaron de ser un secreto, quedando expuestas a los admirados ojos de todo aquel que lo desease, durante más de cien años. Cuando aquel caótico periodo de la historia de Egipto finalizó, una nueva época de esplendor se alzó en el Valle del Nilo. Hoy la conocemos como el Imperio Medio, y fue una etapa brillante en la que florecieron las artes significativamente. La nobleza, que había salido fortalecida del periodo anterior, vio como aumentaban sus privilegios y comenzó a utilizar en su provecho todos aquellos conjuros otrora esculpidos únicamente para el rey. Sin embargo, no los usaron para revestir las paredes de sus tumbas. Los sagrados textos eran ya del dominio público, y decidieron comenzar a decorar con ellos los sarcófagos de sus sepulcros.

Los *Textos de los Sarcófagos* son, por tanto, una evolución más dentro de la antigua civilización egipcia. Simplemente, los textos antaño grabados en las pirámides fueron tomados como base para adecuarlos a los nuevos tiempos. Los fines perseguidos eran exactamente los mismos que cien años atrás, asegurar al difunto una vida feliz en el Más Allá. Las fórmulas y conjuros utilizados en los sarcófagos son similares a los que un día se emplearon en los muros de las pirámides, más el finado es, ahora, otro bien diferente, pues ya no pertenece exclusivamente a la realeza.

En general, los ensalmos grabados en los ataúdes hacen referencia a las facultades mágicas del difunto, poniéndose un énfasis especial en alejar cualquier mala influencia que pueda mermarlas; la magia se hace presente en cada fórmula inscrita en ellos, tal y como también pasaba con los textos anteriores.

Todos esos poderes mágicos eran necesarios para que la persona fallecida pudiera derrotar a los enemigos que se le interpondrían en su camino para alcanzar el paraíso, utilizándose, a menudo, nuevos procedimientos como figuras de cera sobre las que se declamaban los conjuros.

Sin embargo, nuevo matices hacen acto de aparición en estos textos, ya que a diferencia de los otros, los *Textos de los Sarcófagos* hacen especial hincapié en el tránsito al Más Allá, más que en el propio destino, pues se consideraba que dicho viaje se encontraba lleno de peligros.

Sin lugar a duda, cabe considerar estos textos como un paso intermedio entre los hallados en el interior de las pirámides y el *Libro de los Muertos*, que estaría llamado a sustituirlos en, relativamente, poco tiempo.

Es curioso el modo en el que se designa a dichos textos, ya que el término sarcófago, que hoy utilizamos para denominar a los ataúdes egipcios, es griego y significa «el que devora la carne», debido, sin duda, al hecho de que la piedra caliza con que a menudo estaban fabricados producía una reacción química que consumía el cadáver. Los antiguos egipcios se referían al ataúd como *reb ankh*, que quiere decir «el señor que da la vida», lo cual estaba más acorde con la función que desempeñaba, que no era otra que la de proteger el cuerpo del difunto.

Durante el Imperio Medio los ataúdes también evolucionaron, y acabaron por hacerse, en general, de madera, que solía ser profusamente pintada con símbolos mágicos tanto en su exterior como interiormente. Por ejemplo, la tapa se acostumbraba adornar con la figura de Nut, la diosa que representaba la bóveda celeste, simbolizando con ello, por tanto, el cielo al que el finado debía dirigirse. Los laterales podían ser decorados con las imágenes de Osiris y Anubis y, también en este periodo, las cuatro esquinas llevaban grabados a los cuatro hijos de Horus.

Con posterioridad, el uso de esta simbología fue cambiando y, así, las diosas Isis y Neftis acabaron por sustituir a Nut en las tapas de los sarcófagos.

Como apunte final diremos que los *Textos de los Sarcófagos* llegarían a ser utilizados por la gente corriente, la cual utilizó las fórmulas mágicas de sus ataúdes para alcanzar la felicidad eterna junto a sus familias; algo que es considerado por los egiptólogos como una «democratización» de los textos funerarios.

Se usaron, fundamentalmente, durante la XI y XII Dinastías; entre el 2050 y el 1800 a. C.

EL *LIBRO DE LOS MUERTOS*

El *Libro de los Muertos* representa, sin duda, el texto funerario más conocido de todos. En multitud de obras, e incluso películas, que tratan sobre el Antiguo

Egipto hemos tenido la oportunidad de escuchar su nombre, evocando misterios que, irremediablemente, se pierden entre las difusas brumas de un tiempo lejano que, no obstante, ha llegado hasta nosotros para mostrarnos su fascinante legado.

Pero ¿qué es el *Libro de los Muertos*? ¿Cuál es el origen de su título?

Con este enigmático nombre son conocidos una serie de papiros repletos de conjuros e invocaciones, a través de los cuales los antiguos egipcios pretendían conseguir la feliz finalización del tránsito del difunto al Más Allá.

Hizo su aparición sobre el 1500 a. C., y en el Imperio Nuevo fue utilizado como una nueva evolución de los textos anteriores. Con su uso, el difunto eliminaba todos los problemas de espacio que, obviamente, presentaba el ataúd, siendo posibles todas las copias que se consideraran oportunas para que los conjuros que aseguraban una eternidad feliz pudieran ser formulados.

Lógicamente, con esta nueva práctica una amplia mayoría del pueblo tuvo acceso a unos ritos funerarios que, durante milenios, habían sido utilizados exclusivamente por la realeza y la aristocracia. Por este motivo, los escribas que estaban encargados de escribir los papiros pronto se encontraron desbordados ante tanto trabajo. Además, los clásicos ensalmos fueron enriquecidos con el tiempo con nuevos conjuros protectores, llegándose incluso a añadir diversas pautas de comportamiento como, por ejemplo, la conducta que debía observar el difunto ante el tribunal durante el Juicio Final, o instrucciones generales para lo que sería conveniente decir en cada caso, haciendo especial hincapié en el procedimiento a seguir para evitar cualquier tipo de trabajo en la otra vida.

Aquello supuso una verdadera transformación para la sociedad del Valle del Nilo. Un pueblo tan impregnado por todo lo sobrenatural como era el egipcio encontró en el *Libro de los Muertos* una verdadera tabla de salvación, pues el que más o el que menos pudo, a partir de aquel momento, enterrarse con algún papiro que le ayudase a franquear los peligros que le aguardaban en el inframundo.

A raíz de todo lo anterior se creó una verdadera industria, llegándose a manufacturar *Libros de los Muertos* de todo tipo y tamaño, muchos de los cuales incluían ilustraciones más o menos buenas, en función de lo que estuviera dispuesto a pagar el interesado. Hasta tal punto esto fue así que los modelos terminaron por estandarizarse, dejando un hueco en blanco entre los jeroglíficos escritos en el papiro donde, posteriormente, se añadía el nombre del difunto.

Como suele ser habitual en estos casos, el trabajo rutinario hizo que, en ocasiones, los escribas que copiaban los textos se relajaran en su trabajo, cometiendo alguna que otra chapuza, como pudiera ser el repetir el mismo conjuro varias veces, incluso en un mismo capítulo. Claro que, como la mayoría de la gente no sabía leer ni escribir, tampoco hubo mayores problemas, y ni tan siquiera protestas.

En cuanto a su función como texto funerario, el *Libro de los Muertos* consigue un ordenamiento de todo lo que el finado va a necesitar para llegar con bien a los

«Campos del Ialú», nombre con el que denominaban al paraíso, como si fuera un manual para el difunto. Los conjuros ya no se ocupan únicamente del tránsito o de la llegada del difunto al paraíso, sino que cubren todas las fases por las que deberá pasar aquel desde el mismo instante de su muerte hasta que alcance el Más Allá.

En estos textos, las fórmulas empleadas para proteger al finado resultan complicadísimas, conociéndose casos que han llegado a ocupar hasta treinta metros de papiro. Al leerlas, uno llega a la conclusión de que eran tantas las pruebas que debía pasar el pobre difunto hasta llegar al paraíso que si lo conseguía en verdad que descansaría en paz.

Desde su aparición se hicieron muchas versiones del *Libro de los Muertos*, aunque todas estuvieran encaminadas hacia un mismo fin, manteniéndose como texto funerario hasta el final de la civilización egipcia. Por lo general, contenía unos doscientos capítulos, que a partir de la XXI Dinastía, año 1050 a. C., comenzaron a escribirse en hierático, que era una forma cursiva del jeroglífico.

Por cierto que los antiguos egipcios no conocían dichos escritos como el *Libro de los Muertos*, sino que empleaban el extraño nombre de la *Salida al Día*.

LOS AMULETOS

Después de comprobar la enorme afición que los antiguos egipcios mostraban por la magia, no es de extrañar el uso generalizado de los amuletos por parte de la población, pues estos eran unos artículos que, prácticamente, llevaba todo el mundo.

Para su fabricación, los antiguos egipcios utilizaron todo tipo de materiales, desde piedras preciosas como el lapislázuli o las turquesas, hasta simples metales como el hierro, o los más nobles, como el oro y la plata. En la práctica cualquier componente podía ser bueno para ello, siendo a la postre los de loza los más populares y baratos, y por tanto los más fabricados.

Igual que había ocurrido en el caso del *Libro de los Muertos*, la fabricación de amuletos también llegó a convertirse en una industria. Se han encontrado miles de moldes de las más diversas formas y tamaños, que fueron utilizados para su manufactura en prácticamente todas las épocas. Los egipcios llegaron incluso a registrarlos, pues existen papiros en los que se hace referencia a los tipos de amuletos y a sus utilidades.

Estos amuletos podían cumplir una función protectora, como talismanes, haciendo referencia a alguna divinidad, o bien tener la misión de luchar contra las enfermedades. Por ese motivo era corriente que la gente llevara colgada del cuello alguna figura votiva del dios por el que más fervor sentía, buscando así su permanente amparo.

Como vimos en capítulos anteriores, también fueron utilizadas determinadas figuras para el uso de la hechicería. Solían ser de cera, y el mismo Estado las llegó a utilizar para protegerse de los enemigos de Egipto, representándolos en ellas; suelen ser conocidas como «figuras de sustitución».

Independientemente de lo anterior, hubo una serie

de amuletos que fueron más utilizados que el resto, como el pilar *djed*, símbolo de estabilidad, el *tyet* o nudo sagrado de Isis, el cetro *uas*, que representaba el poder, o el *akhet*, distintivo del horizonte; aunque, sin lugar a dudas, los más populares de todos fueron el *ankh*, el *escarabeo* y el ojo de Horus.

El ojo de Horus, al que los antiguos egipcios llamaban *udjat*, es bien conocido en nuestros días como símbolo de los más profundos misterios encerrados dentro de la magia del Antiguo Egipto. Este amuleto forma parte de las terribles luchas que mantuvieron algunos dioses en tiempos remotos para imponer su supremacía. Es el resultado del enfrentamiento entre las fuerzas del bien y las del caos y, para los antiguos habitantes del Valle del Nilo, estaba cargado de simbología.

Tras uno de los encarnizados combates que el dios Horus sostuvo con Set, su iracundo tío, este le arrancó el ojo izquierdo. No obstante, el ojo fue recuperado por Toth, dios de la sabiduría, que logró recomponerlo y volver a colocar en su lugar utilizando su saliva milagrosa. Así fue como Horus recuperó de nuevo su ojo izquierdo, que se convirtió en signo de curación. Eso es exactamente lo que significa su nombre, pues la palabra *udjat*, utilizada por los antiguos egipcios, quiere decir «sano». Es fácil de comprender por tanto por qué eran tan aficionadas las gentes del Valle a llevarlo colgado de su cuello.

El *ankh*, que simbolizaba la vida eterna, también es bien conocido en la actualidad; sin embargo, no lo es tanto el *escarabeo*, que fue el preferido de los egipcios, pues sintieron fascinación por él.

Los antiguos egipcios, que se tenían por buenos observadores, se quedaban asombrados cuando veían al escarabajo transportar su bola de inmundicia, creyendo ver en ello una explicación del ciclo solar. Tras veintiocho días, de la bola que había arrastrado el insecto nacían con aparente espontaneidad nuevos escarabajos, lo cual les llevó a considerar que se creaban a sí mismos. Por este motivo el escarabajo, al que divinizaron con el nombre de Khepri, simbolizaba la resurrección.

Los amuletos con forma de escarabajo se conocen con el nombre de *escarabeos*, y en su reverso solían grabarse mensajes de todo tipo, incluidos el nombre del faraón favorito del portador, o simplemente un texto de buena suerte.

Asimismo, este era un amuleto fundamental para conseguir renacer en la otra vida y, por ello, las momias los llevaban entre sus vendajes sobre el corazón. Los que portaba el cadáver solían estar hechos de materiales preciosos, y era lo primero que los saqueadores de tumbas buscaban en la momia. Ello representaba una desgracia terrible para el difunto, pues necesitaba de ese amuleto para su resurrección en la otra vida.

Las momias de los antiguos egipcios, sobre todo las reales, se hallaban repletas de amuletos mágicos de todo tipo. Estos solían estar escondidos entre los vendajes y, como dato curioso, diremos que se encontraron un gran número de ellos en el cuerpo del faraón Tutankhamón; nada menos que ciento cuarenta y tres.

Por último, y también como curiosidad, comentaremos que con el tiempo se llegaron a usar amuletos escritos sobre papiros, siendo costumbre que, tras el nacimiento, los niños fueran llevados por sus padres a los templos para que les proporcionaran un amuleto que les protegiera. Los sacerdotes acostumbraban a entregarles entonces un papiro en el que habían escrito ensalmos para salvaguardarle, dibujando, incluso, la figura del dios que siempre velaría por la criatura.

¿EXISTÍAN LOS ORÁCULOS?

Naturalmente que existían, y además tenían una gran relevancia. Desde siempre, los oráculos estuvieron íntimamente ligados a los templos del Antiguo Egipto. La propia concepción de estos no era sino un paulatino recorrido hacia la penumbra más absoluta.

Desde que ponía los pies en la sala hipóstila, las tinieblas se iban apoderando progresivamente del oficiante hasta llegar al sanctasanctórum, donde se hacían agobiantes. Allí se encontraban recluidas las imágenes sagradas de sus dioses, y con ellas los herméticos oráculos, capaces de dar contestación a las más enigmáticas cuestiones.

En un principio los oráculos estuvieron destinados al pueblo, que les hacía sus consultas en los patios situados a la entrada de los templos, aunque, con el tiempo, los utilizaron los altos dignatarios e incluso la realeza.

Durante las grandes festividades, el pueblo aprovechaba para visitar a los oráculos a fin de dar solución a sus problemas, consultando a su vez a las imágenes de los dioses cuando estas salían en procesión. Los reyes, en cambio, acudían a verlos al interior de los templos.

En general, a los oráculos se les pedía su opinión en una gran variedad de asuntos, habiéndose registrado datos sobre su intervención en la aclaración de delitos y llegando a intervenir en los tribunales ordinarios.

Según nos cuentan las crónicas antiguas, los oráculos tenían la facultad de hablar desde el interior de sus sagrarios, lo cual ha llevado a pensar en los métodos utilizados para ello. Seguramente existiría un grupo de acólitos dedicados a este particular, aunque no se conoce con seguridad qué sistema empleaban.

Obviamente, muchas de las peticiones que se hacían requerían curaciones milagrosas, siendo muy apreciados los poderes de los oráculos egipcios entre el resto de los países vecinos. Se sabe que, en algunas ocasiones, fueron reclamados por los reyes extranjeros, pues existen estelas que confirman este punto. Al parecer, hubo algunos particularmente famosos, como el oráculo del dios Khonsu en la ciudad de Tebas, que fue uno de los más apreciados.

Otro que llegó a ser considerado como de primer orden a partir de la XXVI Dinastía, unos 600 años a. C., fue el del Oasis de Siwa. Este oráculo, conocido como el Amoneion, fue muy famoso en la antigüedad, y desde el reinado del faraón Amasis el futuro rey debía ser reconocido por él. El propio Alejandro Magno tuvo que acudir ante el oráculo de Siwa para ser aceptado como hijo del dios Amón y faraón de Egipto.

Es fácil de imaginar el poder que llegaron a acaparar los oráculos. A finales del Imperio Nuevo su influencia era ya considerable, quedando bajo la jurisdicción de los sacerdotes del templo de la divinidad a quien representaban. A partir de ese momento, podemos suponer la facultad de decisión que el clero obtuvo con semejante sistema, ya que, en un país tan religioso como era Egipto, las decisiones tomadas por los dioses eran poco menos que indiscutibles. Ello representaba, sin lugar a dudas, un arma política de primer orden, y como tal fue utilizada por los grandes templos, que llegaron a negociar con la monarquía aquello que más convenía a sus propósitos.

Un ejemplo de lo anterior lo tenemos en el mismo acto del nombramiento del Primer Profeta (sumo sacerdote) del dios Amón. Era este un cargo de la máxima importancia para el cual el faraón presentaba a sus candidatos. Pero no era el rey quien lo elegía, sino el oráculo, que dictaminaba cuál de ellos era grato a los ojos del dios.

Lo anterior es una prueba demostrativa de lo conveniente que era para el faraón el mantener unas buenas relaciones con el alto clero; sobre todo con el del dios Amón. Relaciones que a la postre se verían truncadas, ya que, a partir de la XXI Dinastía, aproximadamente 1070 a. C., los sacerdotes de Amón gobernarían el sur de Egipto, utilizando frecuentemente el oráculo para ello.

Todos estos procedimientos, lógicamente, nos invitan a pensar en las prácticas fraudulentas que podían acarrear. Sin embargo, hay consignados textos que hacen especial hincapié en la necesidad de mantener la integridad, por parte de los templos, para poder llevar a cabo dichas funciones.

Como era usual dentro de la Administración del Antiguo Egipto, todos los dictámenes emitidos por los oráculos quedaban registrados por los llamados «escribas de los oráculos», aunque los sacerdotes que estaban al frente de estos oráculos eran otros que atendían al nombre de «padres del dios».

En el Antiguo Egipto los oráculos llegaron a tener una importancia tal que durante la XXVI Dinastía se llegaron a vaticinar públicamente, en la ciudad de Buto, todas las invasiones que sufriría el país en el futuro.

¿PODÍAN INTERPRETAR LOS SUEÑOS?

Como ya hemos podido comprobar, la sociedad del Antiguo Egipto estaba muy influenciada por los numerosos aspectos sobrenaturales que empapaban sus creencias. Estaban convencidos de que las fuerzas del bien o del mal podían manifestarse en cualquier momento, y de la forma más inesperada, haciéndose por tanto necesario el saber interpretarlas.

Lógicamente, los sueños representaban una fuente inagotable de imágenes y situaciones, en ocasiones desasosegantes, cuya incomprensión podía llenar de preocupación a la mayor parte de los ciudadanos.

¿Qué hacían, entonces, cuando se presentaba un caso semejante? ¿Cómo resolvían su inquietud?

Cuando esto ocurría, la persona afectada acudía a visitar a unos sacerdotes, a los que los griegos llamaron *onirocriti*, que estaban encargados de la interpretación de los sueños. Estos sacerdotes poseían una gran reputación y, a través de los siglos, llegaron a preparar un verdadero manual escrito acerca del misterio de la interpretación de los sueños, similar a los que existen hoy en día.

Como no podía ser de otra forma, confeccionaron un papiro en el que se trataba de tales cuestiones, al que pusieron por nombre el *Libro de los Sueños*.

El pueblo estaba seguro de que los sueños les eran enviados por los dioses, siendo ese el motivo por el cual, en ocasiones, no los entendían. Por eso necesitaban de la ayuda de sacerdotes especializados para interpretarlos. A estos sacerdotes los egipcios los conocían como sacerdotes lectores o *hery heb*.

Las Sagradas Escrituras dan prueba de la afición de los egipcios por la interpretación de los sueños. Son famosos los sueños que en tiempos inquietaron a determinados faraones y, sobre todo, la historia de José, tal y como se cuenta en el Antiguo Testamento.

Como hemos apuntado con anterioridad, los sacerdotes capaces de interpretar los sueños gozaban de un gran prestigio en todo el mundo conocido en aquella época, por lo que era corriente ir a visitarlos desde otros países en busca de sus respuestas.

Durante la Baja Época, particularmente en el periodo anterior a la conquista de Egipto por parte de los macedonios, se puso de moda el pasar alguna noche durmiendo en el interior de los templos, a fin de conseguir del dios al que estaba consagrado el santuario algún signo premonitorio que ayudase a tomar la decisión adecuada a la hora de resolver las dudas.

Se sabe con certeza que, en aquella época, muchos

turistas griegos acudieron a los templos egipcios en busca de una adivinación de su futuro, existiendo constancia de sus preferencias por determinados santuarios. Entre los favoritos se encontraba el que se hizo construir Seti I en la ciudad de Abydos, que llegó a ser muy frecuentado. Hay numerosos grafitos de estos visitantes grabados en sus muros, que demuestran todo lo anterior, y algunos son particularmente curiosos, como los que se encuentran a poca distancia del suelo y que, seguramente, fueron realizados por los peregrinos mientras esperaban pacientemente tumbados alguna respuesta a sus sueños. Una de aquellas inscripciones es francamente divertida, y hace referencia a que, mientras aguardaban, los penitentes atraparon a un zorro; algo que los llenó de júbilo, según hicieron constar.

Como se puede comprobar, la afición por las artes adivinatorias y la revelación de los sueños es tan antigua como el hombre. La civilización egipcia nos dejó varios tratados en los que se describen un gran número de sueños, así como su significado.

Entre los más importantes podemos citar el papiro Chester Beatty III, encontrado en el poblado de Deir-el-Medina, que se encuentra actualmente en el Museo Británico de Londres y data de tiempos del faraón Ramsés II, unos 1250 años a. C. Este papiro, seguramente, es copia de otros mucho más antiguos, lo que viene a demostrar la importancia que para los egipcios tuvieron los sueños desde los mismos albores de su civilización.

¿EN QUÉ CONSISTÍA EL RITUAL DE LA «APERTURA DE LA BOCA»?

He aquí uno de los ritos mistéricos más importantes y genuinos del Antiguo Egipto. Con su realización se posibilitaba el acceso al difunto a la vida después de la muerte, y la entrada a un mundo que no era sino una proyección del propio Valle del Nilo donde había habitado.

La ceremonia de la «apertura de la boca» era un verdadero ritual mágico con el que se devolvían al finado todas sus facultades para poder iniciar una nueva vida en el Más Allá. La muerte, por tanto, no representaba el final, sino simplemente el comienzo de una nueva etapa que duraría toda la eternidad, y para que pudiera disfrutarla plenamente se posibilitaba, mediante la magia, que el difunto recuperara de nuevo todos los sentidos y funciones de su cuerpo.

La «apertura de la boca» era una ceremonia complejísima y cargada de misticismo, en la que diferentes sacerdotes oficiaban un ritual que resultaba crucial para la resurrección del difunto. La recuperación de los sentidos, y la de cada función del cuerpo, correspondía a un único dios, que era representado durante el ritual por un miembro del clero. Así, por ejemplo, el dios Ptah era el encargado de la apertura de la boca para que esta recobrara sus funciones naturales, ocupándose el dios Sokar de las de los ojos.

Para efectuar este enigmático ritual utilizaban instrumentos, que consideraban mágicos, generalmente fabricados de hierro meteórico, un metal que era tenido como sagrado, al pensar que eran los dioses quienes lo habían enviado desde los cielos. Estos instrumentos solían tener forma de azuela, o de un bastón que representaba a una serpiente y cuya empuñadura era una cabeza de carnero. Con ellos, los sacerdotes tocaban los miembros y órganos que debían ser restituidos para poder alcanzar la felicidad en la nueva vida.

El desarrollo de este ceremonial variaba en función del poder adquisitivo del fallecido, no siendo igual el que recibía el faraón o la aristocracia que el del pueblo llano.

Al frente de la comitiva que se dirigía a la necrópolis para efectuar este ritual iba el hijo o el heredero del difunto, seguido por los sacerdotes y familiares, que le acompañaban hasta llegar a la entrada de la tumba. Una vez allí se iniciaba la parte principal del rito, que tenía lugar en el interior del sepulcro, más concretamente en la sala del sarcófago, y a la que solo asistían los sacerdotes. Estos comenzaban sus rituales de purificación al difunto empleando una mezcla de agua con incienso, para proseguir después con una complicada serie de actos litúrgicos que concluían con el sacrificio de varios animales. Todos estos protocolos se oficiaban sobre la momia o sobre una estatua del difunto que solía colocarse en el interior de la sala. Finalmente se bebía agua y leche, para abandonar seguidamente la cámara del sarcófago, a la que llamaban «casa de oro», borrando cuidadosamente sus huellas antes de salir.

Los familiares, que habían permanecido esperando en el exterior de la tumba, eran avisados de que la ceremonia había finalizado; acto seguido se sellaba el sepulcro, y se daba por concluido el entierro.

El hecho de que el hijo o heredero presidiera la ceremonia fúnebre resultaba de crucial importancia, sobre todo a la muerte de un rey, pues aquel quedaba legitimado como sucesor al trono una vez terminado el acto.

Se tiene constancia del rito de la «apertura de la boca» desde tiempos antiquísimos, aunque la mayor parte de la documentación que se posee de él procede de la época del Imperio Nuevo. Gracias a dichos documentos sabemos que el ritual constaba de setenta y cinco pasos, aunque como en tantos otros aspectos de la cultura egipcia, el ceremonial fue variando con el paso de los siglos.

El rito de los sacrificios celebrados en las tumbas tenía su particular simbolismo, pues se inmolaban varios animales, entre ellos dos toros a los que se les amputaba la pata derecha y se les extraía el corazón. Con ellos se tocaba al difunto para transferirle la fuerza y el poder de estos animales. Obviamente, solo la realeza y los altos dignatarios podían permitirse el gasto que significaban semejantes sacrificios.

¿EXISTÍAN DÍAS FASTOS Y NEFASTOS?

Para los antiguos egipcios la duración del año se circunscribía al ciclo natural de la vida en el Valle del Nilo. Para ellos, lo más importante era la cosecha que anualmente debían recoger y así, en función de esta, dividían el año. Por este motivo, el Año Nuevo comenzaba en el mismo instante en que dicho ciclo se iniciaba, sobre mediados de junio, que era cuando el río Nilo comenzaba su crecida anual. Dicha crecida coincidía con el orto de la estrella Sirio poco antes del amanecer, momento muy esperado por el pueblo, que les anunciaba la subida de las aguas y el comienzo del año.

Al año lo dividieron en tres estaciones de cuatro meses cada una, a las que llamaron Akhet, la inundación, Peret, la siembra, y Shemu, la cosecha. Cada mes constaba de treinta días, por lo que sumaban un total de trescientos sesenta días. Como faltaban cinco, los antiguos egipcios los añadieron al final del año, y en ellos conmemoraron el nacimiento de cinco de sus dioses, Osiris, Horus, Set, Isis y Neftis, siendo estos días conocidos como *epagómenos*. Como, además, sabían perfectamente que cada cuatro años se debía añadir un día más, los egipcios solían hacer ajustes para que no se desequilibrara el calendario.

Ante una planificación semejante, no es de extrañar que dividieran a su vez los días basándose en si estos resultaban propicios o no. Para este cometido, no cabe duda de que recibieron la influencia de la magia, que tanto impregnaba su vida diaria. Así fue como los antiguos egipcios dividieron los días del año en buenos, malos e indiferentes.

Indudablemente, durante los días nefastos, lo mejor era tomar pocas iniciativas, pues estaba prohibido tener ninguna relación con nada que tuviera que ver con el agua. Es decir, que en tales días, por ejemplo, no montaban en barco, ni comían pescado, ni se bañaban, por lo que suponemos que, en semejantes ocasiones, mucha gente se quedaría en su casa.

Lógicamente, existía un calendario, que era de dominio público, en el que se especificaban todos estos días y del cual se conocen sus detalles en la actualidad.

El calendario de días fastos y nefastos mejor conservado lo compró el Museo de El Cairo en el año 1943. Se trataba de un extenso papiro que se dividía en tres partes, algunas de las cuales se encontraban bastante deterioradas por haber sido devoradas, al parecer, por las hormigas. No obstante, una de ellas, en concreto la segunda, se hallaba en buenas condiciones, y hacía referencia a los días adversos y favorables de todo el calendario anual del Antiguo Egipto.

El papiro al que nos referimos da una explicación muy completa de la naturaleza de cada jornada, ya que, además de explicar si el día es bueno, malo o indiferente, expone también el motivo por el que ha sido declarado de esa manera, así como cuál debe ser el comportamiento del ciudadano ante él.

El título de este papiro es absolutamente rimbombante, pues su traducción dice algo así como: «Prólogo al comienzo de lo sempiterno y a la consumación de la eternidad». Asombroso, sin duda.

En su libro *Secretos del Antiguo Egipto Mágico*, B. Brier hace una exposición completa del calendario del Antiguo Egipto día a día, en la que explica el grado de adversidad de cada jornada, y todas las precauciones que debía tomar el pueblo ante ellas.

Al leer detenidamente estos calendarios, podemos constatar que al catalogar los días siempre se hace referencia a hechos acaecidos en la más remota antigüedad, o a acontecimientos mitológicos en los cuales los dioses participaron significativamente.

Por poner un ejemplo curioso, observamos que en el vigésimo sexto día del primer mes de la estación de la inundación, *Akhet*, se conmemoraba la encarnizada lucha mantenida entre los dioses Horus y Set, por lo que representaba un día adverso donde los hubiere, en el que lo mejor que se podía hacer era no salir de casa.

¿POR QUÉ ESCRIBÍAN CARTAS A LOS DIFUNTOS?

Como hemos podido comprobar, los antiguos egipcios creían que el difunto, al morir, continuaba viviendo en el Más Allá de forma similar a como lo había hecho en vida.

Desde el Imperio Antiguo, las gentes del Valle del Nilo tomaron por costumbre el escribir cartas a sus difuntos para así implorarles su ayuda, pues estaban convencidos de que estos seguían con interés todo cuanto ocurría en el mundo de los vivos.

El procedimiento era el de escribir una breve nota en un papiro, en la que se solicitaba su intervención, o bien grabar esta en algún recipiente para luego depositarlo en la tumba del finado.

Estas cartas a los difuntos también estaban perfectamente estructuradas, existiendo modelos predeterminados que constaban de varias partes en las que se les elogiaba, invocaba y rogaba su auxilio. Muchas de estas cartas hacen referencia a verdaderos litigios familiares que esperan sean resueltos por el difunto desde el

Más Allá. Otras suponen auténticas declaraciones en las que se recuerda al familiar ausente lo bien que se portaron con él hasta el mismo día de su entierro.

En el Museo de Leiden hay un papiro de este tipo. En él, un hombre escribe a su difunta esposa recordándole lo bien que él siempre se había comportado con ella, pues incluso la había amortajado con lienzos de la mejor calidad, y lo buen marido que había procurado ser en todo momento. En esta carta, el viudo rogaba a su esposa ya fallecida que le librase de sus sufrimientos, ya que pensaba que todos sus padecimientos le estaban siendo enviados por la difunta. En algunos pasajes, los lamentos del marido parecen desgarradores.

—¿Qué te he hecho yo para que ahora me trates así? —se queja el marido.

No hay duda de que, en su desesperación, el hombre hace culpable de todos sus males terrenales a su mujer, allá donde se encuentre, lo cual nos hace pensar en el tipo de relación que debieron de mantener ambos en vida.

Mas no todas las cartas trataban sobre peticiones de ayuda, pues, en ocasiones, se exigía al espíritu del difunto su intervención inmediata en el caso, llegándose a proferir en alguna de esas cartas amenazas si no se les concedía aquello que pedían. Dichas intimidaciones eran, a veces, auténticos chantajes, ya que amenazaban al espíritu del difunto con juicios sumarísimos ante la misma corte celestial.

Obviamente, también podía ocurrir lo contrario, pues en el Antiguo Egipto estaban convencidos de que los difuntos podían regresar desde el Más Allá al mundo de los vivos. El lugar por el que dichos espíritus tenían posibilidad de hacerlo eran las llamadas «puertas falsas»; unas puertas labradas en los muros de piedra del interior de las tumbas que servían de nexo de unión entre los «dos mundos» al alma del difunto. Por este motivo, en ocasiones, los vivos pensaban que podían recibir visitas no deseadas del espíritu de algún fallecido, por lo que se les escribía para que no les fuera enviado mal alguno, quizá porque no tuvieran la conciencia tranquila, debido a su comportamiento con el difunto en vida.

En este último tipo de cartas no se preguntaba al fallecido por su existencia en la otra vida, ni por cómo se encontraba o si necesitaba algo, solo pedían que les dejaran en paz y que nunca les importunaran.

A propósito de lo anterior, en el Antiguo Egipto existía la costumbre de pintar las puertas de las casas de color rojizo. Muchos egipcios lo hacían y ello era debido a la creencia que afirmaba que, de esta forma, los espíritus errantes de los difuntos no penetrarían en sus hogares.

Los dioses
y los ritos funerarios

¿POR QUÉ ADORABAN A TANTOS DIOSES?

Durante toda su historia, los antiguos egipcios gustaron de vivir en armonía con cuanto les rodeaba. Dicha armonía no era sino el resultado del mantenimiento de un orden cósmico que les había sido confiado por sus dioses en tiempos remotos. A ese concepto de equilibrio en el que la armonía y la justicia debían ser preservadas, los egipcios lo llamaron *maat*, pues ese era el nombre de la diosa que representaba dichos conceptos. Por otro lado, los habitantes del Valle del Nilo eran conscientes de que ese equilibrio necesario no empezaba y terminaba en ellos, sino que abarcaba a todo cuanto los rodeaba, incluida la propia naturaleza, de tal forma que englobaba desde una buena cosecha de sus campos hasta el peligroso cocodrilo que moraba en la aguas de su sagrado río. No es, pues, de extrañar que los egipcios reverenciaran todo aquello que hacía posible su ansiada armonía, pues comprendieron que hasta la más insignificante de las criaturas cumplía su función para que aquella se llevara a efecto.

No debe sorprendernos que una sociedad empapada con semejantes conceptos empleara la religión en todos los órdenes de la vida diaria, venerando todo cuanto creían que hacía posible su anhelado *maat*. Por ello, además de los grandes dioses, poseedores de magníficos templos, existían otras muchas divinidades menores a las que se rendía culto diario en los propios hogares. Esto llevaba implícita la búsqueda de la deseada protección divina contra las desgracias y las enfermedades.

La religión concebida por los antiguos egipcios puede considerarse única en la historia de la humanidad, pues crearon un universo fascinante repleto de dioses misteriosos, impregnado de mitos enigmáticos y complejos rituales que formaron parte de la cultura egipcia hasta el ocaso de su existencia. Como otras muchas civilizaciones, ellos también buscaron un sentido a cuanto les rodeaba, aunque para ello utilizaran un asombroso número de dioses, pues se tiene constancia escrita de unos mil quinientos.

Las raíces de semejante pensamiento proceden de los tiempos anteriores a la unificación de Egipto. En aquella época, cada región adoraba a sus propios dioses, mas cuando todas ellas se unieron para formar un único país, ninguna deidad fue suprimida en favor de otra en particular, sino que todas ellas se respetaron. Como ninguno de sus numerosos dioses significaba un peligro para el resto, salvo casos muy concretos, el monoteísmo tal y como lo concebimos nosotros no tenía sentido, aunque haya investigadores que crean en su existencia, particularmente en lo referente a la observación de los cultos solares, defendiendo que tal cantidad de dioses no eran sino una representación del mismo demiurgo. Para la mayoría de los especialistas, sin embargo, todos los dioses eran poseedores de determinadas influencias y se unían a su pueblo a través de la figura del faraón.

De ordinario, los dioses egipcios eran relacionados con lo cotidiano. Es por eso que forman familias divinas que, en cierta forma, se asemejan a las humanas. Como ocurre con estas, los dioses también tienen sus residencias, que no son otras que los templos, en donde son lavados, vestidos y alimentados, y en donde se crearán mitos que demostrarán que los divinos padres son capaces de lo mejor y de lo peor.

Los dioses egipcios podían adquirir una ilimitada diversidad de manifestaciones. Estas podían ser cósmicas, geográficas, zoomorfas, híbridas y hasta compuestas. No solía haber una forma fija de representar a un dios, y las diferentes maneras de hacerlo se empleaban como un modo con el que dar una apariencia a dioses, a veces desconocidos, o simplemente para representar algunas de las funciones que los caracterizaban.

Todo el cosmos se encontraba representado en ellos. Por eso, en muchas ocasiones, estos dioses tenían capacidad para ser ambivalentes, como lo es la propia naturaleza. Ello traía consigo el que también fueran vulnerables, siendo posible que murieran. En el final de los tiempos, el mundo regresaría al océano primigenio del que surgió toda vida. Según creían, llegada esa época apocalíptica, solo dos dioses sobrevivirían, Atum y Osiris.

Como en el resto de los aspectos de la cultura, la religión también estuvo sujeta a evoluciones. Conforme la civilización avanzó, surgieron nuevas ideas que fueron asimiladas, sin que ello supusiese desechar las anteriores, con lo que en muchos aspectos la religión se volvió más compleja.

Como es lógico, en un principio los reyes locales adoraron a sus dioses, y cuando el país se unificó, los faraones acostumbraron aumentar la importancia de algún dios en particular, bien porque fueran devotos de él, o simplemente por ser el patrón de su ciudad natal. No obstante, fueron los cleros los que, con los siglos, incrementaron la preponderancia de la divinidad a la que servían. Así fue como se crearon centros de culto que destacaron sobre los demás, como el del dios Ptah en Menfis, el de Ra en Heliópolis y, sobre todo, el del dios Amón en Tebas, cuyo poder llegó a ser enorme.

Sin lugar a duda, si existe una religión lejana en cuanto a su concepción a los monoteísmos actuales, esa es la observada por los antiguos egipcios. Durante sus más de tres mil años de historia fueron fieles a ella, por lo que no nos sorprende que Heródoto dijera de ellos que «eran el más religioso de los pueblos».

¿ERAN LOS TEMPLOS EGIPCIOS CENTROS INICIÁTICOS?

El templo egipcio era el lugar en el que habitaba el dios. El concepto que de él tenían los antiguos habitantes del Valle del Nilo era muy diferente al que nosotros tenemos de nuestras iglesias. El templo no era un punto en el que se reunían los creyentes para adorar a la divinidad, sino que era la «casa del dios», la más sagrada de las moradas. Cada santuario era diseñado teniendo en cuenta esa finalidad, por lo que antes de iniciar su construcción se llevaba a cabo un minucioso estudio de la futura obra sin dejar nada al azar.

En primer lugar, el monumento debía durar eternamente, pues no en vano iba a cobijar a un dios. Eso significaba que los materiales con los que debía fabricarse tenían que ser imperecederos, por lo que era necesaria piedra de la mejor calidad, así como el uso de una simbología que tuviera en cuenta hasta los colores que adornarían los muros y columnas.

De hecho, desde la XVIII Dinastía los templos mantuvieron prácticamente la misma forma hasta la Baja Época, aunque, eso sí, muchas de sus piedras fueran reutilizadas para erigir nuevos santuarios.

Como hemos adelantado, los rituales empezaban antes de que dieran comienzo las obras de construcción. Existe perfecta constancia de ello a través de múltiples inscripciones, conociéndose, incluso, los pasos que se seguían en su proyecto. Por este motivo sabemos que planificaban sus obras de forma similar a como lo hacemos hoy en día. Así, estudiaban el terreno donde iban a levantar el monumento, limitando el perímetro, denominando a dicha acción, «tirar de la cuerda». Una vez realizados estos preliminares, purificaban el área escogida con yeso, para después comenzar a cavar zanjas a fin de hacer los cimientos. Luego echaban arena y ponían la primera piedra, tal y como ocurre en la actualidad para, seguidamente, colocar las piedras angulares e iniciar la construcción. Por fin, y cuando el monumento estaba finalizado, se inauguraba oficialmente, purificándolo a la vez que se realizaban ofrendas y sacrificios.

Toda la decoración interna del santuario se llevaba a cabo al mismo tiempo que se realizaban las obras, y solían representar tanto escenas mitológicas como también al propio faraón derrotando a los enemigos de Egipto gracias a la protección que la divinidad que habitaba en el templo le enviaba. Eran muros cubiertos de misticismo que formaban parte de una simbología, en ocasiones compleja, que se reflejaba en cada detalle del templo construido.

El templo era un núcleo en sí mismo. Su propia arquitectura era una proyección cósmica en la que todos sus elementos representaban la creación. Realmente estaban concebidos para mantener ese orden en el que los egipcios tanto creían, pudiendo comprobarse que eran una metáfora arquitectónica del universo y de su creación. Observándolos con detenimiento es fácil percibir todo esto. Se advierte en sus vías procesionales, por las que el faraón, como intermediario entre los dioses y los hombres, y acompañado por el sumo sacerdote, entraba en el santuario para rendir culto al dios; o en las salas hipóstilas, que simbolizaban verdaderos bosques de plantas al tener sus columnas forma de papiros o lotos, en cuyos techos solían representarse escenas del cielo y sus constelaciones con la diosa Nut, como representante de la bóveda celeste, siempre presente.

La oscuridad iba haciéndose más agobiante conforme se avanzaba hacia el interior, ayudada, sin duda, por el efecto que producía el suelo al ir elevándose poco a poco a medida que se aproximaban los oficiantes al sanctasanctórum, en cuyo interior, en su naos, se hallaba el dios. Este vivía en la oscuridad más absoluta, de la que renacería, igual que en el mito de la creación, como una alegoría de la colina primordial de la que los antiguos egipcios creían había surgido toda vida.

Otra muestra de que los templos estaban concebidos para mantener el orden cósmico la tenemos en los muros que solían rodearlos. Estos no representaban solo una protección física, sino también simbólica, puesto que su función era la de alejar a todas las fuerzas caóticas. El santuario encarnaba, de este modo, el orden dentro del caos.

Los templos en el Antiguo Egipto personificaron, por tanto, el misticismo por excelencia, aunque no debemos olvidar que también formaron parte del sistema económico del país, pues poseyeron grandes dominios que ellos mismos se encargaron de administrar sabiamente.

¿QUÉ ERAN LAS CASAS DE LA VIDA?

Las Casas de la Vida eran los centros donde se preservaba y fomentaba el saber en el Antiguo Egipto. Los *per ankh*, que era como los egipcios los llamaban, fueron custodios de toda la sabiduría y el conocimiento que, durante milenios, el país del Nilo fue acumulando y salvaguardando como el mayor de sus tesoros.

Se tiene constancia de su existencia desde la I Dinastía, y posteriormente, durante el Imperio Antiguo, ya se habla de este lugar en multitud de papiros e inscripciones, aunque no se explique claramente las funciones que desempeñaban.

Sobre este particular, hay especialistas que opinan que las Casas de la Vida no eran centros de educación, sino más bien lugares en los que se guardaban papiros que contenían las más variadas disciplinas. No hay ningún documento que defina explícitamente las funciones de estos centros, aunque, sin lugar a dudas, en ellos se divulgaba el conocimiento. Por este motivo muchos egiptólogos apuestan por que en estos recintos se ejercían tanto labores de archivo como de enseñanza.

Lógicamente, tales núcleos de conocimiento representaban un poder en sí mismos, y en ese caso la pregunta que nos asalta es la de saber si dependían de los grandes templos o si, por el contrario, constituían organismos autónomos.

La respuesta es que casi todos los templos importantes contaban con una Casa de la Vida dentro de sus dominios con un organigrama perfectamente jerarquizado de las personas que servían en ellas. Ello no significaba que fueran centros religiosos, pues en las Casas de la Vida se enseñaba tanto a laicos como a seglares, aunque, obviamente, fueran los templos los que las controlaran.

Fueron muchas las ciudades que albergaron este tipo de instituciones durante la historia de Egipto, destacando por su importancia las de Menfis, Bubastis, Abydos, Heliópolis, Tebas y Sais. En todos estos lugares se instituyó algo parecido a lo que hoy pudieran ser nuestras universidades, pues muchos de los centros se especializaron en diferentes disciplinas. Así, por ejemplo, en el templo de la diosa Sekhmet, en la ciudad de Menfis, podía estudiarse medicina, en Bubastis, cirugía, y en Heliópolis, arquitectura. Incluso existían recintos en los que se profundizaba en campos concretos dentro de la propia medicina, como ocurrió durante la Baja Época en la Casa de la Vida de la localidad de Sais, donde se enseñaba pediatría.

Para el buen funcionamiento de estos centros era necesario un personal cualificado en múltiples materias. Por esta razón, una verdadera legión de escribas se ocupaba de copiar los textos antiguos que fueran necesarios, así como de clasificar y ordenar la ingente cantidad de documentos almacenados. A dichos escribas se les conocía como «escribas de los papiros sagrados de la Casa de la Vida».

Todo el saber de aquel tiempo se encontraba encerrado entre los muros de aquellos grandes complejos, pues además de la ciencia se guardaban principios teológicos y misteriosos textos que incluían los ritos más ancestrales. Allí se escribieron miles de libros de magia y, durante los tres mil años que duró aquella civilización, se fomentó el desarrollo del pensamiento.

También se realizaban en su interior singulares rituales mistéricos, como por ejemplo la regeneración solar que el faraón recibía con el nuevo año, con la que adquiría toda la energía del sol; o la redacción de los anales de los reyes de Egipto.

Es un hecho contrastado que muchos sacerdotes lectores acudían desde otras ciudades a consultar los textos que estos centros guardaban. Incluso los pintores y escultores aprendían el oficio sagrado de dar la vida a la piedra, pues eran instruidos acerca de la importancia que revestía el esculpir las figuras de los dioses. Desde muy pequeños, los niños de las élites eran aleccionados para alcanzar sus metas, siempre rodeados de sabios y eruditos, pues la mayor parte del pueblo, ignorante, no tenía acceso a aquellos lugares.

Durante la época grecorromana, muchos de los viajeros que visitaron Egipto nos han hablado de las Casas de la Vida, asegurándonos que en ellas se encontraban los hombres más sabios y devotos de Egipto. Se sabe que allí estudiaron hombres ilustres de la antigüedad, como Tales de Mileto, Platón, Plutarco, Diodoro, Demócrito y Pitágoras, que permaneció cerca de siete años instruyéndose entre la quietud de los sagrados muros de una de ellas.

¿EN QUÉ CONSISTÍA LA MOMIFICACIÓN?

La momificación representa un claro exponente de la importancia que los antiguos egipcios daban a la vida en el Más Allá, y su particular concepción de esta.

Los orígenes de esta práctica hay que buscarlos, con toda seguridad, en el mito de Osiris. Este dios, hijo de Geb, la tierra, y de la diosa Nut, que representaba la bóveda celeste, fue asesinado por su hermano Set, quien le partió en catorce pedazos que luego esparció por Egipto. La esposa de Osiris, Isis, los buscó, y encontró todos menos el falo; después embalsamó los pedazos con vendas de delicado lino para, finalmente y gracias a su magia, devolverlos a la vida. Incluso creó un falo artificial que añadió al cuerpo de su esposo sobre el que luego se sentó para copular, concibiendo de esta forma a su hijo Horus.

Por tanto, al embalsamar los cadáveres, los antiguos egipcios rememoraban este mito con la esperanza de que el difunto viviera de nuevo durante «millones de años». El proceso duraba setenta días, exactamente los mismos que Osiris había permanecido muerto.

Sin embargo, ¿cómo fueron capaces de descubrir la forma de detener el proceso de descomposición del cadáver? Y, sobre todo, ¿cuándo se dieron cuenta de ello?

Ya en épocas arcaicas los enterramientos se realizaban directamente bajo la arena, encargándose esta de desecar el cuerpo del difunto de forma natural. Los chacales y otros carroñeros que acostumbraban deambular por las necrópolis para devorar los cadáveres se encargaban de desenterrarlos, con lo que quedaban expuestos a los ojos de los antiguos egipcios, que seguramente descubrieron que aquellos no se descomponían. En algún momento, las gentes del Valle del Nilo se debieron de percatar de la necesidad de deshidratar el cuerpo para evitar su descomposición. Obviamente, la momificación sufrió una lógica evolución a través de los treinta siglos de cultura egipcia. Tras el primitivo procedimiento de dejar que las ardientes arenas del desierto desecaran el cuerpo, emplearon otros como, por ejemplo, secarlos al sol y vendar seguidamente los cuerpos, o utilizar la salmuera, aunque enseguida se dieron cuenta de que este método deterioraba la piel, por lo que optaron por cubrirla con yeso y pintar sobre ella las diferentes facciones; así hasta que, finalmente, usaron la técnica tradicional, la de la evisceración del cadáver, de la que ya existen pruebas desde la III Dinastía, unos 2600 años a. C.

Hasta nosotros han llegado los relatos que de la momificación nos legaron personajes como Heródoto o Diodoro, que coinciden, básicamente, en su exposición, y en los cuales nos detallan cómo se realizaba. Según cuentan, existían tres tipos diferentes de momificaciones: una de primera clase, a la que solo tenían acceso la realeza, altos dignatarios y potentados; otra, más barata, destinada a la clase media, y una destinada a los más pobres.

El proceso más oneroso empezaba con la purificación del difunto. Al morir este, sus restos eran llevados a la «tienda de purificación», donde se lavaba el cuerpo para ser trasladado seguidamente al *uabet*, el «lugar limpio», donde se efectuaba el ritual de embalsamamiento. Durante dicho ritual primero se extraía el cerebro, para lo cual se introducía una varilla por la nariz, o, a veces, un instrumento que tenía un pequeño gancho en uno de sus extremos, con el que rompían el hueso etmoides, que es muy frágil, y sacaban la masa cerebral, que se adhería al utensilio con facilidad, tras lo cual los restos que quedaban en el interior del cráneo eran disueltos con drogas.

Se sabe que, durante la época del Imperio Antiguo, 2700 al 2200 a. C., aproximadamente, se acostumbraba dejar el cerebro en el interior del cuerpo, aunque posteriormente siempre se extrajo, pues los antiguos egipcios no tenían un correcto conocimiento de las funciones de este órgano.

Tras extraer el cerebro, se hacía una incisión en el lado izquierdo del abdomen, con un cuchillo de sílex, y luego se sacaban todas las vísceras a excepción del corazón, puesto que en él creían que residían el raciocinio y el alma, y los riñones, ya que era muy difícil acceder a ellos desde esa posición. Todos estos órganos extraídos eran embalsamados e introducidos en cuatro vasijas que representaban, cada una de ellas, los cuatro hijos de Horus. En la que personificaba a Kebehsenuf, que tenía cabeza de halcón, se depositaban los intestinos, en la de Hapy, que era simbolizado con una cabeza de mono, se dejaban los pulmones, en la de Duamutef, con cabeza de chacal, estaba el estómago, y en la de Amset, el único de los cuatro que tenía cabeza humana, el hígado. A estas vasijas se las conoce con el nombre de vasos canopes, en honor a Canopo, el piloto del rey Menelao, que fue enterrado en una población del delta en la que eran muy comunes ese tipo de vasijas, con las que parece ser que se le reverenciaba.

Una vez hecho esto, se procedía a deshidratar el cuerpo, utilizándose para ello natrón, una mezcla de carbonato de sodio y sal común, muy abundante en determinadas regiones de Egipto; el *netjety*, que era como lo llamaban los antiguos egipcios y cuyo significado es el de «sal divina». En él se sumergía el cadáver hasta deshidratarlo. Luego, se colocaba este sobre unas mesas inclinadas con acanaladuras, donde se lavaba su interior con aceite de palma, introduciendo mirra, casia, canela y vendas resinosas, tras lo cual se cosía la incisión hecha en el lado izquierdo, cubriéndola con una placa en la que se hallaba representado el ojo de Horus. Por último, se vertía aceite de cedro sobre el cuerpo y más resina a fin de aislarlo de la humedad, con lo que quedaba listo para ser vendado. Esta era la parte que más encarecía el proceso, puesto que el lino era muy caro, y para el vendaje de la momia se necesitaba una considerable cantidad de metros; se conoce un caso en el que fueron precisos más de dos mil metros de lino. Un trabajo muy laborioso, sin duda, que dejaba el cuerpo cubierto por una nueva piel a la que llamaban *ut*.

Después de todo lo anterior venían los rituales en los que se ungía al cadáver con los Siete Óleos, que suponían contenían propiedades mágicas, tras lo cual el difunto era devuelto a sus familiares para su entierro.

La momificación de segunda clase era mucho más sencilla, pues se limitaba a inyectar por el ano una solución de aceite de cedro. Luego taponaban aquel y desecaban el cuerpo con natrón. A los treinta días quitaban dicho tapón y las vísceras salían disueltas por el recto, tras lo cual procedían al vendaje del cuerpo, para el cual muchos difuntos utilizaban el lino de sus propias sábanas, dada su carestía.

Para la de tercer nivel, bastaba con una lavativa y poco más, siendo la más común de todas.

No hay duda de que resulta fascinante la obsesión de los antiguos habitantes del Valle del Nilo por la preservación del cadáver después de la muerte; sin embargo, para ellos, era algo fundamental. El cuerpo físico del difunto era absolutamente necesario para su *ka*, su energía vital, que debía reconocerle para unirse de nuevo a él en la nueva vida para poder alimentarse mediante las ofrendas fúnebres. Si el cuerpo se descomponía, el *ka* nunca lo encontraría, por lo que vagaría así sin sustento por el Más Allá.

Ello llegó a preocupar vivamente a los antiguos egipcios, pues incluso embalsamaron a miles de animales, como gatos, peces, chacales o ibis, de los que se han encontrado numerosas momias, aunque los más espectaculares de todos fueran los toros sagrados de Apis, cuyos sarcófagos vacíos pueden ser vistos todavía en el Serapeum, en la necrópolis de Saqqara.

En cuanto a los encargados de realizar este tipo de ritual, sabemos que los embalsamadores eran sacerdotes perfectamente jerarquizados. Su sumo sacerdote era conocido como el Supervisor de los Secretos del Lugar, y al jefe de los embalsamadores se le llamaba Canciller del Dios. Este contaba con varios ayudantes encargados de lavar los cadáveres y preparar las pociones, que atendían al nombre de Niños de Horus. A todos ellos se unían los sacerdotes lectores encargados de recitar los textos mágicos que harían posible que el cuerpo quedara preparado para la otra vida.

Así era como los antiguos egipcios disponían las momias, un término que, curiosamente, procede de la palabra persa *mummia*, que significa «betún», y que fue empleado por el aspecto que presentaban las antiguas momias egipcias, que llevaron a pensar que estaban cubiertas de este producto.

Como dato curioso apuntaremos que las momias fueron utilizadas como panacea para todo tipo de males durante el siglo XV. De ellas extraían un polvo que aseguraban era el elixir de la longevidad, por lo cual era recetado por los médicos como remedio de múltiples enfermedades. Ello, claro está, trajo consigo una gran demanda de este «producto», llegándose a utilizar esclavos y condenados para este propósito.

¿EXISTÍAN JERARQUÍAS DENTRO DEL CLERO?

La concepción del clero en el Antiguo Egipto en poco se parece a la que nosotros tenemos en la actualidad. Sus centros religiosos no eran como nuestras iglesias o mezquitas, ya que se trataba de lugares restringidos a los cuales solo tenían acceso los sacerdotes, cuya misión era la de atender debidamente al dios que moraba en el interior del santuario. Solo así, sintiéndose satisfecho, este colmaría de buenas influencias a su pueblo.

Indudablemente, tanto para su adecuada atención, como para un correcto gobierno de los templos, eran necesarios un importante número de sacerdotes que cumplieran con los diferentes cometidos, razón por la cual se instituyó una jerarquía totalmente piramidal que englobaba cargos perfectamente definidos.

En el vértice de dicha pirámide se hallaba el faraón, pues no en vano él era el sumo sacerdote de todos los cleros de Egipto, el nexo de unión entre los dioses y los hombres, siendo, gracias a su naturaleza divina, la persona indicada para tal cometido.

Pero, evidentemente, el rey no podía estar en todos los santuarios del país al mismo tiempo oficiando sus liturgias, por lo que tenía que delegar en alguien que le representara ante cada dios. Esta función recayó en los sumos sacerdotes, o Primeros Profetas, o Servidores, que era como los antiguos egipcios los llamaban; ellos fueron los encargados de sustituir al rey en los actos religiosos, así como del buen gobierno de los templos.

Ciertamente, la estructura de los diferentes cleros variaba en función de la importancia del dios al que veneraban, no siendo comparable la de aquellos que poseían poca influencia con la de los más poderosos, cuyo buen servicio conllevaba una gran complejidad.

Durante los tres milenios que abarcó la civilización del Antiguo Egipto, el poder que llegaron a acumular los templos dependió de su preponderancia. Así, durante las primeras dinastías fue el templo del dios Ra el que sobresalió, y su sumo sacerdote, conocido como el Primero de los Observadores, tuvo una gran influencia. A partir de la V Dinastía, el clero del dios Ptah de Menfis consiguió una destacable importancia, que utilizó a través del Jefe de los Artesanos, que era como se llamaba al primero de sus servidores. Pero, sin duda, y desde el comienzo del Imperio Nuevo, unos 1500 años a. C., fue Amón, el dios de Tebas, el que alcanzó el mayor poder de todos. Será a este dios al que haremos referencia principalmente por ser el más conocido, y el que mejor puede darnos una idea aproximada de la organización de los templos.

En general, los templos englobaban a sus servidores dentro del alto y del bajo clero. El alto clero estaba encabezado por el faraón, aunque, como hemos apuntado, era el Primer Profeta quien, en la práctica, estaba al frente.

El Primer Profeta de Amón era uno de los personajes más importantes del Antiguo Egipto. Su misión era la de cuidar del buen funcionamiento del templo de Karnak y sus inmensos dominios, para lo cual contaba con la ayuda de un Segundo, Tercero y Cuarto Profetas, que representaban algo así como el papel de los altos ejecutivos de cualquier multinacional actual. Todos ellos constituían el alto clero y podían acceder a los lugares más sagrados del templo.

El sumo sacerdote de Amón tuvo una gran influencia política que fue aumentando conforme su clero fue adquiriendo mayor poder, hasta el punto de que, al finalizar la XX Dinastía, dicho poder sobrepasó al del propio faraón, del que prescindieron para encargarse ellos mismos del gobierno de una parte de Egipto.

El origen de estos sumos sacerdotes fue variando con las épocas. Así, en un principio era el rey quien los elegía de entre la nobleza; mas llegó un tiempo en que estos títulos llegaron a ser hereditarios, pasando el cargo de padres a hijos durante generaciones.

Al bajo clero, el más numeroso, pertenecían los *hem neter*, o Simples Profetas, que estaban organizados en agrupaciones a cuyo frente solía haber un Supervisor y un Inspector que coordinaban el correcto funcionamiento de las jerarquías inferiores. Una vez al mes presentaban un informe con el estado de todos los trabajos y cuentas del templo. Dichas agrupaciones se turnaban en su servicio al templo, de tal forma que, de ordinario, permanecían por espacio de un mes en el santuario trabajando en todos aquellos cometidos que el dios les hubiera encomendado, para luego regresar a sus hogares y durante tres meses dedicarse a otras labores. Así, rendían servicio en el interior del templo tres veces al año.

Independientemente de lo apuntado anteriormente, existían diversas escalas sacerdotales que cumplían otras muchas funciones, dependiendo de cada templo, y cuyo estudio pormenorizado nos llevaría a ocupar un espacio considerable; por ello solo mencionaremos a los más importantes, como fueron: los sacerdotes *ueb* o purificados, los *iti neter* o Padres del Dios —también conocidos como Puros de Manos—, los horarios, los músicos, los *hery heb* o lectores y los Jefes de los Secretos.

Como es fácil de comprobar, existía toda una variedad de sacerdotes ordenados en función de sus cometidos, siendo la anterior una pequeña muestra, pues había muchas más. Obviamente, otros cleros también disponían de sus grados, como por ejemplo los *Sem*, que pertenecían al templo del dios Ptah, o los *ueb* de Sekhmet, que eran médicos.

Mas en el Antiguo Egipto, el clero no se circunscribió al hombre, pues desde el Imperio Antiguo existió un clero femenino que sirvió tanto a dioses masculinos como femeninos. Hubo una gran variedad de grados y, con el tiempo, parte de este clero llegó a ostentar cargos de gran influencia. Tal fue el caso de la llamada Esposa del Dios, o el de la Divina Adoratriz, puestos que solían detentar miembros de la familia real.

¿POSEÍAN BIENES LOS TEMPLOS?

Evidentemente, siempre que hablamos de los bienes de los templos en el Antiguo Egipto, pensamos, inmediatamente, en los grandes santuarios —como el de Amón en Karnak—, poseedores de un enorme patrimonio e indudable poder.

Sin embargo, en Egipto había una gran mayoría formada por pequeños cleros pertenecientes a otros dioses cuyas posesiones eran más bien exiguas y que únicamente les permitían el mantenimiento del culto sin grandes pretensiones.

Como también ocurría con la concepción religiosa, tan diferente de los monoteísmos actuales, los recursos utilizados para el sostenimiento de los templos eran distintos a los nuestros, ya que no existía la costumbre de dar limosna por parte de los feligreses, aunque sí fueran corrientes las donaciones por parte del faraón y, en determinadas ocasiones, las de algún particular. En ese caso, ¿de dónde salía la riqueza necesaria para el mantenimiento de los templos? ¿Cuáles eran los métodos utilizados para ello?

La respuesta se conoce con absoluta certeza, pues fundamentalmente fueron dos las fuentes de las que se valieron los templos para ello: la tierra y el ganado.

A lo largo de su historia, el clero del Antiguo Egipto demostró unas inmejorables dotes para la administración de sus bienes. Las tierras de su propiedad eran arrendadas a familias de labradores con unos contratos que solían pasar de padres a hijos. Estas familias trabajaban los campos para los templos y se encargaban también de su ganado. Después, cuando las cosechas eran recogidas, se quedaban con una parte de lo recolectado y daban el resto a los templos, que lo almacenaban convenientemente, para luego comerciar con ello según sus necesidades.

Evidentemente, al referirnos a las grandes entidades como el templo de Ptah, en Menfis, el de Ra, en Heliópolis, o el de Amón, en Tebas, todo lo anterior cobraba una dimensión difícil de imaginar, ya que dichas instituciones representaban auténticos estados dentro del propio Estado, resultando ser en la práctica plenamente autónomos. Para su mantenimiento y buen gobierno disponían de todo cuanto necesitaban, empezando, como hemos apuntado, por una gran cantidad de tierra, y un verdadero ejército de servidores.

Se tienen datos fehacientes de que, durante la XX Dinastía, entre estos tres templos llegaron a poseer cerca de trescientas mil hectáreas de tierra, de las cuales el clero de Amón era el mayor favorecido, pues le correspondían unas doscientas cuarenta mil, quedando el resto de la tierra repartida entre las otras dos instituciones, aunque no de forma proporcional, ya que el templo de Ra poseía bastante más superficie que el de Ptah.

En cuanto al personal que trabajaba para ellos, se calcula que en ese mismo periodo el templo de Amón empleaba a unas noventa mil personas, el de Ra a unas doce mil, y el de Ptah a poco más de tres mil, lo que puede darnos una idea general de la importancia de estas entidades.

Además de los rendimientos obtenidos de la agricultura y la ganadería, los templos también tenían ingresos por las explotaciones de metales como el oro y la plata, llegando incluso, el clero de Amón, a controlar los yacimientos de oro del Sinaí.

Otro capítulo que reportaba enormes beneficios a los templos eran las campañas militares. Aunque ellos acostumbraban a cooperar con sus fondos para financiar las guerras, los enormes botines conseguidos en las batallas les resarcían con creces, pues no en vano la victoria se conseguía gracias a la intervención final de los dioses a los que ellos servían. El ejemplo más demostrativo de esto lo tenemos en las guerras que Ramsés III sostuvo contra los llamados «Pueblos del Mar». Tras derrotarles el faraón, fue tal el botín conseguido que las arcas de Amón se llenaron a rebosar, haciendo a su clero inmensamente rico.

Sin duda, podemos hacernos una composición de lugar aproximada respecto a la magnitud del poder que llegaron a poseer estos templos. Por si fuera poco, las riquezas que acumulaban se veían favorecidas por las exenciones de las que disfrutaban, que, con el tiempo, acabaron por institucionalizarse, lo que significó un auténtico lastre para la propia Administración y acabó por sumir a Egipto en la bancarrota.

Pero el clero de Amón había sabido obrar con maestría en favor de sus intereses y su patrimonio alcanzó tal cuantía que llegó a arrendar tierras al propio Estado. No es de extrañar que, llegado el momento, decidieran que ya que tenían el poder económico, también debían detentar el político.

Eso fue exactamente lo que ocurrió al instaurarse la XXI Dinastía, unos 1070 años a. C., cuando se sentó el

Primer Profeta de Amón en el trono de Egipto como nuevo faraón.

¿ERA CONSIDERADO DIOS EL FARAÓN?

Esta pregunta ha sido motivo de discusión entre los egiptólogos durante mucho tiempo. Sin lugar a dudas, la naturaleza divina del faraón queda plenamente patente en multitud de papiros y, sobre todo, en la gran profusión de inscripciones que decoran la mayoría de los templos del Antiguo Egipto; en todas ellas se hace referencia al rey como a un verdadero dios, aunque distintos especialistas han convenido en la necesidad de matizar dicho concepto. Para ellos, el faraón no era ningún dios, aunque las funciones que desempeñaba sí eran divinas. Lógicamente, esta teoría ha sido rebatida por una mayoría que opina que el carácter divino del rey no admite ninguna duda, lo cual sigue alimentando este debate. A la vista de esto, ¿podía considerarse al rey como un verdadero dios?

Evidentemente, el faraón representaba el nexo de unión entre los dioses y su pueblo. Él debía velar por el bienestar y los intereses de sus súbditos, e intentar que los dioses se sintieran satisfechos para que, de este modo, protegieran al país. Por este motivo, él era el encargado de emprender cuantas obras fuesen necesarias, erigiendo grandiosos templos a los dioses y velando por sus necesidades.

Como representante de estos, sus obligaciones eran las de asegurar el *maat* en su tierra, esto es, el orden y la justicia para todos sus súbditos. No hay que olvidar que para los antiguos egipcios todo se encontraba en equilibrio, y que el faraón era el garante de que ese equilibrio continuara por los siglos de los siglos. Todo aquello que resultaba grato a los ojos de los dioses debía ser procurado por el rey, pues aquellos nunca podían sentirse abandonados; sus templos, y todo lo que les fuera necesario, debían mantenerse siempre en orden.

Por tanto, mientras el faraón vivía, el pueblo no tenía nada que temer, pues al ser el interlocutor con los dioses, se encargaría de dar solución a cualquier problema que les amenazara. El sol seguiría saliendo cada mañana después de su viaje nocturno a través del Mundo Inferior, que también se conocía como Mundo Subterráneo, y el Nilo se desbordaría, como cada año, asegurándoles las cosechas y, con ello, su sustento. Por esta razón, cuando el faraón moría, el pueblo se sentía como abandonado a su suerte, siendo necesario otro rey que gobernara la nave lo antes posible. Con la coronación del nuevo soberano, el orden cósmico volvía de nuevo a la tierra de Egipto, con lo que se aseguraba el anhelado *maat*.

Todo esto nos da una idea clara del papel que el rey representaba ante su pueblo. Para este, el faraón era hijo del dios Ra y, por tanto, detentaba su poder sobre la tierra. Él protegía el país de sus enemigos y cuando acudía a la batalla sus súbditos estaban convencidos de que el poder de los dioses iba con él. Algunos de los faraones guerreros, como Tutmosis III o Ramsés II, daban fe de ello cuando aseguraban que su padre, el dios Amón, había sido el artífice del triunfo al insuflarles su poder. Ante tales manifestaciones, el pueblo no tenía ninguna duda: el faraón era un verdadero dios.

Si nos atenemos a las referencias escritas, ya en los antiguos *Textos de las Pirámides* se equiparaba al difunto rey con los dioses estelares. Son frecuentes las representaciones del rey entre diferentes divinidades, y se sabe con seguridad que algunos de ellos fueron declarados dioses en vida, como es el caso del gran Ramsés II, o el de Amenhotep III. Incluso la palabra utilizada para designar a los dioses, *neter*, era empleada también para referirse al faraón. Este se proclamaba, en su titulatura real, hijo de Ra y reencarnación de Horus, haciendo de esta manera un especial énfasis en su naturaleza divina. Además, cuando el rey moría se le comparaba con el dios Osiris, así como con Ra, con quien se suponía que el difunto se unía para siempre.

Siempre existió un curioso parentesco entre todos los reyes de Egipto; como si en realidad hubiera habido una continuidad entre ellos a pesar de pertenecer a genealogías distintas. Esta referencia que de ordinario hacían de sus «antepasados» se retrotraía hasta los remotos tiempos en los que gobernaban los dioses, como si en realidad todos los faraones procedieran de ellos. Curiosamente, es en dichas relaciones donde podemos comprobar la exclusión de algunos de los soberanos que reinaron en Egipto, como por ejemplo Akhenatón, o la reina Hatshepsut, en cierto modo tenidos por heterodoxos, como si en realidad nunca hubieran existido.

Abundando un poco más en todo lo anterior, las fuentes mitológicas nos cuentan que en un principio once dioses gobernaron sobre la tierra nada menos que durante siete mil setecientos años. Un hecho asombroso, sin duda, pero del cual los reyes se hicieron eco, como lo demuestra el papiro en el que constan tales hazañas escrito durante la XIX Dinastía, y que es conocido actualmente como el Canon Real de Turín, ciudad en donde se encuentra.

Visto todo lo anterior, parece claro que el faraón parecía estar impregnado de una cierta esencia divina, al menos para su pueblo. De hecho, él era el mago por excelencia de Egipto, y poseía poderes capaces de lograr que el orden se mantuviera. Hasta aseguraba que era capaz de controlar los fenómenos de la naturaleza, algo impensable para los simples mortales, demostrando así que, a los ojos de sus súbditos, en verdad él era un enviado de los dioses.

¿EN QUÉ CONSISTÍA EL CULTO DIARIO?

Qué duda cabe de que en un país tan apegado a sus tradiciones y tan profundamente religioso como era el Antiguo Egipto, habría multitud de celebraciones y festivales con los que honrar a los dioses. La enorme cantidad de divinidades que poseían daba pie a ello, aunque las fiestas más reseñables fueran las dedicadas a los dioses principales, en las que el pueblo solía participar jubiloso ante la oportunidad de presenciar el paso del dios durante las procesiones que de ordinario se realizaban. Sin embargo, había otro tipo de ritos observados únicamente en el interior de los templos, que llevaban impreso el verdadero misticismo que encerraba aquella religión, y en los que solo los iniciados podían participar. De entre ellos, el más destacable, sin duda, era el llamado Culto Diario, una ceremonia trascendental para los antiguos sacerdotes, ya que garantizaba la benignidad de los dioses de Egipto para con su pueblo.

El Culto Diario a los dioses era una ceremonia complejísima que se practicaba en todos los templos de Egipto, mediante la cual se atendía al dios como si en realidad se tratara de un ser humano, pues en ella se le despertaba, lavaba, purificaba, perfumaba, vestía y hasta alimentaba.

El fin primordial de este ritual era el de regenerar diariamente a la divinidad renovando sus fuerzas, a fin de aumentar sus poderes, para poder recibir luego sus bendiciones así como su protección tanto para el templo como para el resto del país, siendo imprescindible que, para que esto ocurriera, el dios se sintiera satisfecho.

Este ceremonial resultaba antiquísimo, pues ya se realizaba durante las primeras dinastías, aunque, sin duda, fue durante el Imperio Antiguo cuando se hizo más complicado. El rito comenzaba con la llegada del alba. Poco antes de que amaneciera, los sacerdotes horarios despertaban a todos aquellos que pernoctaban en el interior del templo. Este iniciaba así su diaria actividad, y todos los que en él prestaban sus servicios se dirigían con presteza para cumplir con sus cometidos. En las cocinas se preparaban los alimentos que habían de llevarse al dios y que, sin duda, debían ser dignos del propio faraón, y en los almacenes se disponían las ropas inmaculadamente limpias con que se le vestía.

Todo el ritual se llevaba a cabo en el lugar más sagrado del templo, el sanctasanctórum, en donde reposaba el dios en el interior de su naos.

Después de lavarse y purificarse convenientemente, una comitiva encabezada por el rey, o en su defecto por el sumo sacerdote en el que este solía delegar, se ponía en marcha para recorrer los lóbregos corredores, apenas iluminados, situados en las profundidades del templo hasta llegar a los aposentos divinos. Una vez allí, debían romper los sellos de la puerta que daba acceso a las habitaciones donde moraba la divinidad. Tras hacerlo, el rey, o el sumo sacerdote, entraba en la antecámara acompañado por un sacerdote lector mientras el resto del séquito esperaba fuera. Allí purificaban sus ofrendas y abrían una segunda puerta, también sellada, para entrar finalmente en la sala en la que se hallaba la naos donde el dios aún dormía. Las puertas de dicho sagrario se hallaban asimismo selladas, como las anteriores, y antes de acercarse a ellas, el sacerdote lector, que conocía todos los ensalmos y la liturgia del acto, ayudaba al sumo sacerdote en el delicado trance que suponía aquella ceremonia, pues si el dios no se despertaba adecuadamente, podría fulminarlos con su poder. Por ese motivo el sacerdote le invitaba a regresar de su divino sueño al mundo de los mortales, en tanto proclamaba su pureza y honradez, así como el respeto y temor que sentía por el dios. Luego rompían el tercer sello y corrían los cerrojos del sagrario para que la imagen de la divinidad se mostrara al fin ante ellos. Aquel era el momento más delicado, ya que, como hemos dicho, el comportamiento del dios podía ser desfavorable, por lo que los oficiantes no cesaban de recitar fórmulas propiciatorias a fin de protegerse de las posibles malas influencias. Pasado este instante, proseguían con sus rituales para que el dios se hiciera presente, colocando las bandejas de alimentos sobre unos altares, a la vez que retiraban las del día anterior; entonces comenzaban sus ofrendas.

Podemos imaginarnos todo aquel ceremonial cargado de magia en el que se ofrecían al dios los más variados manjares manteniendo, curiosamente, un orden riguroso, pues se empezaba por darle la fruta.

Después de alimentar al dios era preciso asearle. Para ello despojaban a la estatua de la divinidad de todos los restos de ungüentos del día anterior para, seguidamente, lavarla cuidadosamente mientras la purificaban con incienso, el «perfume de los dioses», llegando, incluso, a limpiarle la boca con natrón.

Por último, le vestían con ropa del más puro lino y se le enjoyaba con diferentes tipos de collares, pulseras y distintivos cargados de un gran simbolismo. Una vez ungido con nuevos óleos, limpiaban y purificaban cuidadosamente la sala, con lo que finalizaba la ceremonia. Antes de dejar definitivamente los aposentos divinos, sellaban de nuevo las puertas que daban acceso a ellos y abandonaban seguidamente el lugar junto al resto de la comitiva.

Este mismo ritual se repetía otra vez al mediodía y al anochecer, aunque durante estas ocasiones solo se cambiaban las ofrendas de alimentos. Estos, obviamente, se encontraban tal y como los habían dejado, ya que el dios no necesitaba nutrirse físicamente, pues solo absorbía su esencia. Sin embargo, todos estos alimentos no eran desechados, pues, tras retirarlos, eran consumidos en el templo por sus acólitos, generalmente por orden jerárquico.

El Culto Diario fue celebrado en todos los templos de Egipto, manteniéndose su liturgia prácticamente inalterada hasta el fin de la civilización egipcia.

¿CÓMO ERAN LOS FUNERALES?

Toda la preocupación que los antiguos egipcios mostraban por su viaje después de la muerte al Más Allá no era sino una muestra palpable del amor que sentían por la vida y lo arraigados que se encontraban a su tierra. Su máximo anhelo tras la inevitable muerte no era otro que el de continuar disfrutando en el paraíso, por toda la eternidad, de la vida que un día llevaron en su amado Valle. Todo esto queda palpable al visitar cualquier tumba y ver las inscripciones que los difuntos grababan en sus paredes. Ese era el modo con el que podían plasmar todo aquello que habían amado durante su vida. Su familia, sus momentos felices, su querido país...; los muros repletos de bajorrelieves en los que se escenificaba todo aquello acompañarían siempre al difunto, con la esperanza de que se hicieran realidad, esta vez, para siempre.

Por este motivo, los funerales representaban un papel determinante dentro del misterioso tránsito. Para los antiguos egipcios, la muerte solo constituía una interrupción momentánea de la vida, que continuaría después de la celebración de las exequias.

Indudablemente, no era lo mismo el entierro de un rey que el de un particular, aunque ambos procuraran construirse la tumba lo antes posible. Evidentemente, estas tampoco eran comparables, ya que las tumbas privadas solían estar construidas en el fondo de un pozo. Allí se erigía una especie de panteón en cuyo interior se sepultaba al difunto, cegando después el acceso a dicho pozo. Sobre este se levantaba un pequeño complejo que constaba de un patio en el que, a veces, había un estanque con plantas, y varias salas cubiertas de bajorrelieves en las que se relataba la vida del difunto, con escenas de su trabajo, de su familia, o de sus amigos. Cada habitación se encontraba comunicada con otras en las que se representaban otros muchos aspectos como, por ejemplo, imágenes del entierro, o de la religiosidad que el finado había observado durante su vida.

Los funerales propiamente dichos comenzaban en el momento en el que los embalsamadores entregaban el cuerpo momificado a los familiares. Estos le introducían en el sarcófago que, generalmente, ya había sido elegido por el difunto en vida, en función de sus posibilidades, para, acto seguido, iniciar las exequias.

Las ceremonias de los entierros en el Antiguo Egipto eran, además, un tanto vistosas. Durante ellas, ninguno de los integrantes del cortejo se reprimía en mostrar su dolor, por lo que eran normales los lamentos y sollozos, que se veían incrementados por los desgarradores gritos de las plañideras contratadas para la ocasión. Estas mujeres solían arrojarse arena en la cabeza a la vez que se rompían el vestido mostrando sus pechos en señal de duelo.

En el cortejo fúnebre se formaban varios grupos encargados de transportar los alimentos, las flores, el mobiliario, las joyas, los artículos de valor, etc. El sarcófago con los restos mortales del fallecido solía ser colocado en una tarima que, tras ser instalada sobre un trineo, era arrastrada por una pareja de bueyes.

Cuando llegaban a la ribera del Nilo embarcaban para pasar a la orilla oeste, la zona donde siempre se situaban las necrópolis en el Antiguo Egipto, en clara alegoría al lugar por donde diariamente se ponía el sol. A veces, si el fallecido era de cierta importancia, una flotilla solía acompañarle durante la travesía por el río hasta alcanzar el otro margen. Una vez allí, volvía a cargarse el sarcófago sobre el trineo tirado por los bueyes y la comitiva se ponía en marcha hacia la tumba. Durante este trayecto los familiares y amigos no paraban de comentar aspectos de la vida del difunto con gran pesar.

Por fin llegaban a la entrada del sepulcro, donde los sacerdotes se hacían cargo del cadáver para realizar el rito de la «apertura de la boca». Los parientes se despedían del finado y acto seguido su féretro era depositado en el panteón, donde un obrero se encargaba de tapiar la entrada. Entonces, todos los asistentes a la ceremonia se dirigían al patio a fin de celebrar una comida funeraria que, en ocasiones, hasta amenizaban con música, recordando así a los presentes la necesidad de disfrutar de la vida.

Indudablemente, un entierro como este no estaba al alcance de todos los bolsillos. Para los que no podían costearse una tumba semejante existían otras alternativas, como eran las sepulturas colectivas, donde se depositaba el sarcófago junto con algunos enseres de la persona fallecida. Este era el funeral más común, aunque también hubiera otro aún más humilde para aquellos que eran muy pobres. En todas las ciudades existían cementerios para ellos, que a la postre no eran más que fosas comunes donde les enterraban bajo la arena.

En definitiva, los antiguos egipcios se preocuparon especialmente por esta ceremonia. De hecho, el nacimiento de los hijos llenaba a los padres de felicidad porque, entre otras cosas, tenían la garantía de que ellos se ocuparían de su entierro.

¿QUÉ ERA EL JUICIO FINAL?

Si había algo capaz de atemorizar a los antiguos egipcios durante toda su vida, era el Juicio Final. Una prueba que creían debían pasar inexorablemente y para la que, en realidad, trataban de prepararse lo mejor posible, no escatimando gastos si era preciso.

El tenebroso mundo que aguardaba al difunto antes de que este pudiera alcanzar la luz junto a los dioses iba mucho más allá de lo que nuestra mentalidad sería capaz de imaginar. Cada anochecer, Nut, la señora de los cielos, la diosa que representaba la bóveda celeste, se tragaba el disco solar, símbolo del dios Ra, iniciando este su viaje nocturno por un lugar llamado el Mundo Inferior. En su barca sagrada, Ra recorría dicho inframundo, en el que debía sortear multitud de peligros, pues se hallaba lleno de genios y demonios que tenía que vencer con sus poderes mágicos. Tras superar el paso de las «doce horas de la noche», Ra renacía triunfante cada mañana en un nuevo amanecer.

Los antiguos egipcios pensaban que, tal y como el sol debía pasar por aquellos lugares tenebrosos, los difuntos también habían de hacerlo, lo cual era algo que les llenaba de pavor. Visto bajo el prisma de su particular concepción religiosa, no es de extrañar que sintieran temor, pues una vez muerto, el difunto tenía que vencer tal cantidad de pruebas que parecía imposible que pudiera salir airoso de ellas y alcanzar el paraíso.

Durante la larga historia de la cultura egipcia, ese inhóspito lugar quedaría reflejado en múltiples inscripciones y papiros, aunque sería en el Imperio Nuevo cuando se recopilarían una mayor cantidad de textos sobre él. Los antiguos egipcios lo llamaron el *Amduat*, «aquello que está en el Mundo Inferior».

Las obras citadas anteriormente recibieron curiosos nombres como, por ejemplo, el *Libro de las Cavernas*, el *de los Cielos*, el *de la Tierra*, el *de la Cámara Secreta*, o el *de las Puertas*. En todos ellos se describe aquel mundo subterráneo, que solían dividir en diferentes partes. Así, en el *Libro de las Puertas*, doce puertas fraccionan las horas de la noche, relatándose cómo era el paso a través de ellas, ocurriendo algo parecido en el resto de los textos.

Por medio de todos estos escritos de carácter mágico, los antiguos egipcios desarrollaron el modo de poder salvar todos los peligros que les esperaban después de la muerte. Ellos sabían perfectamente que solo unas pocas personas podrían pasar semejantes pruebas con garantías, por eso escribieron todas aquellas fórmulas propiciatorias, pensando que estas serían capaces de descargarles de todas sus culpas y les ayudarían a superar cualquier obstáculo.

Indiscutiblemente, el Juicio Final representaba el mayor escollo de todos, pues el difunto, requerido ante la presencia de Osiris, debía rendir cuentas de sus actos.

Hasta nosotros han llegado las representaciones de cómo se imaginaban los antiguos egipcios que era dicho juicio, siendo el documento más famoso de todos el conocido como «el papiro de Ani».

A través de sus bellísimos dibujos, puede verse al difunto entrando en la «sala de las dos justicias», donde ha de ser juzgado. Los dioses del tribunal esperan sentados con sus cetros, mientras el finado observa la balanza donde se pesarán sus acciones. Sobre esta balanza se halla un babuino, animal que simboliza a Toth, el dios de la sabiduría, y junto a ella, Anubis, el dios de los muertos. Este comprueba que su fiel está en el lugar correcto mientras que sobre su figura unos jeroglíficos le advierten de la necesidad de que este se encuentre equilibrado. Frente a él está Shai, el destino, sobre cuya cabeza se halla un ladrillo, como símbolo de los dos sobre los que se agachó la madre del difunto para parirle. En uno de los platillos de la balanza se halla el corazón del finado, y en el contrapeso, la pluma que representa a Maat, la diosa de la justicia.

Mientras se realiza el pesaje del alma, Toth, el insobornable, toma nota del resultado. Si el peso de las culpas es mayor que la pluma de la verdad, un animal monstruoso con cabeza de cocodrilo, parte delantera de león y trasera de hipopótamo, se encargará de devorar al condenado; su nombre es Ammit, la «devoradora de los muertos». Por el contrario, si el resultado es favorable, el difunto será declarado «justificado», y presentado ante Osiris, el Soberano del Más Allá.

Cogido de la mano del dios Horus, el difunto ingresa en la «Sala de las Dos Verdades», nombre con el que también se conocía a este lugar, donde le espera Osiris. Junto a él están los cuarenta y dos dioses que forman el tribunal, ante los que deberá hacer la conocida como «confesión negativa». Cada dios juzga un crimen concreto y sus nombres resultan, a veces, verdaderamente amenazadores. Así, el que juzgaba el robo se llamaba el «abrazador del fuego», el de la mentira, el «quebrantahuesos» y el del perjurio, el «devorador de las entrañas». El finado declaraba su inocencia ante cada uno de ellos, tras lo que quedaba definitivamente libre de toda maldad si el veredicto final le era favorable. El difunto, ya justificado, acompañaba a Ra en su barca sagrada al paraíso, desde el cual podría ir y venir al mundo de los vivos cuando quisiera.

Esta sería en líneas generales la ceremonia de la «psicostasia», el pesaje del alma, cuyo proceso real constaba de más pruebas de las arriba mencionadas, y que como hemos visto representaba la llave que les abriría las puertas de los Campos del Ialú, su ansiado paraíso.

Los egipcios:
los primeros eruditos

¿INVENTARON LOS ANTIGUOS EGIPCIOS LA ESCRITURA?

La escritura jeroglífica representa, sin ningún género de dudas, un pilar fundamental en la cultura del Antiguo Egipto. Gracias a ella ha sido posible acceder al estudio de aquella civilización al mostrarnos lo que sus símbolos grabados en las milenarias piedras nos decían. Evidentemente, no hubiera sido posible el desarrollo de una sociedad tan avanzada como resultó ser la egipcia sin el uso de la escritura. Sin embargo, ¿fueron ellos los que la inventaron?

Desgraciadamente, a día de hoy resulta imposible poder contestar a esta pregunta. Intentar hacerlo significa retroceder milenios; hasta el periodo arcaico del país del Nilo.

Obviamente, existe una clara diferencia entre los símbolos grabados encontrados en los hallazgos de aquella época y los esculpidos en la famosa piedra de Rosetta durante el reinado de Ptolomeo V Epifanes, tres mil años después. Sin ir más lejos, la paleta de Narmer, encontrada en Hieracómpolis, contenía signos diferentes a los que luego serían habituales en la escritura jeroglífica y que aún hoy despiertan dudas.

Durante mucho tiempo se consideró la posibilidad de que este tipo de inscripciones no fuera sino una mera propaganda por parte de los reyes de aquel tiempo, para que de este modo su autoridad fuera inmortalizada, o como recordatorio de algún hecho determinado, como ocurre con los grabados de la maza del rey Escorpión en los que este parece estar inaugurando un canal de riego. Pero un descubrimiento realizado por el Instituto Arqueológico Alemán en El Cairo vino a arrojar nuevas luces sobre la escritura de aquella época.

Dicho instituto halló en la ciudad de Abydos un enterramiento real anterior en más de cien años al gobierno de Narmer. En él se encontraron multitud de etiquetas de hueso que contenían inscripciones jeroglíficas que parecían destinadas a clasificar diferentes objetos en el interior de la tumba. Esta tumba, a la que llamaron *U-j*, representó un verdadero descubrimiento al comprobar los egiptólogos que los signos representados en estas tablillas se asemejaban, inconfundiblemente, a los que luego se emplearían en la escritura jeroglífica, pudiendo clasificarse como una forma temprana de estos.

Todas estas tablillas juntas parecían representar un verdadero archivo de documentación sobre lo que pudiera contener la tumba. Por tanto, es lógico pensar que la escritura podría ya haberse desarrollado como un medio utilizado por la Administración de aquella época para llevar un control sobre determinadas cuestiones.

Indudablemente, serían los papiros los que podrían arrojar alguna luz sobre este tema; pero el problema estriba en la fragilidad de este material y, por tanto, en la dificultad que entraña el poder hallar uno perteneciente a aquellas remotas épocas que se encuentre en buenas condiciones. Se sabe con seguridad que ya se utilizaban, puesto que se han descubierto papiros fechados en la I Dinastía, aunque desgraciadamente sin inscripciones.

En otro orden de cosas, no debemos olvidar que en la antigua Mesopotamia se utilizó un sistema de lengua escrita desde tiempos inmemoriales. Existen unas tablillas de arcilla grabadas con los típicos caracteres cuneiformes propios de la cultura sumeria que están fechados en el año 3200 a. C. Este siempre ha sido considerado como el primer documento escrito por el hombre, aunque después del descubrimiento de la tumba *U-j*, se creó una gran pugna por cuál de los dos hallazgos es el más antiguo.

Existen pocas dudas sobre el hecho de que hubiera una cierta reciprocidad cultural entre estas dos civilizaciones, pudiendo haber absorbido Egipto determinados influjos procedentes de sus vecinos mesopotámicos, aunque en el caso de la escritura jeroglífica, su posterior desarrollo sería bien diferente al de la escritura cuneiforme, por lo cual se puede clasificar, sin ninguna duda, como una forma de escritura totalmente autóctona.

Para finalizar, diremos que el tipo de escritura que se usó en el valle del Nilo se halla catalogada dentro del grupo camito-semíticas, y que si bien sus orígenes no están claros, sí lo está su posterior evolución, pues mantuvo unas particularidades propias bien definidas.

¿EN QUÉ SE BASABAN LOS JEROGLÍFICOS? ¿EXISTIERON OTROS TIPOS DE ESCRITURA EN EL ANTIGUO EGIPTO?

Fueron los griegos quienes bautizaron con este nombre los signos grabados en los monumentos del Antiguo Egipto cuando los vieron por primera vez. Les pusieron por nombre «jeroglíficos», que significa «escritura sagrada», debido a que solo los sacerdotes egipcios podían leerlos.

Según los textos sagrados, la escritura fue dada a los escribas por Toth, el dios de la sabiduría, por lo que el arte de escribir era un misterio reservado, únicamente, a la clase sacerdotal y a los escribas.

Obviamente, el objeto de este libro no es el de realizar un estudio de la gramática del Antiguo Egipto, puesto que ya existen magníficas obras encargadas de ello, aunque sí comentaremos algunas de sus particularidades.

En la escritura jeroglífica sus signos se dividen en dos grupos: fonogramas e ideogramas. Los primeros son símbolos pictográficos que sirven para reflejar sonidos, y los segundos indican ideas.

Además, dentro de los fonogramas existen tres subdivisiones:

—Signos unilíteros, también llamados alfabéticos, ya que con ellos se confeccionó un alfabeto de veinticuatro consonantes.

—Signos bilíteros, formados por la combinación de dos consonantes.

—Signos trilíteros, representados por la unión de tres consonantes.

Por otra parte, podía darse el caso de que una palabra significara varias cosas. Para matizar aquello a lo que se referían, los antiguos egipcios utilizaban signos junto a esas palabras llamados «determinantes». Por ejemplo, cuando querían representar algo tangible, lo plasmaban sin más. Pero cuando se trataba de una idea abstracta no podían hacer lo mismo, por lo que acudían a una cosa tangible que se pronunciara igual, y le añadían un signo que determinara claramente a qué hacían referencia.

El problema principal de la escritura jeroglífica estriba en el hecho de que no existían las vocales, motivo por el cual es especialmente complicado el poder leerlo. Gracias al copto, que es una lengua derivada del antiguo egipcio, ha sido posible encontrar las vocales adecuadas a muchas palabras, aunque existen otras para las que ha sido necesario crear un sistema que haga viable el poder pronunciarlas.

En cuanto a las reglas gramaticales a las que está sujeta la escritura jeroglífica, estas comienzan con el modo en que se colocan los signos. En este sentido las pautas eran sumamente flexibles, ya que los jeroglíficos podían ser escritos tanto en líneas horizontales como en verticales. A su vez, los signos podían leerse de derecha a izquierda, o de izquierda a derecha, y lo único que había que tener en cuenta para saber por dónde comenzar a leer era observar hacia dónde miraban los símbolos escritos. Si lo hacían hacia la derecha, se iniciaba la lectura por el margen derecho, empezando por el izquierdo en caso contrario. En cambio, si se disponían en líneas verticales, siempre se leían de arriba abajo. Esto era algo muy apreciado por los escribas y artistas, puesto que les permitía adaptar los textos al conjunto de sus obras.

Poco se parecía la gramática del egipcio antiguo a la de nuestra lengua, aunque sí tenía más similitudes con el árabe o el hebreo. La estructura de las frases podía variar, aunque en las oraciones verbales el orden era: verbo, sujeto y complemento, existiendo la posibilidad de que esta regla cambiase si se añadían otros elementos.

Por su parte, los tiempos verbales eran bastante complicados; los nombres no llevaban artículos, y los adjetivos que acompañaban al nombre solían situarse detrás de este.

Como dato curioso, diremos que el número de símbolos utilizados en la escritura jeroglífica varió durante los tres mil años que abarcó aquella civilización. Así, durante el Imperio Medio se llegaron a usar unos mil, mientras que en la época en la que Egipto formaba ya parte del Imperio Romano se contabilizaron unos seis mil.

Respecto a la evolución de la escritura jeroglífica, es necesario considerar que fue empleada durante cerca de tres mil quinientos años. Si volvemos nuestra mirada hacia atrás, nosotros mismos podemos percatarnos de las transformaciones que ha sufrido nuestra propia lengua en mucho menos tiempo. En el Antiguo Egipto ocurrió algo parecido. Tanto la lengua escrita como la hablada sufrieron los cambios lógicos debidos al tiempo. Estos cambios han quedado perfectamente definidos, agrupándolos en varios periodos.

Lógicamente, el primero de ellos corresponde al egipcio antiguo, la lengua usada durante los lejanos tiempos en los que gobernaron los reyes del Imperio Antiguo y que nos legó una rica variedad de documentos de muy diversa índole, entre los que cabría destacar los correspondientes a enseñanzas morales y sabiduría. Asimismo, las piedras de aquella época quedaron grabadas para siempre con maravillosos jeroglíficos, como los ya comentados cuando nos referimos a los *Textos de las Pirámides*.

La segunda etapa cabe situarla en el espacio de tiempo comprendido entre el inicio del Primer Periodo Intermedio y el final de la XVIII Dinastía, ochocientos años más tarde. A la lengua escrita durante este periodo se la denomina «egipcio medio» o «clásico», cuyo uso nunca se abandonó del todo, pues los jeroglíficos grabados en los monumentos siguieron inscribiéndose en ese estilo aún en tiempos de la conquista romana, siendo además el utilizado, en la actualidad, para el estudio de la escritura jeroglífica.

Sin lugar a dudas, dicho periodo nos dejó las mejores obras literarias de la cultura del Antiguo Egipto.

A la última fase se la llamó «neoegipcia», y su empleo se extendió desde finales de la XVIII Dinastía, hasta el año 700 a. C., aproximadamente. A partir de esa época aparece el demótico para convertirse en la lengua utilizada hasta el final de la civilización egipcia.

Además de los tipos de escritura reseñados anteriormente, se utilizó el hierático, que no era más que una forma cursiva derivada de la escritura jeroglífica empleada, sobre todo, en documentos administrativos, textos religiosos y demás escritos que los escribas acostumbraban realizar sobre papiro.

Posteriormente, con la cristianización de Imperio Romano, surgió el copto, que fue la lengua utilizada por los cristianos en Egipto hasta el siglo XVII de nuestra era.

¿CUÁLES FUERON SUS PRINCIPALES DISCIPLINAS CULTURALES?

Los antiguos egipcios desarrollaron las más diversas ramas dentro de la cultura, llegando a alcanzar en alguna de ellas un nivel considerable. Aquí nos referiremos únicamente a las tres más representativas: la literatura, las matemáticas y el arte, ya que la medicina, en la cual fueron maestros, merece un trato aparte.

La literatura

Acabamos de ver en qué consistían los jeroglíficos y cuál fue su evolución en la historia del Antiguo Egipto. Sabemos que los egipcios cubrieron sus milenarias piedras con ellos, dejándonos grabados sus textos religiosos y fórmulas de ofrenda en honor a sus dioses.

Obviamente, este tipo de literatura no podemos compararla con nuestro concepto creativo de ella, ya que, al tratarse de una cultura tan antigua, en ella suelen englobarse todas las obras que han llegado hasta nosotros, desde las didácticas hasta las narrativas.

Dentro de estas premisas, los textos e inscripciones legados por los antiguos egipcios variaron en función de cada época. Así, por ejemplo, durante el Imperio Antiguo predominaron los llamados «escritos sapienciales», entre los que podemos destacar las máximas morales del sabio Ptahotep, así como también algún documento jurídico, y los ya comentados textos religiosos.

Sin embargo, durante el Imperio Medio las corrientes literarias cambiaron, pues aparecieron auténticas obras de ficción que han llegado hasta nosotros en forma de cuentos maravillosos. Entre ellos cabe destacar la famosa *Historia de Sinuhe*, el *Cuento del Náufrago*, o el del *Campesino Elocuente*.

En el Imperio Nuevo, aumentan su difusión todos los géneros, apareciendo hermosos poemas de amor. Existen, eso sí, una gran cantidad de documentos de tipo administrativo y, sobre todo, cartas particulares. Destacan, entre otros relatos, el *Cuento del Príncipe Predestinado*, y la *Historia de Uenamun*, que resulta particularmente interesante.

A partir de la Baja Época el demótico hace su aparición empleándose, sobre todo, en documentos administrativos, aunque durante el gobierno de la dinastía de los ptolomeos empiecen a hacerse notar las influencias del mundo griego.

Las matemáticas

Mucho se ha escrito acerca de los extraordinarios conocimientos que los antiguos egipcios llegaron a desarrollar en esta materia. Gran parte de dicha información carece de rigor, pues los egipcios no dejaron ningún tratado o teoría que demuestre muchas de estas afirmaciones. Nunca enunciaron ninguna regla, tal y como nosotros las entendemos, aunque no cabe duda de que poseyeran un considerable nivel, pues de otro modo no hubieran podido levantar sus grandiosos monumentos.

Desgraciadamente, no son muchos los documentos matemáticos que han llegado hasta nosotros, no obstante, gracias a ellos sabemos que utilizaban el sistema decimal, pero no así el cero, aunque seguramente lo conocieran, pues dejaban huecos entre números cuando necesitaban usar esta cifra. De su sistema de contabilidad sí existen numerosas referencias, y por ellas se sabe que era magnífico, demostrando en todos los escritos hallados una gran rigurosidad y exactitud.

Los antiguos egipcios fueron muy buenos geómetras, ya que estaban acostumbrados a medir las superficies con frecuencia, pues no olvidemos que, tras la crecida, los agrimensores debían calcular de nuevo las áreas de terreno que habían sido anegadas por las aguas. Además eran capaces de calcular volúmenes cilíndricos y piramidales, así como el área del círculo, aunque, a diferencia de sus vecinos mesopotámicos, podemos afirmar que en el Antiguo Egipto las matemáticas fueron más prácticas que teóricas. Sin embargo, es preciso recordar que hombres de la talla de Euclides y Pitágoras estudiaron en sus templos durante muchos años, antes de enunciar sus famosos teoremas.

El arte

Cualquier viajero que visite Egipto puede darse cuenta, de inmediato, de que el legado artístico que nos dejaron los antiguos habitantes de esa tierra está por todas partes. Bien podemos asegurar que, en muchas ocasiones, esas obras maravillosas que surgen por doquier en Egipto abruman al visitante creándole una sensación de insignificancia que no es nueva, pues ya en la antigüedad muchos hombres sintieron lo mismo. Hablar, pues, del arte del Antiguo Egipto supondría una tarea que abarcaría numerosos volúmenes, ya que impregna cada rincón de este milenario país. Hace decenas de siglos, sus gentes concibieron grandiosas creaciones con el fin de que fueran inmortales y, como tales, se hallan empapadas de toda la religiosidad que aquel pueblo poseía.

Los artistas del Antiguo Egipto no buscan sino una continuidad en el orden establecido, idealizando todos aquellos elementos que contribuían a ello, como podían ser los dioses o los faraones. Es por eso que el arte egipcio nos deja un sello inconfundible que mantuvo durante toda su historia y que, como en otros muchos aspectos de su cultura, también se hallaba sujeto a unas reglas. Todos los artistas se ajustaban a ellas, y así, por ejemplo, los pintores dibujaban sobre superficies que habían sido previamente cuadriculadas con el objeto de cumplir con los cánones prescritos para las proporciones de las imágenes. Dichos cánones variaron un poco a través de las épocas. Por ejemplo, durante el Imperio Antiguo se basaban en el codo egipcio de 45 cm, que posteriormente cambió a 52 cm.

En todas las obras, las figuras son plasmadas de tal forma que muestren los rasgos más destacados. El rostro se expone siempre de perfil y, sin embargo, los hombros son vistos de frente. Estas normas se cumplían invariablemente, como una parte más del simbolismo que envolvía a aquel pueblo, y que precisaba hasta los colores con que se pintaban las imágenes. Así, el blanco era el color de la alegría; el amarillo, el de los dioses, aunque si era suave, representaba a la mujer; el cobrizo era utilizado para el hombre; el azul se usaba para el cielo, y el verde, para el agua, siendo el negro sinónimo de abundancia. Para conseguirlos, los artistas empleaban pigmentos, agua y clara de huevo, o goma arábiga.

Respecto a los escultores, eran conocidos como «aquellos que dan la vida», lo cual viene a demostrar lo interrelacionada que estaba la magia con su trabajo. Las estatuas que esculpían los artistas cumplían siempre una función claramente evocativa, pues estaban convencidos de que mediante la magia podrían cobrar vida.

La concepción artística de los antiguos egipcios estaba alejada del individualismo. Ello significa que en la mayoría de las obras participaban varios artistas, aunque siempre existiera un maestro que las supervisaba. Sin embargo, estas nunca se firmaron.

¿CÓMO ERA LA MEDICINA EN EL ANTIGUO EGIPTO?

Si hubo una práctica por la que fueron verdaderamente reconocidos los antiguos egipcios, esa fue, sin duda, la de la medicina. La bien ganada fama de los médicos egipcios llegó a ser legendaria en la antigüedad, hasta el punto de que muchos médicos griegos acudían todavía en época de Galeno a Egipto para estudiar sus viejos manuscritos. A pesar de lo poco aficionados que eran los antiguos habitantes del Valle del Nilo a dejar constancia de su sabiduría mediante tratados escritos, en el caso de la medicina la suerte parece haberse decidido a intervenir, pues hasta nosotros han llegado una generosa cantidad de documentos que han permitido hacernos una idea, cuando menos aproximada, de cómo era dicha ciencia en el Antiguo Egipto.

Existen muchos papiros que nos hablan del tratamiento de las enfermedades en aquella época, siendo algunos de ellos auténticas joyas de la medicina antigua, pues a través de sus líneas se observan diagnósticos muy razonados, así como remedios que llegan a dejarnos estupefactos, ya que algunos han sido utilizados por la medicina moderna hasta hace poco tiempo.

Entre los documentos aludidos anteriormente destacan por su importancia el papiro Ebers, llamado así en honor del egiptólogo alemán de este nombre que lo adquirió en 1873, y el papiro Edwin Smith, comprado por un norteamericano del mismo nombre en 1862 en el mercado de antigüedades y cuyas aventuras merecerían un capítulo aparte.

El papiro Ebers es, por encima de los demás, el más extenso que se conserva, pues sobrepasa los veinte metros de longitud. Trata sobre medicina general, aunque hace especial hincapié en la interna y enfermedades de los ojos, y a través de su texto, escrito en hierático, podemos leer más de ochocientos tratamientos y fórmulas para remediar las dolencias. El papiro fue escrito a comienzos de la XVIII Dinastía, concretamente en el noveno año de reinado del faraón Amenhotep I, unos 1500 años a. C., aunque, como suele ocurrir con este tipo de textos, sea una copia de algún papiro mucho más antiguo. Como comentario curioso, diremos que uno de los apartados de este texto se ocupa de las mordeduras, tanto de cocodrilo como «humanas».

El papiro Edwin Smith es, con diferencia, el más conciso de todos. Se ocupa de cuarenta y ocho casos de traumatismos en los que demuestra un procedimiento sistematizado en el tratamiento de estos. Existe un examen, un diagnóstico y un tratamiento perfectamente definido en el que incluye hasta un pronóstico. Algunos de los casos enunciados dejan constancia de la gran habilidad con que los médicos egipcios los trataban. Por otra parte, el estudio de los restos de las momias encontradas han venido a confirmar lo expuesto anteriormente, ya que en muchas de ellas pueden observarse fracturas excelentemente reducidas.

En cuanto a la práctica de la medicina se refiere, esta se encontraba perfectamente regularizada. Los médicos, en general, eran llamados *sunu*, aunque también había otros de origen sacerdotal, especializados en enfermedades de origen divino, conocidos como *ueb*.

Dado lo aficionados que eran los antiguos egipcios a las jerarquías, la medicina no iba a ser una excepción. Había supervisores facultativos, jefes médicos, decanos y hasta un jefe médico del norte y del sur, que venía a ser algo parecido a nuestro ministro de Sanidad.

Según cuenta Heródoto, en el Antiguo Egipto existían ochenta y dos tipos de especialidades médicas, lo cual no resulta sorprendente al conocer sus nombres, pues algunos médicos se titulaban como «alguien que comprende los fluidos internos», o simplemente como «guardián del ano», que pone de manifiesto la gran cantidad de enfermedades producidas por parásitos y tenias.

Existieron varias escuelas médicas, entre las que cabe destacar la de la ciudad de Bubastis y la de Abydos, aunque esta cobrara importancia durante la Baja Época. También sobresalió la que se hallaba en el templo de Sekhmet, en la ciudad de Menfis, donde se instruían los sacerdotes *ueb*, que se ocupaban de las enfermedades de origen desconocido y que tenían fama de excelentes cirujanos.

La formación se basaba en el estudio de los papiros médicos, «aquellos que fueron escritos por la propia mano de Toth», el dios de la sabiduría, que, junto con la diosa Sekhmet, era el patrón de los médicos. En ellos quedaba expuesto todo el conocimiento, así como los pasos que todo médico debía seguir en cada caso. Para esto último existían leyes muy estrictas. Así, el médico tenía la obligación de dar al paciente un dictamen sobre su enfermedad, existiendo tres posibilidades. Si podía curar la enfermedad, decía: «He aquí una enfermedad que trataré.» Si el caso era complicado, pronunciaba:

«He aquí una enfermedad contra la que trataré de luchar.» Y si el mal era incurable, sus palabras eran las de: «He aquí una enfermedad contra la que no puedo luchar.»

Los estudios se complementaban con disecciones hechas a animales, pues estaba prohibido practicarlas en cadáveres humanos, ya que solo los embalsamadores tenían derecho a hacerlo. Ello trajo consigo un inadecuado conocimiento fisiológico. Los médicos egipcios demostraron ser excelentes para el tratamiento de traumatismos y también como cirujanos, pero no terminaron de comprender correctamente determinadas funciones.

Como en casi todo, la religión también influyó en la medicina. Por ello, los antiguos egipcios creían que el cuerpo se dividía en treinta y seis partes distintas, tutelada cada una de ellas por una divinidad. Por ejemplo, Isis protegía el hígado, Neftis, los pulmones, y Neit, los intestinos.

Para ellos, el corazón era el órgano más importante, pues en él residía el alma, la razón y las emociones. Según su concepción del cuerpo humano, este se hallaba recorrido por multitud de canales, a los que llamaban *metu*, que unían las diferentes partes del cuerpo, por ejemplo, la boca con el ano o la vagina, y por los que circulaban todos los fluidos que le son propios, como la sangre o las heces. Había exactamente cincuenta y dos *metu* por todo el cuerpo, aunque creían que cuando se envejecía su número disminuía; asimismo, por ellos podían fluir también los agentes del dolor, cuando entraba alguna enfermedad en el organismo.

Para los egipcios, una buena salud era una buena circulación por la red de *metu*, sin obstrucciones u oclusiones. Si estas existían, se producían torsiones que hacían perder la salud. Uno de los peores síntomas que podían hacer sospechar esto era el estreñimiento, por eso solían purgarse con frecuencia, observando las heces en busca de gusanos, pues, si los encontraban, creían que estos estarían fluyendo también por sus *metu*.

Independientemente de lo anterior, fueron capaces de tratar muchas enfermedades, aunque, lógicamente, existieran otras a las que no encontraban explicación, por lo que eran de naturaleza divina. Entre estas está documentado el conocido por los egipcios como «tumor terrible de Khonsu», que se piensa pudiera ser la peste bubónica, o las llamadas «lesiones devoradoras», producidas por tumores malignos. Sin embargo, se tiene constancia de que eran magníficos cirujanos, y expertos en el tratamiento de contusiones y heridas, que podían suturar con gran maestría.

Hasta nosotros han llegado multitud de fórmulas para tratar las enfermedades, algunas de las cuales contenían preparados verdaderamente repugnantes que pocos efectos positivos podían producir. Sin embargo, también sabemos de otras muchas que demuestran el profundo conocimiento que los médicos egipcios tenían de la farmacopea, y que eran muy apropiadas para tratar las más diversas dolencias.

La flora del Valle del Nilo era riquísima en especies vegetales que les suministraban todo cuanto necesitaban para preparar sus compuestos. Por ejemplo, acostumbraban hacer cocciones de la corteza del sauce, de la que hoy sabemos se extrae el ácido acetilsalicílico, al que llamamos «aspirina». También conocían la digital, que actualmente es utilizada para los tratamientos de insuficiencia cardiaca, y de la amapola tebana extraían opiáceos que usaban como narcóticos.

Obviamente, profundizar en la medicina practicada en el Antiguo Egipto sobrepasaría el propósito de este libro, aunque lo explicado anteriormente sí permitirá hacernos una idea aproximada de los grandes conocimientos que, para su época, alcanzaron los antiguos médicos egipcios.

¿CÓMO ERA EL CALENDARIO EN EL ANTIGUO EGIPTO?

Para los antiguos egipcios, uno de los acontecimientos más esperados del año era la llegada de la inundación. En un país como Egipto, rodeado de miles de kilómetros de desierto, la estrecha franja que bordeaba el cauce del Nilo representaba la vida misma para aquel pueblo, pues eran las únicas tierras feraces capaces de proporcionarles el sustento necesario para la vida en el Valle. Por ese motivo, estas debían ser cubiertas, cada año, por las aguas cargadas de limo procedente de las mismas entrañas del continente africano que las fertilizaría, haciendo posible una nueva cosecha. Los negros sustratos arrastrados por la crecida darían nombre al país de los faraones: *Kemet*, «la tierra negra», que era como los egipcios la llamaban.

Por todo esto, los egipcios concibieron el año en

función del tiempo necesario para recoger la cosecha. Para ello lo dividieron en tres estaciones; la inundación, a la que llamaban *Akhet*; la siembra, cuyo nombre era *Peret*, y la recolección, conocida como *Shemu*. A partir de aquellas tres estaciones, los antiguos egipcios idearon un calendario sencillo y mucho más práctico que el nuestro, ya que igualaron todos los meses del año con el mismo número de días. Cada estación constaba de cuatro meses de treinta días cada uno, que hacían un total de trescientos sesenta días. Como faltaban cinco para completar el año, ellos los añadieron al final, siendo conmemorados como aquellos en los que nacieron cinco de sus dioses más importantes, Osiris, Isis, Horus, Set y Neftis. Como ya sabemos, dichos días se conocen como «epagómenos».

Los habitantes del Valle del Nilo sabían perfectamente que cada cuatro años había que añadir un día más al calendario, pero no se preocupaban excesivamente por ello, haciendo los reajustes necesarios de vez en cuando, a fin de hacer coincidir de nuevo las fechas correctamente. Fue durante el reinado de los ptolomeos cuando este pequeño desajuste quedó corregido, sirviendo de modelo al calendario juliano y, posteriormente, al gregoriano.

En cuanto a la duración del día y de la noche, ambos tenían el mismo número de horas: doce. Por cierto que este tipo de calendario se utilizó en Francia durante la época de su Revolución.

Pero ¿cómo determinaban el comienzo del año? ¿En qué se basaban?

El nuevo año comenzaba a mediados de junio justo

cuando la estrella Sirio, a la que los antiguos egipcios llamaban Sopdet y los griegos Sothis, se anunciaba al amanecer en el horizonte después de haberse mantenido oculta durante setenta días.

Los habitantes del valle sabían por experiencia que aquella era la señal con la que daría comienzo el milagro de la crecida, un fenómeno que venía produciéndose desde el principio de los tiempos sin faltar nunca a su cita anual con la tierra de los faraones. Además, bandadas migratorias de blancos ibis procedentes del interior del continente llegaban a Egipto como heraldos que simbolizaban a Toth, el dios de la sabiduría, anunciando que la avenida se encontraba en camino. El pueblo la aguardaba con ilusión, esperanzado que fuera benéfica, pues tan temidas eran las inundaciones exiguas como las abundantes. Por ello, en la festividad del Año Nuevo miles de paisanos se dirigían al río para hacer ofrendas a Hapy, dios del Nilo y símbolo de la abundancia, para que fuera generoso con ellos. En un ambiente festivo, arrojaban a las aguas cientos de figurillas representativas de Hapy fabricadas con los más diversos materiales, así como estatuillas de hombres y mujeres para que fecundaran el río y este creciera apropiadamente; incluso se llegaban a lanzar papiros mágicos para este fin, como por ejemplo el que atendía al nombre de «cómo hacer crecer las aguas».

A partir de ese momento, era la naturaleza la que marcaba el ciclo anual en Egipto. Durante cuatro meses las aguas lo anegarían todo depositando su limo sobre los campos. Luego, cuando el nivel de las aguas comenzase a bajar, los agrimensores determinarían de nuevo las superficies fértiles y los labradores comenzarían la siembra antes de que la tierra se endureciera demasiado. En los siguientes cuatro meses solo se encargarían de regar adecuadamente los campos hasta la llegada de la primavera, en la que recogerían las cosechas, dando loas a los dioses protectores de Egipto por bendecirles con aquel auténtico don que era el Nilo.

Así era el calendario de los antiguos egipcios, sencillo y en total comunión con la naturaleza que les rodeaba. Ellos no necesitaron relojes para vivir, aunque en los templos se usaran la clepsidra y el *gnomon*, y sin embargo su civilización perduró durante más de tres mil años.

¿QUÉ MEDIOS TENÍAN PARA TRABAJAR LA PIEDRA?

La construcción de monumentos en el Antiguo Egipto era una tarea impulsada por el propio Estado. Su implicación en los proyectos era indudable, pues al frente de estos siempre se encontraba la figura del rey. Esto significa que, tras el monarca, existía una perfecta organización encabezada por el arquitecto real, encargado de la planificación de todos los trabajos, y que englobaba tanto a especialistas como a obreros no cualificados, así como los sistemas de abastecimiento y zonas de alojamiento para los trabajadores encargados de acometer las obras. Indudablemente, solo la utilización de un método organizado pudo haber hecho posible la construcción de los monumentos que todavía hoy se alzan en Egipto. Un método que no dejaba nada al azar, y que demostraba su eficiencia desde el mismo momento en el que los obreros se disponían a extraer la piedra necesaria para su construcción.

Lógicamente, al plantearnos la forma en la que los antiguos egipcios pudieron trabajar la piedra, son muchos los que aseguran que no disponían de los suficientes medios para hacerlo, acudiendo de nuevo a las conocidas teorías de seres superiores que ya avanzamos al hablar de las pirámides.

Como también ocurría con el caso anterior, existen muchas pruebas que demuestran la gran habilidad que los egipcios tenían en el manejo de determinadas herramientas, así como la minuciosidad con que trabajaban.

Hace algunos años, un egiptólogo británico llamado Denys Stocks decidió reproducir todas las herramientas empleadas por los antiguos egipcios en la construcción de sus obras. Su objetivo, obviamente, era demostrar que con aquellos rudimentarios útiles se podían trabajar piedras tan duras como el granito o el basalto. Stocks consiguió su propósito, puesto que utilizó con éxito dichas herramientas en el trabajo de la piedra, tal y como lo hicieron los egipcios hace miles de años, seguidamente publicó sus resultados ante la comunidad científica.

El egiptólogo británico probó de manera práctica que los habitantes del país de los faraones conocían los taladros, y que usaban polvo de cuarzo como abrasivo para poder horadar la piedra. De esta forma, Stocks vació vasijas cónicas con taladros de cobre impregnados de polvo de cuarzo, que era lo que realmente cortaba, comprobando que los magníficos acabados conseguidos hace miles de años por los egipcios eran absolutamente posibles usando tales métodos.

Sabemos con seguridad que el trabajo del granito fue algo usual en Egipto ya desde las primeras dinastías. En la antigüedad, los egipcios fueron famosos por su maestría a la hora de tratar esta piedra, siendo muchos los autores clásicos que se hacen eco de ello.

Entre las canteras de las que se extraía este tipo de piedra, las más célebres fueron las de Tombos, que se encontraban en la lejana Nubia, y sobre todo las de Asuán, donde todavía hoy puede verse un obelisco inacabado. Dicho obelisco, que mide más de cuarenta metros, se tuvo que abandonar al producirse grietas en su estructura. El hecho de que se dejara allí ha permitido estudiar el proceso que debieron de utilizar los canteros en la antigüedad para conseguir su extracción. A simple vista puede observarse la zanja, de algo menos de un metro, que hay alrededor del monolito y que permitiría a los obreros disponer de espacio suficiente para trabajar la piedra. Estos se debían afanar concienzudamente hasta conseguir separar el obelisco del lecho de roca, y para ello calculaban la profundidad de la zanja hasta que consideraban que la anchura del bloque era la adecuada para desprenderlo. Cualquier viajero que visite hoy Asuán puede acercarse a comprobar el modo en que los antiguos egipcios extraían el granito de la roca. El ejemplo del obelisco inacabado de Asuán resulta especialmente revelador, ya que, de no haber sido abandonado a causa de las fisuras que se produjeron, hubiera sido el mayor de todos los que se levantaron en Egipto, con un peso cercano a las mil doscientas toneladas.

Las herramientas empleadas por los egipcios variaron a través de las épocas. Así, por ejemplo, el pico de cobre se usó, fundamentalmente, para piedras no demasiado duras como la arenisca, aunque a partir del Imperio Nuevo el martillo y el escoplo fueron más utilizados, empleándose también la sierra de cobre con un abrasivo para cortarlas. Lógicamente, para tratar piedras de la dureza del granito necesitaron herramientas hechas de un material mucho más duro, como la dolerita, del cual se han encontrado un buen número de martillos, o el basalto.

A propósito de lo anterior, el egiptólogo R. Engelbach, en su libro *The Assuan Obelisk*, demostró que, utilizando martillos de basalto en un obelisco, en una hora se pueden abrir cinco milímetros de piedra de una veta de medio metro de anchura.

Además, existen pruebas del uso del escoplo en la piedra de algunos monumentos, observándose marcas en las que se adivina que el cincel se debió de mellar, y el obrero hubo de detener su trabajo para afilar de nuevo el útil y luego proseguir con su faena.

Pero los antiguos egipcios no solo se dedicaron a trabajar enormes moles para sus monumentos, sino que también nos dejaron muestras de su maestría a la hora de conseguir las más delicadas obras. Existen muchas representaciones en las que podemos ver cómo eran los talleres en los que los artistas esculpían la piedra, conociéndose muy bien la gran pericia que llegaron a desarrollar en el manejo de los cinceles de pedernal.

Hasta hace algunos años existía una teoría que aseguraba que los egipcios cortaban la piedra introduciendo cuñas de madera humedecida, pero hoy en día ha sido prácticamente desechada, ya que son muchos los expertos que dudan de que este sistema pudiera desprender piedras tan duras como el granito.

Algunas de las herramientas básicas empleadas por los albañiles egipcios siguen usándose hoy en día, como por ejemplo la plomada o la escuadra, aunque realmente nos cause asombro que con útiles tan sencillos como estos, o los martillos, cinceles y sierras, pudieran crear obras tan grandiosas.

La vida cotidiana
en el Antiguo Egipto

¿Cómo era la sociedad egipcia?

La población egipcia siempre estuvo fuertemente ligada a su tierra. Todo el orden cósmico en el que creían tan fervientemente pensaban que se proyectaba en su amado valle, del que tanto les costaba separarse. El hombre egipcio intentaba mantener dicho orden en todos los aspectos de su vida, y para ello procuraba vivir en armonía con cuanto le rodeaba para así cumplir con el *maat*, la máxima representación de todo orden y justicia.

La sociedad del Antiguo Egipto estuvo, sin duda, adelantada a su tiempo, e incluso fue mucho más avanzada que otras muchas que le sucedieron a lo largo de la historia. Sus estructuras estaban sólidamente basadas en fundamentos que demostraron su eficacia durante miles de años. Así, existía un poder religioso, claramente jerarquizado, que detentaba una gran influencia, un poder político englobado dentro de un Estado perfectamente organizado en cuyo seno se encontraba una Administración que controlaba todos los aspectos socioeconómicos del país, y un poder legislativo que se encargaba de hacer cumplir unas leyes bien definidas. Además, Egipto contaba con un ejército perfectamente organizado, que con el tiempo llegaría a ser profesional, en el que incorporó incluso a mercenarios procedentes de los pueblos conquistados. Este fue el encargado de defender las fronteras del país y hacer frente a las graves amenazas a las que, a lo largo de su historia, tuvo que enfrentarse Egipto. Todos los poderes estaban perfectamente definidos en el País de la Tierra Negra, y por encima de ellos, como vértice de aquella gigantesca pirámide social, se encontraba el faraón, el vínculo que unía aquel país con sus dioses.

Sin embargo, el núcleo principal de la sociedad egipcia, el que verdaderamente aglutinó a las gentes de aquella tierra durante más de tres mil años, aferrándolos a sus más antiguas tradiciones, fue la familia. No había nada para un egipcio como su familia, de la cual, por otra parte, tenían un concepto muy similar al nuestro, aunque, eso sí, solieran casarse a una edad mucho más temprana.

«Toma esposa mientras todavía seas joven para que podáis tener un hijo», dice el escriba Any en sus *Instrucciones*.

Este tipo de máximas abundan en la literatura del Antiguo Egipto, y nos muestran el gran amor que los egipcios sentían por los niños. Todos los hijos eran bienvenidos, pues representaban, además de una indudable alegría, una gran ayuda para sus padres, ya que solían acompañarles desde muy pequeños a hacer sus labores diarias.

Dentro de aquella célula fundamental de la sociedad egipcia, el esposo era el padre de familia, aunque su mujer, ya fuera rica o pobre, tuviera los mismos derechos que él.

Desde las épocas arcaicas existieron textos morales que exhortaban al hombre a que tratara con deferencia a su esposa.

«Quiere a tu esposa. Aliméntala, vístela y hazla feliz todos los días de su vida», nos cuenta el sabio Ptahotep en sus moralejas escritas hace más de cuatro mil años.

Pero ¿cómo eran las relaciones entre los hombres y las mujeres de aquel tiempo? ¿Solían ser estables los matrimonios?

Los viejos textos egipcios nos han dejado hermosos poemas de amor en los que se demuestra que aquella época no fue diferente a las demás. Los enamorados se declaran su amor manifestando la pasión que sienten sus corazones, tal y como ha ocurrido siempre, anhelando el momento en el que al fin puedan estar juntos para toda la vida.

En la antigua sociedad egipcia la gente se casaba muy joven. Lo normal era que las mujeres lo hicieran entre los doce y los catorce años, con la llegada de la pubertad, mientras que los hombres solían tener más edad y, en todo caso, debían ser capaces de mantener a una familia cuando elegían a su cónyuge. Ellos eran, salvo en contadas ocasiones, quienes debían aportar la casa al matrimonio, contando para ello, por lo general, con la ayuda de familiares y amigos. Ese sería el lugar en el que se desarrollaría su vida en común; por ello, los egipcios siempre darían una gran importancia a su vivienda. El hecho de que fuera pequeña no importaba, pues si la pareja mejoraba en su nivel social, la casa podía ir aumentando de tamaño, algo que era relativamente corriente. En cualquier caso, ya fuera más o menos grande, las viviendas egipcias siempre estuvieron bien atendidas e inmaculadamente limpias.

En cuanto a lo que se refiere al matrimonio, este no era un acto religioso tal y como nosotros lo entendemos, sino más bien social y, desde luego, festivo, tras el cual la pareja entraba junta en la casa donde a partir de aquel momento viviría, ante los ojos de los invitados, que, de este modo, eran testigos del hecho. Después, yacerían juntos consumando así su unión. Como en cualquier otra época de la historia existieron matrimonios por amor, y también por conveniencia, siendo los padres de la novia los encargados de dar la autorización para que esta se casara. Por cierto que fueron muy corrientes las uniones entre familiares de segundo grado, sobre todo entre primos.

Las referencias que se tienen del carácter de la mujer egipcia han llegado a través de múltiples cuentos y relatos, muchos de ellos morales. Es por ello que suele ser tildada de vengativa, mentirosa e infiel por naturaleza, ya desde los textos pertenecientes a las primeras dinastías. Obviamente, en el Antiguo Egipto habría mujeres ejemplares y otras que no lo serían tanto, como en todas las épocas, ya que también se pueden observar, en multitud de pinturas e inscripciones, hermosas escenas en las que los esposos se demuestran el gran amor que debieron de profesarse.

Lógicamente, había parejas que decidían separarse.

Para estos casos la ley contemplaba el divorcio, que cualquiera de los cónyuges tenía derecho a solicitar, siendo la infidelidad de la mujer el motivo más frecuente por el que se pedía. Se tiene constancia de que hasta la Baja Época casi todos los divorcios eran solicitados a petición del marido, y que a partir de ese momento aumentan significativamente los casos de mujeres que lo demandan.

Existía una ley que regulaba los diferentes casos de divorcio. Así, si la esposa no era la causante de este, debía ser indemnizada con la dote que ella había aportado al matrimonio, más una tercera parte de los bienes gananciales, y una tercera parte de los bienes personales de su marido como «indemnización por divorcio», que podía ascender al doble si este iba a tomar una nueva esposa. Si era la mujer la que se divorciaba por voluntad propia, solo recibía lo aportado al matrimonio y lo que le correspondiera de los bienes gananciales. Y si había existido infidelidad por parte de ella, no tenía derecho a ninguna indemnización.

En asuntos de engaños conyugales la ley no era igual para las dos partes, puesto que el hombre podía tener varias concubinas siempre que las pudiera mantener, aunque solo le estuviera permitida una esposa.

Independientemente de todo lo anterior, los antiguos egipcios no fueron muy aficionados a solicitar el divorcio, ya que los tribunales que los estudiaban eran especialmente puntillosos, e indagaban hasta tal punto que muchos cónyuges preferían evitarse la vergüenza que solían pasar al tener que contar determinadas cuestiones personales.

Para finalizar, y como dato curioso, apuntaremos que estaba más penado el injuriar a la mujer que los malos tratos físicos. Por insultar a su esposa, un juez podía condenar al marido a la pena de cien bastonazos.

¿CÓMO ERA LA VIDA DIARIA DEL PUEBLO?

Al hablar de determinados aspectos de la vida diaria del Antiguo Egipto, haremos referencia a la que llevaba la mayoría del pueblo. Evidentemente, poco tenía que ver la existencia de los reyes, príncipes o altos dignatarios con la de los agricultores y artesanos, aunque estos la sobrellevaran con optimismo, como demuestran numerosos textos antiguos. El hombre egipcio se sentía muy apegado a su tierra, y estaba convencido de que la labor que desarrollaba era esencial para el orden cósmico creado por los dioses. Lógicamente, en el Antiguo Egipto existían una gran variedad de oficios y ocupaciones, aunque eran las labores en los campos las que más trabajo demandaban.

Veamos cómo era la vida de estos últimos trabajadores.

Independientemente de la tarea que desarrollaran, los egipcios se levantaban muy temprano para aprovechar así, lo mejor posible, las horas de luz. Después de asearse y desayunar, los hombres se dirigían a su trabajo mientras las mujeres se quedaban en casa para hacer las labores del hogar. Los agricultores, por ejemplo, se ocupaban de la tierra que les correspondía labrar, y a la cual estaban ligados de por vida, debiendo entregar la mayor parte de la cosecha al propietario, que generalmente era alguno de los grandes templos del país, o el Estado.

Indudablemente, su trabajo dependía de la estación del año en la que se encontraran, pues durante la inundación, al estar la tierra cubierta por las aguas, no podían dedicarse a ella, lo cual solía ser aprovechado por el Estado para emplearlos en la construcción de los grandes proyectos. Sin embargo, aun durante la inundación siempre quedaba alguien que inspeccionaba las tierras remando sobre una pequeña barca. Sobre todo comprobaban que las exclusas de los diques que rodeaban los campos estuviesen cerradas para que, cuando el nivel del Nilo comenzase a bajar, el agua se escurriese despacio para dejar todo su nutriente sustrato. Luego mantenían aquella agua estancada durante aproximadamente un mes, para después soltarla definitivamente. Aquella era la forma natural en que regaban la tierra y la que les producía la cosecha, aunque existía la posibilidad de regar artificialmente y conseguir dos recolecciones al año.

Cuando el río volvía a su cauce normal, los labradores comenzaban las labores de la siembra, a la que se invitaba también a los pastores para que sus rebaños enterrasen las semillas en la húmeda tierra. Antes de que se produjese la siega, el escriba «supervisor de las tierras» comprobaba el estado del campo y medía la superficie del terreno para calcular el beneficio que se esperaba obtener después de la trilla, y que el campesino debía proporcionar, pudiendo ser castigado este muy duramente si no lo hacía. Luego se le daba permiso para segar y recoger aquel regalo que Min, dios de la fertilidad de la tierra, les había enviado.

Esto era lo que le esperaba al agricultor a lo largo del año; una tarea dura, sin duda, pero que le reportaría el sustento tanto a él como a su familia.

En el resto de los oficios ocurría algo parecido, trabajaban de sol a sol esforzándose en desarrollar sus tareas lo mejor posible, pues los antiguos egipcios eran amigos del trabajo bien hecho.

Visto desde esta perspectiva, la vida en el Antiguo Egipto podría parecernos poco atractiva, aunque conviene recordar que hace cinco mil años pocas sociedades podían presumir de poseer un nivel de vida mejor. En Egipto, salvo los años en que la crecida no era la adecuada, nadie pasaba hambre. El Valle del Nilo representaba un auténtico vergel para sus pobladores, pues además de las grandes extensiones donde se cultivaban los cereales, abundaban los campos donde se sembraban legumbres como judías, garbanzos, lentejas y guisantes, así como hortalizas, por las que sentían pasión, como el ajo o la cebolla. Los puerros, las lechugas y la fruta, especialmente los higos y los dátiles, eran parte de su dieta, así como la mantequilla, el queso, el pescado y sobre todo la cerveza, de la que en algunos papiros médicos se han encontrado hasta diecisiete clases diferentes, aunque la mayoría se hacían con cebada o con trigo, y eran parecidas a las gachas, por lo que resultaban muy energéticas.

En cuanto a las especias, se han hallado restos de canela, anís, cilantro, comino, hinojo, eneldo, tomillo y mostaza, sabiéndose que las utilizaban tanto para usos culinarios como médicos. La carne de vacuno raramente la comían, pues era muy cara, pero sí comían cerdo y aves, a las que eran particularmente aficionados, aunque el alimento principal era sin duda el pan de trigo, al que acostumbraban dar diferentes formas, siendo el más famoso el de forma cónica al que llamaban *t-hedj*.

Como podemos ver, los antiguos egipcios no podían quejarse de lo abundante que podía llegar a ser su dieta, pues hasta los más pobres tenían algo que llevarse a la boca. Por supuesto que las clases adineradas solían disfrutar de auténticos banquetes, regados con los mejores vinos del país, que eran muchos, y que solían endulzar con miel o dátiles.

Como dijimos al principio, los antiguos egipcios se levantaban al alba y, tras asearse, tomaban la primera comida del día, que solía ser energética. A la hora del almuerzo comían un tentempié con el que aguantaban hasta la hora de la cena. Esta era la comida principal y la disfrutaban siempre en familia cuando llegaban del trabajo. Antes de empezar a comer se echaban agua en las manos y luego comían de la misma marmita, con las manos, generalmente con trozos de pan, ya que no tenían cubertería.

Al terminar, solían lavarse la boca con natrita, y luego se retiraban a descansar.

Esta era, por lo general, la vida que llevaba la gente del pueblo en sus días laborables; sin embargo, no debemos creer que los antiguos egipcios solo pensaban en trabajar, ya que les gustaba mucho divertirse y, como veremos a continuación, disponían de un calendario tan repleto de fiestas que en la actualidad resultaría asombroso para cualquier trabajador.

¿CÓMO ERAN SUS FIESTAS?

Puede asegurarse, sin ninguna duda, que en el Antiguo Egipto se celebraban una más que generosa cantidad de festividades. Estas comenzaban por la propia semana laboral en la que se trabajaba durante nueve días para descansar el décimo, algo que podría parecernos exiguo de no ser por las innumerables celebraciones añadidas que se conmemoraban por todo el país, y que llegaron a hacer disfrutar al egipcio de aquellos tiempos de un día festivo de cada tres.

Las fiestas comenzaban con la celebración del Año Nuevo, durante la cual todo el país realizaba ofrendas al dios Hapy, el señor del Nilo, a fin de que les reportara una generosa crecida que garantizara la anhelada cosecha. Esta era una festividad considerada como nacional, y todo Egipto participaba gozoso de ella. Pero además de las fiestas estatales, cada provincia contaba con sus propios festejos locales, alguno de los cuales podía tener hasta un mes de duración.

De entre este tipo de fiestas había algunas de verdadera importancia, como la Bella Fiesta de Opet, celebrada en la ciudad de Tebas, en la que se realizaba una solemne procesión que discurría desde el templo de Karnak hasta el de Luxor, durante la cual el poderoso dios Amón, junto a su divina esposa Mut y su hijo Khonsu, era paseado en su barca sagrada entre los cánticos de alabanza de su pueblo. El rey en persona solía acudir a esta celebración, sobre todo tras su coronación, pues en el interior del templo de Luxor el dios Amón le aceptaba como a su hijo dándole su reconocimiento.

La duración de esta festividad fue aumentando a través de los tiempos, siendo de once días bajo el reinado de la reina Hatshepsut, y de hasta veintisiete durante la XX Dinastía, trescientos años más tarde.

Otra de las festividades importantes era la llamada Bella Fiesta del Valle, que era similar a nuestra celebración del Día de los Santos. En ella, los antiguos egipcios honraban a sus difuntos visitando sus tumbas, comiendo y bebiendo alegremente ante ellas, recordando lo efímera que es la vida y la necesidad de disfrutarla mientras se pueda. Durante estas celebraciones, grupos de músicos y bailarinas solían amenizar los banquetes llenando con su alegría un lugar tan poco propicio como era la necrópolis.

Los antiguos egipcios fueron muy aficionados a este tipo de festivales religiosos. Existen datos que nos indican que en el templo de Karnak se llegaron a celebrar tales fiestas durante cuarenta y cuatro días, y en el templo funerario de Ramsés III, en Medinet Habu, existe una inscripción que nos dice que las celebraciones alcanzaron los setenta días, lo cual puede darnos una idea de la magnitud de los festivales que se celebraban en aquel tiempo.

No obstante, no debemos pensar que los antiguos egipcios eran solo propensos a estos eventos religiosos. Por el contrario, existieron otro tipo de fiestas que nos demuestran cuánto les gustaba «divertirse», siendo la más famosa de todas la Fiesta de la Embriaguez.

Esta fiesta se celebraba en la ciudad de Bubastis todos los años, a mediados de agosto, cuando las aguas del Nilo bajaban crecidas. Era esta una festividad celebrada en honor a Bastet, la divinidad principal de la ciudad, en la que se consumía mayor cantidad de vino que en todo el país durante el resto del año. Como la duración de la fiesta era de veinticuatro días, es fácil imaginar los excesos que se llegaban a cometer, ya que durante aquellas jornadas se cantaba, bailaba y bebía hasta la extenuación. Al ser una festividad muy popular, la afluencia de público que acudía a celebrarla era enorme, pues se sabe que hasta unas setecientas mil personas participaban gozosamente de ella. El propio nombre del acontecimiento ya era de por sí un reclamo para los asistentes, que, en verdad, hacían honor a ella, embriagándose sin freno tal y como correspondía.

Además de las anteriores, todas las localidades tenían sus fiestas, exactamente igual a como ocurre hoy en día, que solían celebrarse durante el verano y parte del otoño, que era cuando se producía la crecida del río y no se podía trabajar en los campos. Al ser un pueblo eminentemente agrícola, los antiguos egipcios también festejaban la estación de la siembra y la de la cosecha, sobre todo cuando la recolección había sido generosa, dando gracias así a sus dioses, en los que tanto creían, durante varios días.

Tampoco se trabajaba en los últimos cinco días del año, conocidos como epagómenos, ya que eran considerados días nefastos donde los hubiere, ni en los que se celebraban nacimientos, bodas o funerales, pues se acostumbraba conmemorarlos con fiestas privadas.

¿ERAN DIVERTIDOS LOS ANTIGUOS EGIPCIOS?

Un pueblo tan sociable como era el egipcio recurría a sus diversiones siempre que su trabajo se lo permitía. Eran aficionadísimos a las reuniones sociales y banquetes, donde las damas gustaban de exhibir sus mejores galas, y en los que en ocasiones llegaban a desinhibirse por completo. Son muchos los textos que nos hablan de estas reuniones, en las que se solía beber más que generosamente, incluso hasta perder el sentido.

Asimismo eran muy aficionados a los juegos, de los que existía una gran variedad, y que fueron difundiéndose entre el pueblo con el transcurso de los siglos. Así, durante el Imperio Antiguo fue muy popular el juego de la serpiente, al que los antiguos egipcios conocían como *mehen*, llamado de este modo porque el tablero, generalmente de piedra, tenía la apariencia de una serpiente enrollada en la que estaban grabadas las diferentes casillas que los jugadores debían atravesar con unos peones que tenían forma de leones. En él podían intervenir hasta seis contendientes.

También practicaban un juego que podríamos definir como el precursor de nuestras actuales damas, y otro que atendía al nombre de «perros y chacales», aunque el preferido y más famoso de todos fuera, sin duda, el *senet*.

El *senet* fue un juego practicado en un principio por la realeza que, posteriormente, se popularizó extendiéndose al resto de las capas sociales. Se jugaba sobre un tablero con tres hileras de diez casillas cada una, que debían ser recorridas por las fichas de los dos contrincantes. Para mover dichas fichas se lanzaban unos palos que hacían las veces de dados y que decidían el número de casillas que debían avanzar. Existen gran cantidad de textos e inscripciones en los que se puede observar a miembros de la realeza y altos dignatarios practicando este juego, aunque desgraciadamente no se conozcan con exactitud sus reglas.

Además de este tipo de diversiones, las clases altas tendían a la práctica de la caza, la pesca y los deportes en general. Entre estos sentían especial predilección por la lucha y la esgrima con bastones, aunque también acostumbraban ejercitarse con el tiro al arco y el lanzamiento de jabalina. A partir de la XVIII Dinastía se aficionaron a los caballos y, sobre todo, a los carros de guerra, con los que salían a cazar e incluso disputaban carreras.

Todas estas actividades formaban parte de la educación que recibían los miembros de la aristocracia, así como los vástagos reales, ya que, por lo general, los príncipes solían estar al frente de los escuadrones de carros del ejército del faraón.

Obviamente, las diversiones del pueblo eran bien diferentes, aunque no por ello dejaran de ser divertidas. Por lo común, a los antiguos egipcios les gustaba solazarse en las «casas de la cerveza», que era el nombre con el que se conocía a las tabernas, donde además de beber, se cantaba, bailaba y se podía alternar con mujeres. Durante toda su historia el egipcio fue muy aficionado a estos locales, abundando los textos morales llenos de recomendaciones que invitaban a no frecuentarlos. «No abandones los papiros por la cerveza», decía uno de ellos.

Habitualmente, las casas de la cerveza eran frecuentadas por jóvenes, soldados y extranjeros que acudían para encontrarse con mujeres dispuestas a prostituirse, ya que la prostitución callejera no existía en el Antiguo Egipto. Sobre este tipo de relaciones, los egipcios apenas nos dejaron información. Su vida amorosa fue, por lo general, celosamente guardada, aunque existe algún papiro que nos habla de ella. El más famoso es el que se encuentra en el Museo Egipcio de Turín, y en él se pueden observar escenas eróticas en las que el protagonista masculino, un hombre de mediana edad, nos ofrece todo un repertorio de posturas amatorias con una joven que le anima con frases tan sugerentes como: «Déjame que te lo haga bien.»

También la música y la danza ocuparon un lugar destacado entre sus diversiones. Sus instrumentos preferidos fueron la flauta, el arpa, el laúd, la lira, el sistro, los címbalos y los tambores, y se piensa que utilizaron la escala heptatónica.

En referencia a la danza, casi siempre fueron mujeres las que la practicaron; jóvenes esbeltas apenas cubiertas por vestidos vaporosos, e incluso desnudas, capaces de realizar los más ágiles movimientos, como ha quedado demostrado en numerosas pinturas. Ese fue el tipo de danza que se llevó en el Antiguo Egipto, ya que el baile de pareja, tal y como nosotros lo conocemos hoy, no existió nunca.

¿CÓMO ERAN SUS RELACIONES CON LOS EXTRANJEROS?

Qué duda cabe de que Egipto ocupaba un lugar destacado en el mundo antiguo. Su privilegiada situación geográfica hacía que este fuera un país por el que pasaba gran parte del comercio de Asia y África, lo cual, indudablemente, lo convertía en un Estado abierto a las relaciones exteriores. Durante tres mil años, Egipto mantuvo intercambios con el resto de los países de su entorno, creándose por ello una serie de redes comerciales que, con el tiempo, llegarían a extenderse desde el interior del continente africano hasta Asia Menor y las islas del Egeo.

Desde los remotos tiempos de las primeras dinastías, las caravanas procedentes del lejano sur llegaban hasta la ciudad meridional de Asuán cargadas de marfil, oro, ébano y preciosas pieles. Allí, tan preciadas mercaderías eran intercambiadas por otros productos antes de ser transportadas río arriba, al resto del Valle, donde serían recibidas con satisfacción por el faraón y la clase aristocrática.

Por el norte, eran los barcos procedentes del Gran Verde, nombre con el que los antiguos egipcios denominaban al mar Mediterráneo, los que arribaban a Egipto descendiendo por los brazos navegables del delta del Nilo hasta ciudades tan importantes como Menfis, donde llegó a crearse un verdadero emporio que se mantuvo durante milenios. En su puerto de *peru nefer*, que significa «buen viaje», los buques cargados con todos aquellos productos de los que carecía Egipto atracaban en sus muelles para vaciar sus bodegas antes de volver a zarpar hacia sus lugares de origen llenos, esta vez, con nuevas mercancías que posteriormente venderían a buen precio.

Este era el caso de los barcos procedentes de Byblos, que anclaban repletos de madera de cedro del Líbano, tan apreciada en el Valle del Nilo, para seguidamente regresar transportando toneladas de papiro, por el que obtenían un beneficio altísimo, pues era muy cotizado en otros países. El cobre procedente de la isla de Chipre era también muy bien recibido, y como los antiguos egipcios siempre fueron particularmente reacios a adentrarse en el mar, todas estas relaciones comerciales se fueron consolidando a través de los siglos, hasta crearse una cierta dependencia de ellas.

Sin embargo, intereses comerciales aparte, los egipcios siempre se consideraron como un pueblo diferente a los demás, que nunca renunció a extender sus fronteras. Cuando reinaron faraones poderosos, su influencia se difundió, sobre todo, por el sur y el este, su espacio natural, haciendo tributarios a otros pueblos de su entorno.

Esto no fue óbice para que se entablaran relaciones mercantiles con dichos pueblos. En la época de los tutmosidas, los faraones guerreros por excelencia de Egipto, las comunicaciones con otros Estados fue fluida, llegando a crearse, por ejemplo, escuelas de intérpretes donde se redactaban documentos en otras lenguas, como la acadia, que era la usada para las relaciones diplomáticas en aquellos tiempos.

Aunque no fueran proclives a adoptar las costumbres de los extranjeros, eso no significa que los egipcios fueran remisos a la hora de recibirlos, pues nunca tuvieron problemas para permitir sus asentamientos. De esta forma, los antiguos egipcios siempre respetaron a todo aquel que se estableció pacíficamente, aunque, eso sí, debían estar censados y, a la postre, muchos de ellos se convirtieron en egipcios.

Independientemente de todo lo anterior, hubo una serie de pueblos que siempre fueron considerados por los egipcios como sus enemigos tradicionales. Los libios, sirios, nubios y las tribus beduinas, a las que llamaban despectivamente «los que habitan en la arena», fueron fuente inagotable de problemas durante toda su historia, ya que supusieron una constante amenaza tanto para las caravanas como para muchas poblaciones limítrofes.

En cualquier caso, los egipcios se mostraron, generalmente, amistosos con sus visitantes. El suyo fue un país turístico ya en la antigüedad, y a partir de la Baja Época los viajeros griegos tuvieron un contacto fluido con él, siendo muchos de ellos informados en los templos acerca de la ancestral cultura del país del Nilo.

Los antiguos egipcios dieron además suma importancia a las grandes expediciones que emprendieron durante su historia. Estas estaban bien organizadas y era el Estado el que las llevaba a cabo, siendo por este motivo por lo que solían ir encabezadas por un alto dignatario. Por ejemplo, la expedición al país de Punt en tiempos de la reina Hatshepsut supuso un verdadero esfuerzo de organización, para el que fue necesario un complejo entramado logístico.

Qué duda cabe de que las relaciones se vieron impulsadas al estar Egipto bastante bien comunicado, algo que, indudablemente, favoreció en gran medida el comercio. El país poseía cinco grandes carreteras que comunicaban con los centros comerciales del sur. Además estaba la conocida «carretera de Horus», una vía casi tan antigua como el propio Egipto que llegaba hasta Palestina; la que comunicaba la ciudad de Abydos con el oasis de Kharga y la que unía el Bajo Egipto con los puertos del Sinaí.

Eso sí, los antiguos egipcios siempre fueron muy celosos de sus fronteras, por lo que controlaban todo el comercio que entraba y salía de su país. Su vigilancia era muy estricta, siendo muy puntillosos a la hora de cobrar las tasas correspondientes. El control aduanero a todos los extranjeros se les hacía tanto en el delta, para los que procedían del norte, como en el sur, en donde existía una oficina central en la localidad de Elefantina.

Los enigmas del
Valle de los Reyes

¿POR QUÉ ELIGIERON LOS FARAONES ESE LUGAR?

La razón por la cual los antiguos faraones eligieron ese lugar como necrópolis es un verdadero misterio. Es posible que pensasen que ese emplazamiento era un paraje inaccesible y fácil de vigilar desde las cercanas estribaciones, pues el Valle se encuentra situado entre escarpados desfiladeros desde los que, con apenas unos pocos guardianes, se podía controlar a cuantos deambularan por él. Esta, probablemente, pudo ser una de las causas que impulsaran la elección del emplazamiento, ya que el temor a la profanación de sus tumbas llegó a obsesionar, verdaderamente, a los reyes de Egipto.

Sin embargo, no hay duda de que también hubo motivos simbólicos a la hora de su elección. El majestuoso macizo tebano que se alza frente a la antigua Tebas, al otro lado del Nilo, hacia el oeste, tiene, cuando menos, una forma peculiar que no pasó inadvertida a los antiguos tebanos. Desde dicha ciudad, sobre la que hoy se levanta la moderna Luxor, la distante cordillera se asemeja a un enorme horizonte por el que se pone el sol, tal y como lo representaban los egipcios en su escritura jeroglífica, y al que llamaban Akhet. Ese era el lugar por el que, cada atardecer, desaparecía el disco solar antes de comenzar su proceloso viaje por el Mundo Subterráneo y, con toda probabilidad, los antiguos egipcios consideraron que aquel era un emplazamiento apropiado para que sus reyes finalizaran su viaje por este mundo para comenzar el periplo que les llevaría junto a los dioses en compañía del mismísimo Ra.

El valle en cuestión se bifurca, en realidad, en dos vías diferentes. Una al oeste, que tan solo contiene cuatro tumbas, y otra al este, que es la que hoy conocemos como Valle de los Reyes, que los árabes llaman *Biban-el-Moluk*, que significa «Las Puertas de los Reyes». En él se excavaron cincuenta y ocho tumbas que, unidas a las cuatro del ramal oeste, hacen que el valle contenga un total de sesenta y dos.

Obviamente, los antiguos egipcios designaron aquella necrópolis con otro nombre, ya que la llamaron *Ta-Sejet-Aat*, o lo que es lo mismo, la «Gran Pradera»; un paraje misterioso que aún en la actualidad resulta sobrecogedor, y que invita a imaginarlo tal y como era en la antigüedad, antes de que se construyera la carretera que da acceso a él hoy en día. El silencio, que todavía es posible percibir, debió de señorear en el valle en épocas pasadas, pues es bien conocido que el eco de los pasos de quien se aventuraba por él era fácilmente audible desde los escarpados riscos.

Algunos investigadores aseguran que fue la montaña

de forma piramidal, a cuyos pies se encuentra el valle, la que determinó la elección del lugar como última morada para los faraones. La elevación, de unos cuatrocientos cincuenta metros, era conocida por los antiguos egipcios con el nombre de *dehenet*, aunque los árabes la bautizaran después como el-Qurn, apodo sugerente que hace referencia a su forma, pues significa «el cuerno». Era allí donde decían que moraba la diosa Meretseger, aquella que «ama el silencio», la cual, desde lo alto de la montaña, velaba por el eterno descanso de los reyes de Egipto.

La situación del valle, entre abruptos farallones, significó sin lugar a dudas un buen sitio donde excavar tumbas que permanecieran ocultas. Lógicamente, los lugares escogidos para construirlas fueron variando con el tiempo, como si de una moda más se tratara. Así, a comienzos de la XVIII Dinastía solía horadarse la roca en los mismos acantilados del valle, aunque, posteriormente, se fuera descendiendo hasta que ya en la época de los ramésidas, durante la XIX y XX Dinastías, llegaran a construirse al nivel del suelo.

Este tipo de enterramientos empleados en el valle tebano supuso un nuevo concepto, distinto de las viejas mastabas y pirámides utilizadas durante los siglos anteriores, y es conocido con el nombre de *hipogeos*. Tenían, a diferencia de los complejos erigidos durante el Imperio Antiguo, las tumbas separadas de sus templos funerarios. Estos se erigían junto a los canales a los que podía accederse fácilmente desde el Nilo. Los faraones los llamarán «Los Castillos de Millones de Años», y en ellos se mantendrá, durante siglos, un culto diario a los reyes que los levantaron.

Este será el lugar en el que, durante quinientos años, se enterrarán a los reyes de Egipto. Al visitar el sobrecogedor paraje, todavía es posible imaginar el cortejo fúnebre con los restos mortales del faraón camino de su tumba, justo por la carretera que antaño los egipcios conocieron con el sugestivo nombre de «El camino por el que se pone Ra».

¿QUIÉN FUE EL PRIMER FARAÓN EN ENTERRARSE EN EL VALLE DE LOS REYES?

Muy al contrario de lo que comúnmente se piensa, no fueron los reyes de la famosa XVIII Dinastía los primeros en hacerse enterrar en la zona tebana. Ya en tiempos del Primer Periodo Intermedio, unos 2100 años a. C., hubo soberanos como los Inyotef, pertenecientes a la XI Dinastía, que se hicieron sepultar en las necrópolis situadas al oeste del río, en tumbas verdaderamente monumentales a las que, por su forma, los árabes bautizaron con el nombre de *saff*, que significa «hilera».

No obstante, fue Mentuhotep I, el primer rey de la XI Dinastía, quien edificó la que podría denominarse primera gran tumba tebana. Todavía hoy en día se puede ver, pues se encuentra junto al grandioso templo que Hatshepsut hizo construir en Deir-el-Bahari. Como el de esta reina, Mentuhotep levantó un templo en terrazas con enormes columnas que daban acceso a un santuario excavado en la roca del mismo acantilado de Deir-el-Bahari. En su interior construyó su sepulcro, como un adelanto de los futuros *hipogeos* que se excavarían quinientos años más tarde.

Ese fue el tiempo que tuvo que pasar para que la gloriosa XVIII Dinastía gobernara en Egipto. Antes de que esta se fundara y de que dieran comienzo los enterramientos en el Valle de los Reyes, los orgullosos príncipes tebanos tuvieron que expulsar a los invasores *hicksos*, que llevaban cien años controlando el país.

El primer faraón que inició la XVIII Dinastía, unos 1550 años a. C., y con ella lo que hoy conocemos como Imperio Nuevo, fue Amosis. A él le cupo, por tanto, el honor de expulsar definitivamente a los *hicksos*, que habían gobernado Egipto durante las dos dinastías anteriores. Probablemente, fue también el primero en elegir el Valle de los Reyes como su última morada. A este respecto son muchos los autores que piensan que este rey pueda tener una tumba en el Valle, aunque esta nunca se haya encontrado. De él solo se conoce un cenotafio que se hizo levantar en la ciudad santa de Abydos, y su momia, junto a las de otros faraones, se encontró en un lugar conocido como «el escondite real», en Deir-el-Bahari, en el año 1881.

Al faraón Amosis le sucedió su hijo, Amenhotep I, que aseguró la unificación del país tras la derrota de los anteriores gobernantes *hicksos*, reestructurando su Administración. Su momia fue encontrada junto a la de su augusto padre, y al igual que ocurre con Amosis, la situación de su tumba continúa siendo un misterio. Sin embargo, este faraón, junto con su madre, la reina Ahmose-Nefertari, fue declarado dios tutelar de la aldea de los trabajadores de Deir-el-Medina, que eran los encargados de excavar las tumbas. Este hecho invita a pensar en la posibilidad de que su sepulcro se encuentre en el valle, por lo que el debate todavía continúa abierto.

Por otra parte, existe un papiro en el que se hace referencia a la situación de la tumba de este rey. Se lo conoce como el papiro Abbott y en él se cuenta que en el año decimosexto del reinado de Ramsés IX, unos 1110 años a. C., se efectuó una inspección oficial a dicha tumba para ver si había sido violada. En este documento se asegura que el sepulcro estaba intacto, y da detalles de su situación, que, no obstante, no ha permitido a los arqueólogos identificarla con seguridad.

Existen dos sepulturas que pudieran haber albergado el cuerpo del faraón. Una es la llamada KV 39 (King Valley 39, que en español traduciríamos como Valle de los Reyes 39, y que debe su nombre al hecho de que todas las tumbas de este lugar se encuentran numeradas y precedidas de las iniciales KV, sus siglas en inglés), propuesta en 1909 por el egiptólogo Arthur Weigall como la que más se acercaba a las explicaciones que de ella se daban en el mencionado papiro, si bien enseguida surgieron voces que estimaban que las pruebas no eran concluyentes.

La otra tumba que podría haber dado sepultura a Amenhotep I fue descubierta por Howard Carter en 1914 en la colina de Dra Abu el Naga. Según el egiptólogo inglés, en aquella tumba no solo se enterró al faraón, sino también a su madre, la reina Ahmose-Nefertari.

Sea cual fuera el sepulcro en el que se sepultó a

Amenhotep I, su momia fue encontrada para la ciencia dentro de un ataúd que ni tan siquiera era el original, y que hoy denominaríamos de segunda mano. Entonces, ¿quién fue, con seguridad, el primer rey que se hizo enterrar en el Valle de los Reyes?

Dicho honor le corresponde al sucesor de Amenhotep I, Tutmosis I, quien curiosamente pertenecía a una rama de la familia del anterior faraón, pero no era su hijo, ya que Amenhotep I murió sin tener un descendiente directo varón.

Tutmosis I se casó con una hija del anterior rey llamada Mutnofret, lo que le legitimó como nuevo faraón. Este monarca fue un gran guerrero, y bajo su gobierno Egipto extendería sus fronteras hasta la lejana Mesopotamia.

Este fue, oficialmente, el primer faraón que se hizo enterrar en el famoso valle, aunque quizás el mérito habría que atribuírselo a Inani, su maestro de obras, pues fue él quien construyó la tumba.

¿QUIÉNES EXCAVARON LAS TUMBAS DEL VALLE DE LOS REYES?

En la actual localidad de Deir-el-Medina se alzó, en la antigüedad, un pueblo que los antiguos egipcios llamaron «El Lugar de la Verdad», en el cual vivió una especie de cofradía formada por una comunidad de artesanos que llegó a englobar a todos los especialistas necesarios para la construcción de una tumba. Picapedreros, escultores, albañiles, pintores... vivían junto a sus familiares como una verdadera comunidad aparte de las demás. El lugar en el que habitaban era un pueblo pequeño en el que convivían unas cien familias que disfrutaban de un trato especial, pues incluso disponían de sus propios tribunales, dependiendo directamente del visir.

El pueblo en cuestión se hallaba rodeado por una muralla, y estaba permanentemente protegido por guardias armados que solo permitían la entrada o salida del lugar a sus moradores.

Todos los que residían allí eran tenidos en gran estima, y eran muy respetados, pues solo ellos conocían el arte de excavar las tumbas que algún día debían ocupar los reyes de Egipto. Solo estos obreros conocían el emplazamiento de todas las tumbas del Valle, y sus secretos solo eran transmitidos a los nuevos obreros que les sustituían.

Ni que decir tiene que dichos obreros se hallaban perfectamente organizados, formando equipos que se turnaban en los trabajos de construcción de los sepulcros. A su vez, cada equipo estaba dividido en dos grupos, los «trabajadores del lado derecho» y los «trabajadores del lado izquierdo», que solían ser reemplazados cada quince días. Además, cada grupo tenía un capataz que estaba subordinado a un jefe nombrado generalmente por el visir, o incluso por el mismo faraón.

Pero ¿quién elegía el lugar adecuado para excavar? ¿Cómo era el proceso de construcción?

Habitualmente eran el visir y los arquitectos quienes estudiaban con detenimiento los planos del Valle, aunque fuera el faraón en última instancia el que decidía cuál sería la situación de su tumba. Tras la elección del lugar oportuno se efectuaban una serie de rituales, llamados «de fundación», en los cuales se excavaban unos hoyos en los que se depositaban ofrendas y herramientas en miniatura similares a las que se emplearían durante los trabajos. Luego, los obreros de El Lugar de la Verdad comenzaban su labor.

Primero los picapedreros horadaban la roca con sus cinceles abriéndose paso hacia el interior de la montaña. Según iban adentrándose en ella, otros trabajadores se encargaban de ir puliendo las paredes y allanar suelos y techos. Luego, los albañiles revestían los muros de yeso para dejarlos preparados a fin de que los pintores dibujaran en ellos toda una fantástica retahíla de letanías y fórmulas mágicas que ayudarían al difunto en su viaje al Más Allá.

Todos estos obreros trabajaban con una gran precisión, como bien lo demuestran las tumbas que aún pueden ser visitadas hoy en día. Los pintores, por ejemplo, solían dibujar los primeros trazos en color rojo para, posteriormente, ser corregidos por el maestro, con tinta negra, hasta darles su forma final. Incluso para esculpir los relieves de las figuras que adornaban las paredes de la tumba se requería el concurso de los pintores, ya que estos se encargaban de esbozar los dibujos, habitualmente con carboncillo, para que luego trabajaran sobre ellos los escultores.

Lógicamente, conforme se adentraban en el interior del sepulcro, eran necesarios más trabajadores así como una iluminación adecuada. Pero ¿cómo es que, por lo general, no existen manchas de hollín en los techos de las tumbas? ¿Qué método utilizaban para iluminar la profundidad de las cámaras sin ennegrecer sus muros?

La respuesta es conocida, pues se sabe con seguridad que los antiguos egipcios utilizaban lámparas con mechas de tela de lino retorcido que se impregnaban en aceite de sésamo y sal, lo cual evitaba que despidieran humo. Los restos de este tipo de marcas que pueden observarse en los techos de algunos monumentos son debidos a las fogatas que, en su día, encendieron primero los anacoretas cristianos que los habitaron en la antigüedad, y posteriormente los árabes.

La planta de las tumbas construidas en este Valle varió con el transcurso de los quinientos años en los que fueron excavadas, aunque todas ellas suelan tener elementos comunes tales como escaleras, pozos, corredores descendentes con salas anexas y, lógicamente, las cámaras funerarias.

En cuanto al tiempo empleado por los trabajadores en acabar las tumbas del Valle, ello dependía del tamaño del sepulcro y, obviamente, de la duración del reinado del faraón que la ocuparía. Si este moría al poco de subir al trono, la obra se daba por terminada adecuándola lo mejor posible. Al ascender al poder un nuevo rey, este reclamaba a los obreros para que se encargaran de la construcción de su sepulcro, iniciando así estos de nuevo su trabajo.

En líneas generales, se calcula que una tumba real podía finalizarse en unos cuatro años, aunque un sepulcro como el de Seti I, que es más grande que la mayoría, pudo haber necesitado, aproximadamente, seis años de trabajo.

¿CÓMO ERAN LOS AJUARES FUNERARIOS? ¿QUÉ ERAN LOS *USHEBTIS*?

Dentro del ajuar con el que solían enterrarse los antiguos egipcios es preciso distinguir entre los artículos que cumplían parte del ritual mágico necesario para alcanzar el Más Allá y los de la vida cotidiana. Estos últimos llegaron a ser, en verdad, abundantes, y tenían por objeto lograr que la vida en el otro mundo fuera lo más parecida posible a la que el difunto llevara en la tierra.

Obviamente, en nada se parecía la tumba de un plebeyo a la de un faraón, aunque todo aquel que podía se hacía acompañar a su última morada por aquello que le había resultado más querido en vida, a fin de seguir disfrutándolo durante toda la eternidad. Por ello, el difunto se hacía enterrar con sus mejores ropas y artículos personales, como pudieran ser las joyas, instrumentos musicales, perfumes, o sus juegos preferidos, como por ejemplo el *senet*, cuyos tableros y mesas han sido hallados en diversas tumbas.

Lógicamente, si el fallecido había sido militar o un miembro de la realeza, también le acompañaban sus armas o incluso el carro de guerra que acostumbraba conducir en vida. Otros, en cambio, gustaban de llenar las antecámaras de sus sepulcros con sus muebles preferidos, tales como sillas, mesas, cofres, cajas y, por supuesto, la cama.

Además de todos estos artículos, los antiguos egipcios hacían acopio de una generosa cantidad de provisiones tales como frutas, legumbres, pescado, carne en conserva, vino, cerveza y una gran variedad de semillas.

Con ello dejaban bien claro que no estaban dispuestos a prescindir en la otra vida de todo lo que les había sido grato en esta.

Como hemos visto anteriormente en los capítulos que trataban sobre la religión y la magia en el Antiguo Egipto, la concepción que las gentes del Valle del Nilo tenían sobre la muerte y la vida en el Más Allá era muy particular, y los ritos que empleaban durante los entierros y funerales, algo complejos. Las tumbas de los faraones enterrados en el Valle de los Reyes son un claro exponente de las complicadas liturgias utilizadas para que el tránsito a la vida ultraterrena se realizara con garantías. Las paredes de los pasillos y cámaras de los grandes sepulcros reales rebosan de fascinantes pinturas murales e inscripciones que impregnan con su magia todo el recinto, a fin de que el rey sortee los peligros que le aguardan en un viaje que le llevará junto a los dioses.

Todo en la tumba tiene una misión, cumpliendo una función específica, y forma parte del misticismo de unos rituales que simbolizan la concepción del orden cósmico que tenían los egipcios. Los ataúdes, los sarcófagos, los vasos canopes, los cofres y capillas que los albergaban, y las figuras de los dioses que solían acompañar al rey son un ejemplo de ello. Sin embargo, si existen unas figuras entre tan singular ajuar funerario que resultan verdaderamente sorprendentes, esas son los *ushebtis*.

Los *ushebtis* o replicantes eran pequeñas figuras, generalmente hechas de madera o loza, que cumplían una labor en el interior de la tumba ciertamente primordial, revelándose, además, como unos elementos cuando menos curiosos dentro de lo que eran las prácticas mágicas empleadas por los antiguos egipcios.

Estas figurillas antropomorfas solían depositarse en el interior de los sepulcros a fin de cumplir labores como sirvientes del finado, para así evitar a este cualquier tipo de trabajo en la nueva vida que le esperaba en el Más Allá. A menudo puede verse a estas curiosas figuras portando pequeñas azadas, o herramientas, con las que los antiguos egipcios pensaban que podrían desempeñar cualquier trabajo penoso que pudiera ser impuesto al difunto, librándole de su obligación.

En un país eminentemente agrícola como fue el Antiguo Egipto, estas figurillas tuvieron un uso generalizado, acostumbrándose a inscribir en ellas el nombre del finado para que cuando este fuera llamado a trabajar aquellas respondieran: «Aquí estoy», y le reemplazaran. Obviamente, después de toda una vida de duro trabajo en el campo, los campesinos por nada del mundo hubieran deseado seguir arando la tierra durante toda la eternidad. Era por eso que hasta los más pobres se hacían enterrar en compañía de algún *ushebti*.

Con el paso de los siglos las funciones de los *ushebtis* se fueron haciendo más amplias, puesto que además del nombre del fallecido se inscribieron otros conjuros mágicos, a fin de protegerle de cualquier otro peligro, incluido el de los saqueadores. También fueron aumentando en número, y así, durante el Imperio Nuevo, los reyes y altos dignatarios llegaron a hacerse acompañar por una verdadera legión de replicantes.

Sin ir más lejos, en la tumba de Tutankhamón se

encontraron, exactamente, cuatrocientas treinta y una de estas figurillas, y cuando Belzoni entró por primera vez en la del gran faraón Seti I, calculó haber visto cerca de mil, algunas de ellas bellísimas.

En cuanto a la disposición de estas figurillas, en un principio se situaron junto a la momia, aunque con el tiempo fueron colocándose en arcas, hornacinas e incluso en nichos disimulados desde cuyo interior velarían por el difunto por toda la eternidad.

¿ESTÁN TODAS LAS TUMBAS REALES DESCUBIERTAS?

Siempre que nos referimos al Antiguo Egipto surgen, inevitablemente, cuestiones como esta, así como otras en las que nos preguntamos cuánto de aquella civilización queda por descubrir. Es evidente que un pueblo como el egipcio, cuya cultura se extendió durante tres milenios, debe de guardar todavía bajo la arena de sus antiguas necrópolis tumbas a la espera de ser descubiertas. De hecho, los hallazgos de los arqueólogos en el país de los faraones son frecuentes, aunque estos no suelan llegar al gran público, y representan una ayuda inestimable para profundizar en el conocimiento de la sociedad que un día habitó en el Valle del Nilo.

Indudablemente, al hablar de los reyes que gobernaron Egipto en la antigüedad, es posible que toda una fantasía de imágenes acuda a nuestra mente para mostrarnos tumbas perdidas repletas de incalculables tesoros que esperan pacientemente ser encontradas. Un sueño, sin duda, ¿o acaso no lo es? ¿Es posible que existan tumbas reales aún por descubrir?

La respuesta es concluyente. Si comprobamos, con la frialdad de los números, los datos de las tumbas reales descubiertas hasta el momento, nos sorprenderemos al comprobar que de los, aproximadamente, trescientos faraones que gobernaron en Egipto durante tres mil años, solo conozcamos las tumbas de unos cien de ellos. Es decir, que solo una tercera parte de los sepulcros reales han sido encontrados a día de hoy.

Al revisar los periodos históricos del Antiguo Egipto podemos comprobar la veracidad de lo anterior. Así, al volver la vista hacia la época arcaica de las primeras dinastías, nos encontramos con los problemas, lógicos, derivados de los cinco mil años transcurridos desde entonces, y aunque se sepa el paradero de los reyes de la I Dinastía, no ocurre igual con los de la II, pues existen faraones cuyas tumbas continúan perdidas. Sin embargo, la situación de las sepulturas reales pertenecientes al Imperio Antiguo es bien conocida, y solo con su finalización tras la muerte del faraón Pepi II vuelve la oscuridad.

Durante cien años, dicha oscuridad cubrió Egipto con su enigmático manto dando lugar a lo que hoy conocemos como Primer Periodo Intermedio, y no fue sino a partir de la XI y XII Dinastías, ya en el Imperio Medio, cuando la luz regresó de nuevo al país de los faraones. Con ella vuelven a conocerse la mayor parte de los emplazamientos reales, aunque no todos, pues los dos últimos reyes de la XII Dinastía, Ame-

nemhat IV y Nefrusobek, y diversos reyes de la dinastía siguiente, poseen tumbas que aún están por descubrir.

Con la llegada del Segundo Periodo Intermedio, y
el gobierno de los *hicksos* en Egipto, vuelve la ausencia
de datos que nos indiquen dónde se enterraron sus reyes, aunque en los últimos años se conozca el paradero
de alguno de ellos. Sin embargo, al ser expulsados estos
monarcas por los príncipes tebanos y dar comienzo con
ello el Imperio Nuevo, las referencias de los enterramientos de los faraones aparecen de nuevo, pues la mayoría de las tumbas reales pertenecientes a este periodo
se encuentran localizadas.

Durante mucho tiempo se consideró que la posibilidad de encontrar alguna tumba nueva en el Valle de
los Reyes era remota. Sin ir más lejos, Theodore Davis,
magnate americano que se dedicó a excavar en Egipto a principios del siglo XX, dijo en 1912: «Me temo
que el Valle de los Reyes esté agotado.» Algo en lo que
se equivocó, como bien demostró Howard Carter diez
años después al descubrir la tumba de Tutankhamón.

No obstante, aparte de este famoso descubrimiento,
¿podría quedar alguna tumba real más por descubrir en
el Valle?

La respuesta es incierta, puesto que las sepulturas
de faraones de este periodo como Amasis, Amenhotep I
y Ramsés VIII nunca han sido encontradas; incluso la
del faraón Tutmosis II sigue siendo un enigma, ya que
durante mucho tiempo se pensó que había sido enterrado en la tumba n.º 42, creyéndose actualmente que
pueda encontrarse en otra parte.

En cambio, otros faraones, como Ramsés X y XI, poseen tumbas en el Valle de los Reyes en las que parece que nunca fueron enterrados. La tumba de Ramsés X, por ejemplo, se encuentra todavía llena de escombros y la momia de este faraón nunca se ha encontrado.

Con la sepultura de Ramsés XI ocurre algo parecido. La tumba está inacabada y su dueño aún no ha sido hallado. Esta tumba fue utilizada en la antigüedad como laboratorio donde se preparaban diversos aspectos de los enterramientos, y los coptos llegaron a usarla como vivienda e incluso como establo. Por cierto que los cuerpos de estos dos faraones es posible que se encuentren enterrados en la zona del delta, aunque no se sepa con certeza.

Respecto a la XXI y XXII Dinastías, durante el Tercer Periodo Intermedio, son famosas las llamadas tumbas perdidas de Tanis, que pertenecieron a varios de los faraones más importantes de dichas dinastías como Amenemniesu y Smendes, ambos de la XXI Dinastía, y Osorkón I y Sesónk I, de la XXII. Es probable que sus sepulturas fueran usurpadas por otros faraones, pues algunas de ellas están claramente modificadas, por lo que no se conoce el paradero de los primeros reyes libios que gobernaron Egipto durante este periodo.

Durante la XXVI Dinastía (650 a. C.), ya en la Baja Época, los reyes de Egipto se hicieron enterrar en Sais, localidad del delta, y en la XXIX, en Mendes, aunque de todos estos enterramientos en muchos casos tan solo se conozcan los sarcófagos. Sin embargo, los reyes de la dinastía ptolemaica se sabe que levantaron sus tumbas en Alejandría. Concretamente, Ptolomeo IV, Filópator, edificó un magnífico mausoleo para enterrar a toda su estirpe en dicha localidad, aunque su paradero nos sea desconocido.

Por otra parte, en el área residencial donde vivieron los ptolomeos, conocida como Los Palacios, parece ser que también pudieron encontrarse sus tumbas, aunque esto sea difícil de investigar al estar dicha zona bajo el mar en la actualidad. En cualquier caso, todas estas tumbas de los ptolomeos quedaron ya destruidas en la antigüedad, ya que, al parecer, en época del emperador Aureliano, siglo III d. C., no quedaba ninguna.

Como hemos podido ver, son muchos los faraones cuyos sepulcros aún no han sido encontrados, aunque también es cierto que alguno de ellos no dispuso del tiempo suficiente para poder construírselo al gobernar durante poco tiempo.

¿CUÁL ES LA TUMBA MÁS HERMOSA?

No cabe duda de que puede parecer anacrónico para el lector hablar de belleza al referirnos a una tumba; sin embargo, al referirnos al Antiguo Egipto, dicho concepto adquiere otra dimensión.

Ya desde la antigüedad numerosos visitantes quedaron sorprendidos ante la belleza y la fuerza de las imágenes que los artistas egipcios plasmaron en las paredes de las tumbas. En este sentido no solo los sepulcros reales dejaron patente la maestría de los obreros y pintores, puesto que tanto en el Valle de las Reinas como entre las tumbas de los nobles hay sepulturas de una gran belleza.

¿Puede por tanto hablarse de la existencia de una tumba más hermosa que las demás? Y en ese caso, ¿qué criterios seguiríamos para elegirla?

La necrópolis tebana se encuentra repleta de sepulturas muy interesantes. Entonces, ¿por cuál decantarnos? ¿Acaso por la de la reina Hatshepsut, que es la más larga de todas con nada menos que 213 metros de longitud y en la que se desciende hasta una profundidad de 97 metros? ¿Quizá por la de su sobrino Tutmosis III, excavada en la roca en un lugar casi inaccesible? ¿O simplemente por la de Ramsés III, por la cual ya quedó fascinado el escocés James Bruce cuando la visitó, y de la que copió la famosa escena de los artistas que luego publicó en 1790 y que hizo que esta tumba se conozca como la «tumba de Bruce», o la «de los arpistas»?

Obviamente, es difícil decidirse por alguna, aunque existen tres que, generalmente, son aceptadas como las mejores.

La primera a la que nos referiremos es la de Amenhotep II, el faraón que pasó a los anales de la historia por su fortaleza física. Arquitectónicamente hablando, esta tumba es una de las más bellas del Valle, y recuerda un poco a la de su predecesor, Tutmosis III.

Cuando el egiptólogo Víctor Loret encontró esta tumba en 1898 quedó impresionado por la belleza de sus azules techos tachonados de doradas estrellas, lo cual hizo que, a pesar de lo avanzado de la hora —eran más de las siete de la tarde—, se introdujera, fascinado, en el interior del sepulcro.

En él pudo observar los restos del saqueo que, miles de años atrás, habían perpetrado los ladrones, pero sobre todo hizo un descubrimiento asombroso, nada menos que nueve sarcófagos pertenecientes a otros tantos faraones que habían sido depositados allí a comienzos de la XXI Dinastía, unos 1100 años a. C., para preservarlos de los profanadores.

La segunda tumba que reseñaremos es la de Ramsés VI, un hipogeo que ya era conocido en la antigüedad y que los romanos bautizaron como la tumba de Memnón.

Esta sepultura, que fue desescombrada en 1886 por George Daressy, en realidad había sido comenzada a construir por Ramsés V, que parece se hizo sepultar en ella, aunque de su enterramiento solo hayan sido encontrados restos de una caja de madera y de un ataúd de este mismo material.

Hasta aproximadamente la mitad de esta tumba las paredes fueron decoradas por orden de este faraón, ya que el resto fue realizado por su tío y sucesor Ramsés VI, incluida la cámara sepulcral donde debió de descansar.

Aunque, arquitectónicamente hablando, la tumba sea bastante simple, sobre todo si la comparamos con las clásicas de la XVIII Dinastía, sus paredes se encuentran repletas de imágenes y textos de una fuerza y viveza excepcionales. El significado de todas las representaciones murales de este sepulcro es verdaderamente enigmático. Textos sagrados que nos hablan del viaje del sol a través del Mundo Subterráneo, e inscripciones referentes a los principales tratados mágicos de la otra vida como el *Libro de las Cavernas*, el de *las Puertas*, el *Amduat*, o escenas del *Libro de los Muertos*.

La cámara funeraria de este impresionante hipogeo tiene en su techo unas bellísimas pinturas que representan un mapa astronómico en el que se muestra tanto el cielo diurno como el nocturno, y que parecen ser poseedoras de un singular magnetismo. Además, la sucesión de imágenes en las que se relata el viaje de la barca solar inscritas en los muros de esta tumba hacen que esta resulte sumamente misteriosa.

La tercera tumba de la que hablaremos es, con diferencia, la más hermosa de todas las del Valle, y en ella se sepultó a Seti I, uno de los más grandes faraones de Egipto. Considerada como la Capilla Sixtina del arte egipcio, esta tumba es, tanto en diseño como en realización artística, de una belleza incomparable. El colorido de sus pinturas y bajorrelieves es extraordinario, y en sus paredes se escenifica el viaje nocturno de la barca de Ra, las *Letanías de Ra*, el *Libro de las Puertas*, y el *Amduat*. Sin duda, los muros de esta tumba se encuentran impregnados de toda la magia del Antiguo Egipto.

Cuando el italiano Giovani Battista Belzoni la descubrió el 18 de octubre de 1817, no pudo ocultar su felicidad, como él mismo reconoce en sus escritos, quedándose verdaderamente estupefacto ante las maravillas que sus ojos veían, y que le animaron a adentrarse en el inmenso sepulcro de ciento veinte metros de longitud, sorteando el gran pozo que le cerraba el paso, hasta llegar a la cámara funeraria, en cuyo techo se encontraba representada toda la bóveda celeste con sus principales constelaciones.

Aún sin salir de su asombro, a Belzoni le esperaba otra sorpresa. En el centro de la sala se hallaba un sarcófago en verdad extraordinario, pues era de alabastro, y tan fino, apenas cinco centímetros, que parecía translúcido. En él había grabadas algunas escenas rituales sacadas del *Libro de las Puertas*, y su belleza deslumbró al italiano.

No cabe duda de que esta tumba, que ha maravillado a cuantos la han visitado, merecería por sí sola varios volúmenes para poder ser explicada en profundidad.

Obviamente, invitaría a todo aquel que pudiera a ir a visitarla, pero actualmente es imposible, ya que la tumba se encuentra cerrada al público desde 1991 debido al peligro que existe de derrumbamiento en alguna de sus cámaras.

Por cierto que el magnífico sarcófago de alabastro acabó en Inglaterra, donde fue comprado por el arquitecto Sir John Soane en 1824 por dos mil libras, para su colección privada, la cual todavía hoy se exhibe en su antigua casa de Lincoln's Inn Field.

En recuerdo de su descubridor, esta tumba también es conocida como «la Tumba de Belzoni».

¿QUIÉNES SAQUEARON LAS TUMBAS DEL VALLE DE LOS REYES?

Los saqueadores de tumbas son tan viejos como la misma historia de Egipto. Desde los primeros tiempos, los pillajes se han sucedido como si formaran parte de la misma civilización del Valle del Nilo. Obviamente, el Valle de los Reyes no iba a ser una excepción.

Existe un registro conocido como «los papiros de los robos de las tumbas» en el cual se detallan los robos a los sepulcros acaecidos en Tebas durante los reinados de Ramsés X y XI, unos 1100 años a. C., y que permanecieron ocultos en el templo de Medinet Habu durante mucho tiempo.

Estos papiros dan una explicación detallada de dichos robos y de los ladrones, así como de los procesos judiciales emprendidos contra estos últimos y las penas impuestas.

Es, sin lugar a duda, una prueba arqueológica de primer orden, pues arroja luz sobre las fechas en las que se cometieron la mayoría de los pillajes.

Por ejemplo, demuestra que los saqueos se perpetraron en épocas de clara inestabilidad política, finales de la XVIII Dinastía, tras la muerte de Tutankhamón y Ay, y principalmente en las postrimerías de la XX, durante los gobiernos de Ramsés X y XI, como apuntamos con anterioridad, en los que la situación económica de Egipto era penosa y existía una gran corrupción en la propia Administración.

Los robos se fueron generalizando hasta llegar a ser algo corriente en el Valle. Aunque, en un principio, la mayoría no eran de una gran cuantía, sí se perpetraban con cierta regularidad, siendo cometidos por individuos que, por lo general, habían participado en los enterramientos.

No obstante, empezaron a producirse saqueos realizados por bandas organizadas, de mayor consideración. Estas bandas se encontraban, a veces, conexionadas con importantes cargos de la Administración, siendo muy conocido el caso en el que fue acusado hasta el alcalde de Tebas, Pawera, aunque al final de dicho proceso este personaje maniobrara con gran habilidad y consiguiera salir indemne y llegara, incluso, a mantenerse en el cargo durante años.

En aquellos robos organizados participaron también trabajadores de los templos, lo que nos da una idea del grado de corrupción que existía.

A partir del reinado de Ramsés IX, Egipto entró en una profunda crisis económica que provocó una hambruna a su pueblo y que se vio agravada por importantes desórdenes con motivo de una incursión libia sobre la región tebana. Las huelgas de los obreros de Deir-el-Medina se repitieron, como había ocurrido ya con anterioridad a finales del reinado de Ramsés III, y casi a renglón seguido la seguridad de la que antaño había disfrutado el Valle de los Reyes desapareció, siendo en el noveno año del reinado de Ramsés IX cuando comienzan los pillajes generalizados en las necrópolis tebanas.

Con la llegada al trono de Ramsés XI, la situación se hace insostenible. Corrupción, huelgas, hambre y un Estado en bancarrota son, sin duda, un terreno abonado para perpetrar robos y saqueos por doquier. En semejantes circunstancias el Valle de los Reyes no ofrece ninguna seguridad a los difuntos allí enterrados.

Es en ese momento cuando el mapa político de Egipto cambia. Herihor, sumo sacerdote de Amón, asume una corregencia con la que controla el Alto Egipto, mientras que Ramsés XI se retira a Pi-Ramsés, en la región del delta, repartiéndose de este modo el poder en el País de las Dos Tierras.

Será Pinedjem I, Primer Profeta de Amón y posteriormente soberano del Alto Egipto, quien decidirá que la única solución para salvaguardar los cuerpos de los faraones que un día gobernaron el país del Nilo es trasladarlos de lugar, eligiendo para ello un paraje alejado del Valle donde los depositó en secreto. El emplazamiento, situado junto a Deir-el-Bahari, es conocido como el «escondite real», y no fue descubierto sino hasta 1881.

Cien años después de que Pinedjem realizara su piadosa acción, hacia el 900 a. C., la práctica totalidad de las tumbas del Valle de los Reyes se encontraban vacías. El paraje se convirtió entonces en un lugar misterioso del que el silencio volvió a adueñarse por completo.

Deberían pasar casi tres mil años antes de que el interés por el sagrado valle volviera a prender en los hombres. Estos regresarían dispuestos a escudriñar cada centímetro de aquellas tumbas para, en no pocas ocasiones, llevarse cuanto pudieran de ellas. Llegaba el tiempo de los saqueos civilizados.

Entre la arqueología y el saqueo

¿SABIOS O AVENTUREROS?

En el año 640 d. C., Egipto queda bajo la influencia árabe. El general Amr Ibn-al-As conquista Alejandría y el manto del olvido se apresta a caer sobre la ancestral cultura faraónica. Durante mil años este la guardará tan celosamente que de la milenaria civilización no quedarán en el recuerdo sino extrañas leyendas, más propias de los dioses que de los hombres.

Pocos fueron los extranjeros que se aventuraron por el Valle del Nilo durante aquellos años, no siendo sino a partir del siglo XVIII cuando una serie de viajeros comienzan a levantar tímidamente aquel espeso velo. El padre Sicard, Pococke y Bruce, entre otros, nos dejan escritas sus primeras observaciones de un Egipto desconocido que comenzará a fascinar a Occidente.

Con la campaña de Napoleón en Egipto, las tinieblas se abren para permitir que la luz vuelva a despertar después de un milenio. Cuando el general francés desembarcó el 1 de julio de 1798, pocos podían sospechar la repercusión que tendría este hecho en el redescubrimiento del Antiguo Egipto. Como campaña militar, la expedición significó un estrepitoso fracaso, pero no ocurrió lo mismo desde el punto de vista de la ciencia, y es que, junto a sus tropas, Napoleón incluyó a un grupo de ciento sesenta y siete sabios y científicos con el fin de realizar un verdadero estudio de investigación de todo cuanto vieran en el país de los faraones.

Entre todos estos personajes ilustres destacaba el barón Vivant Denon, un hombre brillante que encabezó el grupo de eruditos, y los ingenieros Jollois y Villiers, que fueron los primeros en hacer un estudio cartográfico serio del Valle de los Reyes. Este grupo de científicos recorrió Egipto investigando tanto su fauna y flora como su espléndido legado arqueológico. El resultado no pudo ser más espectacular, pues, a su regreso a Francia, todas aquellas observaciones científicas fueron reunidas en una magna obra titulada la *Description de l'Égypte*, que sería publicada entre 1809 y 1829 en nueve enormes volúmenes de texto y catorce de grabados.

Semejante trabajo resultó ser un éxito en toda Europa, y fue la llave que acercó de nuevo la antigua civilización del Nilo a Occidente. Había nacido la egiptomanía, tal y como ahora la conocemos.

A partir de ese momento Egipto se puso de moda, y toda una legión de aventureros y coleccionistas empezaron a visitar el país de los faraones en busca de antigüedades y piezas que añadir después a las grandes colecciones que empezaban a poseer los museos y aristócratas europeos. Algunos gobiernos, a través de sus cónsules, emprendieron una lucha, en ocasiones feroz, por apoderarse de las obras más bellas. Estos tejieron verdaderas redes de influencia en un país que, gobernado por Mohamed Alí, daba todo tipo de facilidades si a cambio se le ayudaba a modernizarse.

Obviamente, sería necesario un libro entero para acercar al lector a aquella época apasionante plagada de aventureros y hechos sorprendentes, pero escapa al propósito de esta obra. Sin embargo, sí mencionaremos a alguno de aquellos singulares hombres.

No cabe duda de que si hubo uno capaz de brillar con luz propia, ese fue Belzoni, «el gigante de Papua». Hijo de un barbero y poseedor de una fuerza colosal —llegó a trabajar como forzudo en un circo—, este ingeniero hidráulico de dos metros de altura vivió una existencia digna de ser contada, durante la que dejó constancia de su gran espíritu aventurero.

Trabajó en Egipto a las órdenes de Henry Salt, cónsul británico que competía con su homólogo de Francia Bernardino Drovetti, un piamontés que había servido como coronel en el ejército de Napoleón, y cuyos agentes llegarían a enfrentarse duramente en más de una ocasión con Belzoni.

El gigantesco italiano resultó ser una apisonadora, pues llegó a descubrir nada menos que ocho tumbas en el Valle de los Reyes, tres de las cuales en tan solo diez días.

Viajó hasta Abu Simbel, cuya entrada cubierta por siglos de arena despejó, para terminar entrando y admirar así el interior del maravilloso templo. Asimismo fue capaz de trasladar hasta Londres una colosal cabeza de Ramsés II desde el Rameseum, su templo funerario.

El final de su vida no pudo estar más acorde con su espíritu aventurero, pues murió en Benin mientras intentaba descubrir las fuentes del río Níger.

Tras Belzoni, tipos como el italiano Caviglia, ex marinero a sueldo del cónsul Salt, o el coronel también británico H. Vyse, famoso por su afición a abrirse paso a través de la piedra con dinamita, cubrieron toda una época de exploraciones durante la cual no vacilaron en emplear sus particulares procedimientos.

Luego vinieron los tiempos de las grandes expediciones sufragadas por aristócratas, museos, gobiernos y universidades, en los que muchos objetos desaparecieron rumbo a las colecciones europeas.

Champollion y Rossellini, por ejemplo, se llevaron grabados con destino a los museos franceses y al duque de Toscana, que no en vano sufragó parte del viaje, y la gran expedición de tres años iniciada por el egiptólogo alemán Carl Lepsius en 1843 supuso que a su regreso a Berlín se llevaran unos quince mil objetos antiguos procedentes de Egipto.

El país del Nilo estaba de moda, y su mercado de antigüedades se convirtió en un gran negocio.

Los turistas del siglo XIX ansiaban visitar las tumbas, no teniendo escrúpulo alguno en portar antorchas para alumbrarse, o tiras de magnesio, que producían mucho humo. Sus marcas están aún hoy patentes en un gran número de paredes y techos.

Hubo incluso quien llegó a encender hogueras, como hizo un guía en la cámara funeraria de la tumba de Seti I, apilando leña en ella sin ningún pudor.

Fue con la llegada del francés Auguste Mariette a

Egipto y la posterior creación del Servicio de Antigüedades cuando se empezó a poner freno a los expolios. Gracias a este antiguo conservador del museo del Louvre no se volvieron a arrancar fragmentos de las paredes de las tumbas, persiguiendo con firmeza tales prácticas hasta conseguir mantener un cierto control sobre las excavaciones en Egipto.

Con él dio comienzo una nueva época. Hombres como Maspero, Petrie, Loret o Carter fueron profesionalizando la recién nacida egiptología, hasta que los métodos de antaño quedaron definitivamente enterrados.

En cuanto a la pregunta de si fueron sabios o aventureros todos aquellos hombres que llenaron una época, seguro que el lector podrá sacar sus propias conclusiones.

LA PIEDRA ROSETTA

El descubrimiento de esta famosa piedra es otro de los acontecimientos debidos a la invasión de Egipto por parte de Napoleón.

Tras vencer en la batalla de las Pirámides, el general francés entró triunfante en El Cairo el 24 de julio de 1798, y estableció en la capital su cuartel general.

Sin embargo, tan solo nueve días después, el almirante inglés Nelson encontró a la flota francesa fondeada en la bahía de Abukir, cerca de Alejandría, y tras una maniobra ciertamente audaz la destruyó casi por completo. Después de semejante derrota las tropas francesas se quedaron copadas en Egipto durante casi tres años, y aunque avanzaron hacia el sur hasta Asuán, su situación llegó a resultar ciertamente precaria.

De hecho, en marzo de 1801, desembarcaron finalmente los ingleses, conquistando Alejandría y El Cairo, que se encontraba asolada por la peste. No obstante, aceptaron una rendición honrosa por parte de los franceses, permitiendo que su ejército se retirara pacíficamente.

Para entonces Bonaparte ya no se encontraba en Egipto, pues justo un año después de la batalla del Nilo, nombre con el que también es conocida la derrota francesa en Abukir, Napoleón había logrado escapar a Francia en compañía de algunos de sus hombres, tras burlar el bloqueo que la armada inglesa había establecido frente a las costas egipcias.

Fue precisamente un mes después de esta huida de Napoleón de Egipto, en septiembre de 1799, cuando se produjo el descubrimiento.

Un contingente de tropas francesas se encontraba en Rosetta, una localidad situada a ochenta kilómetros de Alejandría, afianzando las defensas del fuerte Saint Julian, cuando, al derribar una pared, un grupo de soldados al cargo del teniente de ingenieros Pierre Françoise Bouchard descubrió una gran piedra de granito, algo deteriorada, repleta de extrañas inscripciones.

Bouchard, que era un hombre con conocimientos, fue capaz de darse cuenta de inmediato de la importancia de aquel hallazgo, al limpiar la losa y ver que contenía tres tipos diferentes de escritura. Como el teniente sabía griego, pudo leer el texto que la piedra tenía en esa lengua, aunque, lógicamente, no tuviera ni idea de lo que significaban los otros dos tipos de caracteres, que, como ahora sabemos, están escritos en jeroglífico y demótico, el único, por cierto, que se encuentra completo.

Gracias a las inscripciones en griego se pudo conocer que estas hacían referencia a un decreto del faraón Ptolomeo V Epifanes, promulgado el 27 de marzo de 196 a. C., según el cual se concedían una serie de donaciones a los templos.

El general Menou, superior de Bouchard, hizo llevar la piedra a El Cairo, donde se hizo público su descubrimiento, tras lo cual la noticia corrió por todo Occidente, inmediatamente se hicieron copias del hallazgo para que fueran estudiadas por todos los lingüistas de Europa.

Sin embargo, la famosa piedra parecía poseer su propio destino, pues al poco tuvo que cambiar de manos. A raíz de la toma de El Cairo por las tropas inglesas, estas confiscaron todos los descubrimientos arqueológicos franceses, y la piedra Rosetta fue a parar a la biblioteca de la Sociedad de Anticuarios de Londres, donde apenas estuvo un año, pues en 1802 fue donada al Museo Británico, donde todavía permanece.

No vamos a relatar aquí la vertiginosa carrera que se originó entre los estudiosos a fin de descifrar la escritura jeroglífica, pero a su llegada a Inglaterra se hicieron moldes de yeso que fueron enviados a las universidades británicas más importantes, y finalmente la lucha quedó reducida a dos hombres, el científico inglés Thomas Young y el francés J. F. Champollion.

Tras no pocas vicisitudes, este último consiguió dar

con la clave que le permitió leer la escritura sagrada egipcia. En 1824 publicó su *Resumen del sistema jeroglífico*.

Mil quinientos años después de caer en el olvido, los jeroglíficos volvieron a mostrar sus secretos, y todo gracias a una piedra hallada mientras se reforzaba un fuerte; sorprendente, sin duda.

EL ESCONDITE REAL

He aquí uno de los descubrimientos arqueológicos más extraordinarios de todos los tiempos.

Todo comenzó cuando en la década de los setenta del siglo XIX, empezaron a salir a la luz objetos pertenecientes a ajuares reales en el mercado de antigüedades de Luxor.

Al parecer, los turistas acaudalados estaban comprando papiros que debían provenir de una tumba real desconocida, lo cual hizo poner sobre aviso al Servicio de Antigüedades, cuyo nuevo jefe, Maspero, había sustituido a Mariette, tras la muerte de este, con el propósito de continuar con su política de firmeza.

El negocio de las antigüedades parecía boyante en aquellos tiempos, y la famosa viajera Amelia Edwards, por ejemplo, cuenta que llegó a comprar papiros, *ushebtis*, y hasta una momia, que al parecer tuvo que tirar luego al río debido al mal olor que despedía.

En medio de tal ambiente, uno de estos turistas acaudalados, un norteamericano llamado Wilbour, entró en contacto con un individuo llamado Ahmed Abd-el-Rassul que empezó a ofrecerle papiros y sudarios que parecían auténticos. Wilbour, que había estudiado egiptología siendo alumno de Maspero, sospechó inmediatamente y contactó con su antiguo profesor, que decidió averiguar de dónde venían todos aquellos objetos.

El americano fue invitado a la casa del árabe en Gurna, una mansión magnífica a la que llamaban «la nueva Casa Blanca», que de inmediato le hizo despertar sus sospechas. Sospechas que aumentaron aún más cuando le mostraron algunos objetos valiosos para que los comprara.

Inmediatamente, Wilbour comunicó lo que ocurría a Maspero, que ya había llegado a Luxor, y este dictó una orden de arresto contra Ahmed, el cual fue interrogado e incluso amenazado con posibles torturas si no decía cuanto sabía; pero el egipcio se mantuvo firme y hubo que soltarlo.

No obstante, la investigación continuó, y Ahmed y su hermano Husein fueron detenidos y llevados ante el gobernador, Daud Pachá, un hombre cuyos terribles métodos fueron soportados por ambos hermanos. Los suplicios padecidos fueron de tal consideración que uno de ellos, Husein, se quedó cojo tras los «interrogatorios», pues le arrancaron la piel de la planta de un pie.

Mas a pesar de tales sufrimientos ninguno de los dos hermanos dijo una sola palabra sobre la situación de la tumba, y después de dos meses en la cárcel salieron en libertad provisional.

Sin embargo, Maspero no se dio por vencido y volvió a presionarles advirtiéndoles que serían juzgados y condenados si no contaban lo que sabían. Así que, tras celebrar un cónclave familiar, Mohammed, el cabeza de familia de los Abd-el-Rassul, decidió revelar la situación de la tumba.

Como Maspero se encontraba en París, fue su ayudante, el egiptólogo alemán Emile Brugsch, quien, con un grupo de hombres, acompañó a Mohammed. Este les llevó hasta un pozo de casi doce metros que daba a un corredor de menos de un metro de altura en el que había varios ataúdes pertenecientes a antiguos sacerdotes. Tras este corredor surgió una galería más alta que les condujo hasta una cámara repleta de enormes sarcófagos. Cuando Brugsch leyó los nombres grabados en los ataúdes, se quedó estupefacto, ya que allí se encontraban las momias de algunos de los más importantes faraones de Egipto. Tutmosis I, II, III, Ramsés I, II y III, Seti I, Amosis, Ahmose-Nefertari, la familia Pinedjem, y así hasta un total de cuarenta momias y casi seis mil objetos que todavía no habían sido vendidos por los Rassul; eran las momias reales que miles de años antes había escondido Pinedjem I para evitar su saqueo.

Con la ayuda de los hombres del gobernador, Brugsch sacó todos los ataúdes y momias, trabajo en el que tuvo que emplear dos días, y luego ordenó que los cargaran en un barco con destino a El Cairo.

Cuentan que, cuando el vapor navegaba río abajo, los campesinos se acercaban a las orillas para rendir pleitesía, a su paso, a los que habían sido grandes reyes de Egipto, habiendo incluso quien llegó a disparar su fusil en su honor, mientras que las mujeres lloraban como las plañideras de la antigüedad.

Por cierto que cuando el preciado cargamento llegó a El Cairo, el oficial encargado de la aduana lo clasificó, sorprendentemente, como «pescado en salazón».

El secreto de los Abd-el-Rassul ya no existía. Corría el año 1881 y probablemente la familia llevara ya unos diez años haciendo negocios con los objetos de la tumba que una vez descubrieron. Nunca mostraron arrepentimiento alguno por lo que habían hecho, teniendo a gala ser unos magníficos saqueadores, algo por otra parte común entre los habitantes de Gurna, pues no en vano este pueblo se encuentra sobre un antiguo cementerio.

Para finalizar, y como hecho curioso, diremos que Mohammed, el cabeza de familia de los Abd-el-Rassul, fue recompensado con quinientas libras por su colaboración, y llegó a ser nombrado, con el tiempo, capataz de las excavaciones del Museo de Tebas. Como dijo Maspero: «Si pone el mismo celo al servicio del museo que el que tuvo para saquear tumbas, seguro que hará grandes descubrimientos.»

SAQUEOS CIVILIZADOS

A finales del siglo XIX el Servicio de Antigüedades no tenía capacidad para sufragar los gastos de las excavaciones. Muchos egiptólogos aficionados excavaban en Egipto bajo el control de dicho servicio a cambio de dinero y el reparto de todo lo que se encontrara. Esto ya había ocurrido con anterioridad, pero con el comienzo del siglo XX, nuevos y acaudalados «patrocinadores» entraron en escena. De entre ellos hubo uno que resultó verdaderamente peculiar, ya que estuvo excavando en Egipto durante nada menos que trece años, durante los cuales recorrió el Valle de los Reyes cavando tumbas sin cesar. Su nombre era Theodore Monroe Davis.

Davis era un abogado neoyorquino muy rico que tras retirarse a los sesenta y cinco años decidió pasar su jubilación excavando en Egipto. Era un tipo de baja estatura, trato desagradable y casi siempre malhumorado. Pero tenía dinero y podía permitirse el dirigir una misión arqueológica con excavadores profesionales como si fuera uno de sus negocios.

A pesar de su absoluta inexperiencia egiptológica, el viejo abogado pareció tocado por la diosa Fortuna, pues durante sus años como excavador llegó a encontrar y desescombrar nada menos que nueve tumbas reales, cuatro de príncipes y altos dignatarios, trece de diferente tipo y ocho pozos que contenían diversos restos.

Antes de dedicarse a la arqueología, Davis había pasado durante años los inviernos en Egipto navegando por el Nilo en su barco, el *Bedavvin*, como un turista acaudalado más en compañía de Emma Andrews, que al parecer era su prima. En uno de aquellos viajes fue cuando conoció a Howard Carter, el famoso arqueólogo, que despertó su interés por la egiptología, llegando a proponerle excavar en su nombre si sufragaba sus gastos. Fue así como se inició una relación que duró dos años, hasta que Carter fue nombrado inspector jefe del Servicio de Antigüedades en el Bajo Egipto y tuvo que abandonar Luxor. Sin embargo, el trabajo resultó interesante, pues descubrieron la tumba de Tutmosis IV.

A Carter le sustituyó el gran arqueólogo James Quibell, que nada más empezar a trabajar tuvo la suerte de encontrar la tumba más rica hallada hasta ese momento en el Valle, la de Yuya y Tuya, los padres de la que fue reina de Egipto Tiyi, esposa de Amenhotep III. Era el año 1905, y aquello hizo que el viejo Davis se volviera aún más presuntuoso y entrometido, hasta el punto de llegar a ser incontrolable.

A partir de ese instante la relación entre Quibell y Davis se volvió muy desagradable. Quibell era un arqueólogo que había estudiado en Oxford, y Davis, un buscador de tesoros cuyos métodos nada tenían que ver con los del inglés. Por tal motivo, aprovechando que Quibell se había tenido que incorporar como guía del duque de Connaught, hermano del rey de Inglaterra, durante una visita de este a Egipto, Davis se puso en contacto con el egiptólogo A. Weigall, que fue en realidad quien abrió la magnífica tumba recién descubierta.

Weigall, que era bastante diplomático, trató de convencer a Davis para que contratara a un joven excavador de gran talento llamado Ayrton, a lo que el abogado convino encantado, pues según sus palabras, eso «haría la vida mucho más armoniosa».

Independientemente de tales comentarios, el trato con el abogado americano era imposible para cualquier arqueólogo, pues hasta se negaba a incluir en sus informes los datos de sus trabajos, algo que hizo que sus excavaciones se encontraran lejos de cualquier método científico.

Con un sueldo de doscientas cincuenta libras anuales, Ayrton trabajó con verdadero frenesí hasta 1908 a las órdenes de un Davis que parecía imparable. Ayrton hizo descubrimientos sensacionales, como la misteriosa tumba número 55, que Davis proclamó equivocadamente como perteneciente a la reina Tiyi, un pozo con diversos objetos que parecían haber sido de Tutankhamón, o las tumbas de Siptah y Horemheb, tras cuyo hallazgo no soportó más al viejo abogado y renunció a su cargo para marcharse nada menos que a Ceilán, donde moriría ahogado unos años más tarde.

Davis no tuvo ningún problema en sustituir a Ayrton por otro arqueólogo, incluso hizo comentarios respecto a que las cosas mejorarían con ello. El nuevo empleado se llamaba H. Jones, y gracias a su diario privado han podido llegar hasta nosotros algunos detalles de las excavaciones que Davis no tuvo ningún interés en publicar.

A los tres años, Jones murió de tuberculosis, pero Davis ya le tenía preparado un sustituto de antemano, Harry Burton, que se hizo cargo de las excavaciones hasta 1914, año en el que Davis decidió abandonar su afición; según él, porque el Valle de los Reyes se encontraba ya totalmente agotado.

Aquella decisión resultó providencial para lord Carnarvon y H. Carter, ya que a solo pocos metros del lugar en el que Davis excavó antes de decidir retirarse, encontraron la tumba de Tutankhamón.

Al regresar a su país, la concesión de Davis pasó a lord Carnarvon. En cuanto al viejo abogado neoyorquino, murió a los pocos meses de abandonar el Valle.

LA TUMBA DE TUTANKHAMÓN

La tumba de Tutankhamón, del que hablaremos más adelante, es el descubrimiento arqueológico más espectacular de todos los tiempos. Sin embargo, su hallazgo no hubiera sido posible sin el tesón y conocimientos de un hombre, Howard Carter, y de la inestimable ayuda de su mecenas, lord Carnarvon. Juntos formaron el equipo que recuperó del olvido al joven faraón, mostrando así al mundo todo el esplendor de la milenaria civilización egipcia.

Howard Carter había nacido en Kensington, Londres, en 1874. Perteneciente a una familia numerosa, tenía nada menos que diez hermanos y demostró desde su adolescencia las dotes artísticas que sin duda poseía. Sus acuarelas impresionaron al egiptólogo Percy Newberry, a través del cual fue contratado por el gran arqueólogo Flinders Petrie a fin de que se incorporara a la excavación que él mismo dirigía en Tell-el-Amarna, para copiar las inscripciones; ese fue el comienzo de su futura pasión por la arqueología y el Antiguo Egipto.

Durante años, Carter trabajó en el equipo del Egypt Exploration Found dibujando en el templo de Deir-el-Bahari, hasta que el director del Servicio de Antigüedades, Maspero, le nombró inspector general de monumentos del Alto Egipto.

Este nombramiento significó el punto de partida de lo que sería una vida dedicada a las excavaciones.

Trabajó para el americano Davis, como sabemos, y para el Servicio de Antigüedades, aunque durante una época de su vida se viera obligado a ganarse la existencia vendiendo sus dibujos. Llegó a dedicarse también al negocio de las antigüedades, en cuyo mercado actuó como «intermediario» de prestigiosos museos, adquiriendo incluso obras para el mismísimo lord Carnarvon. Fue precisamente gracias a este personaje como su vida cambió para siempre.

George Edward Stanhope Molyneux Herbert, quinto conde de Carnarvon, representaba la antítesis del norteamericano Davis. Culto, educado, atento e inmensamente rico, lord Carnarvon era, sin duda, un gran señor de su tiempo, a la vez que un apasionado de los automóviles. Fue su pasión por ellos lo que le condujo a Egipto, ya que después de un grave accidente que sufrió en 1901 mientras viajaba por Alemania, su salud se resintió, no soportando sus pulmones el clima frío y húmedo de los inviernos ingleses.

Este hecho fue el que lo llevó a Egipto a pasar dicha estación, donde se aficionó al poco por la egiptología. No tardó mucho en conseguir su primera concesión como excavador, lo cual hizo que aumentara en él aún más si cabe el entusiasmo, aunque el excavar por su cuenta no le reportara demasiados resultados. Sin embargo, estaba animado a proseguir, convenciéndose de que lo que necesitaba era un arqueólogo profesional. Fue así como conoció a Carter.

Entre 1907 y 1914, Carnarvon y Carter excavaron por diversos lugares de Egipto. Tebas, Asuán y la zona del delta fueron los principales, donde obtuvieron desiguales resultados. No obstante, a partir de 1915, lord Carnarvon consiguió la concesión que antaño había pertenecido a Davis, y con ella el permiso para excavar en el Valle de los Reyes. Este fue el comienzo de la búsqueda de la tumba de Tutankhamón.

Carter estaba entusiasmado. Con buen juicio, sabía que el pequeño pozo que Davis había descubierto con diversos objetos en los que estaba inscrito el nombre de Tutankhamón no era todo lo que quedaba de su sepultura. Los utensilios encontrados eran elementos utilizados en los embalsamamientos, y solo demostraban que la tumba de este faraón debía de hallarse cerca.

No obstante, los años pasaban, y la codiciada tumba no aparecía. Carter parecía sentirse obsesionado por su búsqueda, pero el conde comenzaba a cansarse de emplear su fortuna en una misión que distaba mucho de dar el resultado esperado. Por eso, en el año 1922, decidió, tras una entrevista con Carter en su residencia del castillo de Highclere, en Inglaterra, que aquella sería su última temporada en el Valle.

El 1 de noviembre Carter inició los trabajos excavando en una zona muy próxima a la tumba de Ramsés VI, bajo los cimientos de unas antiguas cabañas de obreros. Tres días más tarde, el 4 de noviembre, el más impresionante silencio le recibió cuando llegó por la mañana a la excavación; un obrero había descubierto el peldaño de una escalera.

Podemos imaginar la emoción sentida por el arqueólogo según desescombraba aquella escalera de dieciséis peldaños que le llevaba justo hacia la gloria. Carter se dio cuenta enseguida de que dicha escalera era similar a todas las pertenecientes a las tumbas de la XVIII Dinastía, lo que le hizo concebir esperanzas.

Al descender el decimosegundo escalón encontró

la parte superior de una puerta con el sello de la necrópolis real, el chacal Anubis y los nueve cautivos, que representaban a los enemigos tradicionales de Egipto. No vio ningún otro sello que indicara a quién pertenecía, pero estaba claro que solo podía tratarse de la tumba de un rey.

A través de un pequeño hueco en la parte superior izquierda de la puerta, Carter aproximó una linterna y atisbó en el interior comprobando que más allá había un pasillo lleno de escombros. Ello le hizo sentirse exultante, pues significaba que la tumba no había sido profanada.

Inmediatamente mandó cubrir de nuevo de arena la escalera y, tras dejar a su capataz y hombre de confianza, Ahmed Girigar, al cargo de la vigilancia, corrió a telegrafiar la noticia a lord Carnarvon:

Por fin maravilloso descubrimiento en el Valle. Una tumba magnífica con los sellos intactos. Enhorabuena.

El tan ansiado descubrimiento iba a traer a Carter insospechadas consecuencias.

¿QUIÉN FUE EL PRIMERO EN ENTRAR EN LA TUMBA?

El 23 de noviembre de 1922, lord Carnarvon llegó a Luxor en compañía de su hija, lady Evelyn. Al día siguiente comenzaron a despejar de nuevo la escalera hasta que la puerta de entrada a la tumba quedó otra vez totalmente a la vista. En su parte inferior podían verse claramente varios sellos con el nombre de Tutankhamón, lo cual desató el entusiasmo. Por fin, después de siete años de búsqueda, habían encontrado la tumba perdida de Tutankhamón, el faraón del que tan poco se sabía. Sin embargo, un examen más detenido de la puerta les hizo contener su euforia, pues había signos de que esta había sido abierta y vuelta a sellar con yeso en, al menos, dos ocasiones. Además, en el suelo había restos de objetos con los nombres de varios faraones, exactamente los de Tutmosis III, Amenhotep III, Akhenatón y Smenkhare, lo cual hizo sospechar a Carter que aquel sepulcro fuera en realidad otro «escondite real»; incluso el inspector jefe del Servicio de Antigüedades del área, señor Engelbach, opinó que aquel descubrimiento no tenía el menor interés, y abandonó enseguida la tumba. Nadie del Servicio de Antigüedades estuvo, pues, presente cuando Carnarvon y Carter rompieron aquella puerta. Su director, señor Lacau, prefirió permanecer en su oficina de El Cairo porque, según su consideración, aquel hallazgo no parecía merecer la pena.

Lo que encontraron detrás de aquella enigmática puerta fue un pasillo cubierto por entero de piedras y cascotes hasta el techo, que no pudieron despejar hasta el día 26 por la tarde, lo cual les hizo conferir renovados ánimos respecto a que la tumba se encontrara intacta.

Por fin se hallaron frente a una segunda puerta, también sellada, en la que Carter practicó un orificio para poder atisbar lo que había más allá; aproximó una vela y contuvo la respiración.

Fue entonces cuando, ante la ansiosa pregunta de lord Carnarvon:

—¿Ve usted algo?

Carter pronunció su famosa frase

—Veo cosas maravillosas.

Carter, lord Carnarvon, su hija, lady Evelyn, y Callender, un ingeniero amigo de Carter que había estado al frente de los ferrocarriles egipcios, agrandaron la abertura y entraron en la tumba. Su impresión fue difícil de explicar, pues se encontraron con una sala, a la que llamarían la «antecámara», abarrotada con parte de los objetos con los que se había hecho enterrar el faraón.

El mismo Callender se encargó de llevar a aquella cámara la luz eléctrica, y cuando esta iluminó la estancia, apenas pudieron articular palabra.

—Por todas partes el brillo del oro —tan solo pudo musitar Carter.

Sin embargo, no había ni rastro de ningún sarcófago que pudiera indicar que la momia de Tutankhamón se encontrara allí. Fue entonces cuando Carter reparó en que la pared norte de la estancia se había enyesado de nuevo ocultando lo que parecía otra puerta, a cuyos lados dos figuras de madera negra con láminas doradas que representaban al *ka* del faraón parecían montar guardia. Al arqueólogo le dio un vuelco el corazón. Para él no existía ninguna duda de que Tutankhamón se hallaba tras aquel muro.

Los allí presentes coincidieron en que era necesario

vaciar la antecámara antes de traspasar aquella pared, y que sería en ese momento cuando inaugurarían oficialmente la tumba, emplazando el acontecimiento para el 17 de febrero del siguiente año.

No obstante, ni Carter, ni mucho menos el lord estaban dispuestos a realizar una presentación ante las personalidades que acudirían a ella sin saber lo que les esperaba al otro lado de aquella misteriosa pared. Durante muchos años se conjeturó con el hecho de que ambos hubieran traspasado dicha pared antes de la inauguración oficial. Hoy se sabe que la noche del 28 de noviembre hicieron un agujero casi a ras del suelo, y Carter, lord Carnarvon, lady Evelyn y Callender accedieron a la cámara sepulcral para admirar el mayor tesoro arqueológico encontrado nunca por el hombre.

Después de comprobar las maravillas que ocultaba aquella cámara, volvieron a salir y ocultaron el hueco practicado en el muro con un cesto y un haz de juncos.

Cuando el 17 de febrero, tal y como habían previsto, derribaron la pared ante el nutrido grupo de personalidades, sabían que más allá les esperaba la gloria.

Muchas han sido las críticas vertidas hacia ellos ante la sospecha de que hubieran entrado en la cámara antes de que esta hubiera sido abierta a los ojos del mundo, e incluso algunos maldicientes insinuaron que quizás aprovecharan para llevarse algún objeto valioso. En mi modesta opinión, creo que su reacción fue lógica y no exenta de derechos, después de años de tenaz e infructuosa búsqueda; además, en ningún caso eran merecedores del ridículo que hubiera supuesto para ellos el que más allá de aquel muro no hubieran hallado nada.

En cuanto al nombre del primero en entrar en la famosa cámara, hoy sabemos que tal honor correspondió a Howard Carter.

¿POR QUÉ SE TARDÓ DIEZ AÑOS EN VACIAR LA TUMBA?

Desde el primer instante en que Carter penetró en la antecámara de la tumba, este fue plenamente consciente de la magnitud de lo que había encontrado. El sepulcro, además de dicha antecámara y la cámara funeraria, tenía dos salas más: un anexo, y la llamada cámara del tesoro; todas abarrotadas de los objetos propios del ajuar funerario de un rey.

El problema que se presentaba para vigilar, catalogar, restaurar y finalmente transportar todos los objetos a El Cairo era de consideración. Por ello, inmediatamente, Carnarvon y Carter decidieron formar un equipo que fuera capaz de ayudarles a acometer la empresa que tenían por delante. Para ello se hicieron con los servicios de los mejores especialistas de aquella época, que accedieron encantados de poder participar en un proyecto como aquel. Un químico, un arquitecto, un dibujante, un historiador, un ingeniero, un profesor de egiptología, un restaurador, un fotógrafo —estos dos últimos pertenecientes al equipo del Metropolitan Museum de Nueva York— y hasta un sargento encargado de la vigilancia de la tumba fueron los que formaron aquel grupo que tardaría nada menos que diez años en vaciar por completo la sepultura.

Para realizar su trabajo decidieron instalarse en el mismo Valle usando otras tumbas como laboratorio fotográfico y almacén. Por ejemplo, la tumba de Seti II fue utilizada como estudio de restauración, y la de Ramsés XI, como comedor diario.

Ni que decir tiene que el trabajo resultó agotador, pues Carter fue extraordinariamente metódico, clasificando y dando un número de referencia a cada objeto que había en la tumba, por insignificante que pareciera, fotografiándolo antes y después de ser restaurado. Luego, cada uno de ellos fue embalado adecuadamente y transportado a unas vagonetas que, sobre unos raíles que se habían montado al efecto, lo llevarían hasta un barco con destino a El Cairo.

Sirva de ejemplo que para el vaciado de la antecámara, una dependencia de poco más de 28 m^2 se necesitaron siete semanas, y mil quinientos metros de algodón para embalar todos los objetos adecuadamente.

Sin embargo, aun siendo considerable la labor que aquellos hombres tenían por delante, esta se vio entorpecida por una serie de problemas que llegaron a poner en serio peligro aquella misión. Una inesperada confluencia de intereses políticos, económicos e incluso de celos profesionales se conjugó de tal forma que hicieron del todo imposible que Carter y su equipo desarrollaran con normalidad su trabajo.

El primer problema surgió con el mismo Servicio de Antigüedades. Ante la cantidad de tesoros encontrados en la tumba, Pierre Lacau, su director, trató de que el contrato que en su día había firmado su departamento con lord Carnarvon fuera reconsiderado para permitir que la mayor parte de las piezas halladas fueran a parar al Museo de El Cairo. Es cierto que existía una cláusula por la cual si la tumba era hallada intacta el gobierno egipcio tenía derecho a la totalidad de los objetos que se encontraran en su interior. Mas, a estas consideraciones, el lord respondía que la tumba había sido violada en dos ocasiones, aunque no la hubieran despojado de la mayor parte de sus pertenencias. Obviamente, Carnarvon, que había gastado mucho dinero durante sus años de excavador, no estaba dispuesto a renunciar a lo que creía que le correspondía, y como era un hombre poderoso y muy influyente, Lacau prefirió no enfrentarse a él, por el momento.

Por otra parte, Lacau quería controlar aquella excavación y no estaba dispuesto a que fueran los hombres del Metropolitan o los del British Museum los que lo hicieran. Además no sentía ninguna simpatía por Howard Carter, cuyo fuerte carácter y obstinación no ayudaban en absoluto a un entendimiento.

Como director del Servicio de Antigüedades, Lacau estaba sometido a grandes presiones por parte de las autoridades, que le demandaban constantes permisos para poder visitar la tumba. Esto a Carter le parecía una intromisión, pues aducía que en esas circunstancias no se podía trabajar.

En esto no le faltaba razón al arqueólogo, pues el equipo era perseguido a diario por la prensa y los curiosos que pululaban por los alrededores. En cuanto a los visitantes, y sirva a modo de ejemplo, diremos que solo en el primer trimestre de 1926 su número fue de doce mil; demasiada gente para poder trabajar con tranquilidad.

Otro de los problemas que vino a unirse a los anteriores fue el que provocó lord Carnarvon al dar la exclusividad de la información sobre el descubrimiento, mediante un contrato, al periódico *The Times*. Esto originó un clamor entre el resto de los diarios del mundo, que se sintieron muy ofendidos, y acosaron constantemente desde ese momento a los excavadores. Por si fuera poco, los partidos nacionalistas egipcios consideraron aquello una afrenta, con lo que los viejos resentimientos contra lo que consideraban un regreso al «colonialismo británico» surgieron por todo el país con una fuerza sorprendente.

En medio de aquel clima que se enrarecía por momentos ocurrió una verdadera desgracia; lord Carnarvon murió inesperadamente, y todo aquel enorme problema fue a parar directamente sobre los hombros del señor Carter.

Los acontecimientos entonces se precipitaron. Carente de la diplomacia e influencia que poseía el lord, Howard Carter no supo manejar aquella situación, que en poco tiempo se hizo insostenible.

El detonante llegó el día en que levantaron la tapa del sarcófago. El trabajo realizado para elevarlo había sido complicado, pues apenas había espacio en la cámara para maniobrar, menos de un metro. Gracias al ingeniero Callender se dispuso un sistema de poleas para poder hacerlo posible, y así fue como el 12 de febrero de 1924 suspendieron en el aire la tapa de granito de una tonelada y cuarto de peso.

Entonces surgió ante ellos el primero de los tres ataúdes que, encajados uno dentro del otro, había en el interior del sarcófago. Entusiasmado, Carter decidió que al día siguiente invitaría a las mujeres de sus ayudantes a la tumba para que vieran dichos ataúdes, y luego irían todos a celebrar una cena en el hotel Winter Palace de Luxor.

Sin embargo, el Ministerio de Obras Públicas, por medio de su titular, Bey Harma, dictó una orden por la que prohibía la entrada de las damas al sepulcro. Esto enfureció a Carter, que junto a su equipo decidió negarse a seguir trabajando, cerrando la tumba. Además, el equipo redactó un documento en el que denunciaba las prácticas intolerables empleadas por el Ministerio y el Servicio de Antigüedades, y lo hizo público en el vestíbulo del hotel Winter Palace de Luxor.

El escándalo que se originó fue mayúsculo, pero el gobierno aprovechó la ocasión para tomar el control de la tumba, que pasó a manos de Lacau. Acto seguido Carter y lady Carnarvorn iniciaron un proceso contra lo que consideraban un atropello, pero no tuvieron éxito. Entonces Carter decidió abandonar Egipto y marcharse a Estados Unidos para dar unas conferencias que luego extendió a Madrid e Inglaterra.

Pero en el Valle de los Reyes las cosas fueron de mal en peor. La etapa de Lacau al frente del control de la tumba resultó desastrosa, y ningún arqueólogo quiso sustituir a Carter en su trabajo.

Mas al año siguiente la situación cambió inesperadamente. El gobierno nacionalista egipcio dejó el poder, y las nuevas autoridades facilitaron el regreso de Carter. Fue preciso, no obstante, anular el contrato contraído con *The Times*, y también que lady Carnarvon renunciara a los tesoros encontrados a cambio de treinta y seis mil libras esterlinas.

Durante los siguientes años, Carter pudo continuar así junto con su equipo su trabajo en la tumba, hasta que este finalizó en la primavera de 1932, después de nada menos que diez años.

¿POR QUÉ SE DAÑÓ A LA MOMIA?

Hay que admitir que el tratamiento que recibió la momia de Tutankhamón por parte de Carter y su equipo distó mucho de ser el adecuado. Hoy en día cualquier investigador quedaría espeluznado ante los métodos empleados en el estudio del cuerpo del faraón, que sufrió verdaderos destrozos, debido principalmente a los problemas que los doctores tuvieron para poder realizar la autopsia.

En realidad, estos problemas comenzaron desde el momento en que el equipo de Carter se dispuso a extraer los tres ataúdes encajados uno dentro del otro en el interior del sarcófago. La operación resultó laboriosa y delicada, sobre todo por el poco espacio que había para maniobrar y también por el enorme peso de los ataúdes. No obstante, y gracias al sistema de poleas de Callender, el trabajo se llevó a cabo felizmente, aunque con no poca dificultad.

Pero el verdadero problema llegó al intentar separar el segundo ataúd del tercero, de oro macizo, en cuyo interior se encontraba la momia del rey cubierta con la famosa máscara de oro. Dicho ataúd de oro se hallaba ennegrecido y totalmente pegado al segundo féretro por la parte de abajo, debido a la cantidad de ungüentos que los embalsamadores habían arrojado en su interior, y que con el transcurso de los años se habían solidificado creando una espesa capa parecida a la brea que hacía imposible separarlos el uno del otro. Aquí comenzaron los primeros dislates, pues al equipo de Carter no se le ocurrió otra cosa que dejar ambos ataúdes al sol, con la momia dentro, durante las horas más calurosas, para ver si así conseguían desunirlos.

Alfred Lucas, el químico del grupo, analizó en el laboratorio la naturaleza de aquella sustancia negruzca, y confirmó que solo el calor podía hacer que se separaran, aunque obviamente se necesitaba algo más que los 55 °C que pudiera haber en el Valle de los Reyes.

Optaron por llevar entonces los ataúdes al laboratorio situado en la tumba de Seti II. Desgraciadamente, la momia se encontraba también cubierta de ungüentos y tenía sus vendajes ennegrecidos, hallándose en tan mal estado que era preferible no moverla, por lo que decidieron realizarle la autopsia dentro del mismo féretro.

Así pues, el 11 de noviembre de 1925, en presencia del director del Servicio de Antigüedades, el señor Lacau, se procedió al examen de la momia. Al cargo de la autopsia estuvo el doctor Douglas Derry, que era profesor de anatomía de la Universidad Egipcia de El Cairo, ayudado por el doctor Bey Hamdi. Estos comenzaron el arduo proceso de quitar las vendas a la momia. Para poder hacerlo, tuvieron que reforzar las vendas, algo que les ocupó durante más de cuatro días. Cuando por fin terminaron, solo quedaba despojar la cabeza de la máscara de oro que la cubría, pero se encontraba tan adherida que les resultó imposible.

Ante este nuevo contratiempo Carter propuso que se utilizaran nada menos que «un cincel y un martillo» para desunirlas. Afortunadamente, no lo hicieron, aunque emplearon otro método tampoco muy ortodoxo: introdujeron cuchillos calientes hasta liberar la cabeza de su dorada máscara.

Como es lógico, este tipo de procedimientos causaron grandes daños al cuerpo, aunque no pudieran compararse con lo que le esperaba a la pobre momia.

Esta seguía tan pegada al fondo del ataúd que fue extraída de él cortándola en pedazos. El doctor Derry la cortó, exactamente, a la altura de la tercera vértebra lumbar, y luego sacaron el cuerpo en partes.

Con semejantes métodos se perdió la posibilidad de averiguar datos referentes a la posible causa de la muerte del faraón, aunque Derry sugirió que pudiera haber fallecido debido a la tuberculosis, lo cual es inexacto, como se demostró posteriormente.

Increíblemente, hasta 1969 no se radiografió la momia. Fue el doctor Harrison, anatomista de la Universidad de Liverpool, quien lo hizo por partes, y en un lugar verdaderamente insospechado, nada menos que en una habitación del hotel Winter Palace de Luxor, revelando las placas en el lavabo. Allí fue donde descubrieron que al cuerpo del faraón le faltaban el esternón y alguna costilla, algo que había pasado desapercibido al doctor Derry. El resultado final de las placas fue más que aceptable.

En cuanto a los ataúdes, todavía continuaban pegados, por lo que decidieron que lo mejor sería emplear alta temperatura para desunirlos. Para ello los revistieron con planchas de cinc, para protegerlos, y luego les aplicaron antorchas de parafina que finalmente consiguieron separarlos al cabo de las horas.

Este fue el procedimiento empleado en la autopsia de la momia de Tutankhamón, imposible de entender hoy en día, pero que en aquellos tiempos fue considerado como todo un éxito.

¿HABÍA ALGUIEN MÁS ENTERRADO EN LA TUMBA?

Dos de los hallazgos más curiosos que Howard Carter encontró en el interior de la tumba de Tutankhamón fueron dos pequeños ataúdes de madera que se encontraban dentro de una caja en la cámara del tesoro. Dichos ataúdes contenían en su interior otros de menor tamaño, cubiertos de una lámina de oro, que albergaban pequeños cuerpos momificados. Uno de ellos apenas medía treinta centímetros, y el otro era un poco mayor, cerca de cuarenta.

Las momias fueron entregadas al doctor Douglas Derry para su autopsia, que al instante determinó que aquellas correspondían a dos fetos.

Uno de estos, el más pequeño, se hallaba en muy buenas condiciones, era de sexo femenino y debía de tener unos cinco meses. El otro, peor conservado, pertenecía también a una niña de unos siete meses, y presentaba signos de haber sido embalsamado. El doctor Derry

pudo comprobar como a la pequeña le había sido extraído el cerebro, y sustituido por una tela de lino empapada
en natrón.

De nuevo Derry demostró su particular forma de
proceder, pues rompió el cráneo a la niña para extraer el
lino, y encontró un pequeño alambre con el que los embalsamadores, seguramente, introdujeron la tela. Este
es el único caso conocido en el que se ha hallado un útil
similar en el interior de una momia, y al doctor no se le
ocurrió otra cosa que tirarlo, perdiéndose de esta forma
una información que hubiera resultado de gran ayuda
para los egiptólogos.

En cuanto a la identidad de aquellas niñas, casi con
toda seguridad eran hijas del faraón y de su esposa
Ankhesenamón, la única que se le conoce.

Aunque pueda sorprender el hecho de encontrar
otros cuerpos en una tumba real, son muchos los casos
que demuestran que esta práctica fue comúnmente utilizada, sobre todo durante la XVIII Dinastía.

Sin duda que el descubrimiento de aquellos dos fetos dio que pensar a los historiadores. ¿Qué hubiera
ocurrido si las niñas no hubieran fallecido prematuramente? La estirpe de Tutankhamón hubiera sobrevivi-
do, y la historia de Egipto, probablemente, hubiera sido
distinta.

El misterio de estos fetos no acaba aquí, pues cuando años más tarde se intentaron estudiar con más atención, resultó que ambos habían desaparecido; sus cuerpos no se encontraron por ninguna parte. ¿Cómo era
posible?

Aunque parezca increíble, no hubo más noticias sobre ellos hasta que en el año 1992, sesenta años después de su autopsia, se descubrieron más de quinientas momias en un almacén del hospital Kasr-al-Einy de El Cairo, entre las cuales parecían encontrarse los famosos fetos.

Tras las pertinentes averiguaciones resultó que el susodicho doctor Derry llevaba las momias a dicho hospital, que era donde trabajaba, para estudiarlas, y luego no las devolvía, quedando por tanto almacenadas en aquel centro. Es asombroso que nadie las reclamara, pero eso fue lo que ocurrió y a la muerte del famoso doctor quedaron olvidadas durante más de medio siglo.

Todo este asunto nos hace pensar en el gran número de momias que aún permanecen perdidas o que nunca fueron halladas en sus sepulturas. Ya hemos hablado de los faraones que todavía no han sido encontrados, pero si extendiéramos la búsqueda a reinas o príncipes cuyo paradero nos es desconocido, la relación se extendería más que notablemente.

Sobre este particular hay casos verdaderamente misteriosos, como por ejemplo el de la reina Hetepheres, madre del faraón Keops, cuya tumba fue descubierta en la década de los años veinte del siglo pasado, resultando que además estaba intacta. Su apertura oficial fue todo un acontecimiento y a ella acudieron un buen número de científicos y autoridades. Todos esperaban ansiosos a que el descubridor, el famoso egiptólogo norteamericano G. A. Reisner, abriera la tapa del sarcófago de alabastro para poder admirar la momia de la reina, pero al hacerlo resultó que el féretro se encontraba vacío, lo cual originó una gran decepción entre los presentes.

Reisner, sin embargo, tuvo una salida más que airosa, pues al ver la cara de sus invitados, exclamó:

—Señores, la reina hoy no podrá recibirles, pero mi esposa les servirá un refrigerio.

Otra de las reinas más buscadas ha sido la reina Tiyi, esposa de Amenhotep III, madre de Akhenatón, y abuela de Tutankhamón, cuyo paradero continúa siendo causa de debate.

Cuando Loret descubrió la tumba de Amenhotep II en 1898, encontró también en su interior los restos de nueve faraones, y en una cámara anexa, tres momias tendidas juntas. Una de ellas pertenecía a una mujer de largos cabellos cuyos rasgos evidenciaban que debió de poseer una gran belleza en vida.

El anatomista Elliot Smith le puso por nombre «la anciana señora», aunque su verdadera identidad no pueda asegurarse con rotundidad.

No obstante, es seguro que se trata de una reina, pues su cuerpo se encontraba con la pose típica con la que eran enterradas las esposas reales durante la XVIII Dinastía, con el brazo izquierdo cruzado sobre el pecho y el derecho extendido junto al cuerpo.

Fue durante los años setenta del siglo pasado cuando se sugirió que esta dama pudiera ser, en realidad, la reina Tiyi, iniciándose entonces una interesante investigación.

Ocurrió que, además de los pequeños ataúdes con los fetos encontrados en la tumba de Tutankhamón, Carter también halló una cajita en cuyo interior había un mechón de pelo. Dicho mechón fue motivo de polémica, pues algunos investigadores aseguraron que pertenecía a Ankhesenamón, esposa de Tutankhamón, y otros que incluso era de Nefertiti.

En 1975, el doctor James Harris hizo un estudio de la «anciana señora» cuyo resultado comparó luego con los datos de la momia de Tuya, la que fue madre de Tiyi, y encontró un significativo parecido entre ambas. Después comparó también una muestra del cabello de la «anciana señora» con el mechón hallado en la tumba de Tutankhamón, dando como resultado que ambos pertenecían a la misma persona.

Hay investigadores que aseguran que la «anciana señora» no era tal, y que como mucho tendría treinta años cuando murió, siendo imposible por tanto que fuera la reina Tiyi. Este punto es rebatido por los que opinan lo contrario, y que defienden que dicha edad no puede ser conocida con seguridad. En cualquier caso, el hecho es que el joven Tutankhamón no estuvo solo en su tumba, pues se hizo acompañar de sus hijas y, probablemente, por un mechón del cabello de su abuela.

EL ENIGMA DE LA MALDICIÓN

La maldición de Tutankhamón ha sido motivo de fascinación para el gran público desde el mismo momento en que se abrió su tumba.

Han pasado más de ochenta años desde que Carter la descubriera y, sin embargo, el tema continúa siendo causa de encendidos debates y teorías, algunas de ellas cuando menos sorprendentes. Indudablemente, la cuestión de la maldición de los faraones es tan antigua como el propio Egipto, pues en todas las tumbas existen amenazas, más o menos veladas, para aquellos que las profanen.

La tumba de Tutankhamón no iba a ser una excepción, aunque, como todos sabemos, en esta ocasión el asunto adquiriera una resonancia inusitada.

En realidad, todo comenzó con la famosa exclusiva firmada por lord Carnarvon con *The Times*. Este hecho, que como hemos visto resultó desastroso para el buen curso de las excavaciones, consiguió que los alrededores de la tumba se llenaran de periodistas de otros diarios dispuestos a buscar cualquier noticia que hiciera referencia al descubrimiento. Para ello hostigaban no solo al equipo de arqueólogos, sino también a todo aquel que entrara o saliera de la tumba, a fin de obtener alguna información. Fue entonces cuando comenzaron a correr los primeros rumores sobre la maldición del faraón, que, obviamente, enseguida interesaron a la prensa.

El mismo día de la apertura de la tumba se aseguró que el canario que poseía Carter había sido devorado por una cobra; y como este reptil forma parte del *ureus* que adorna la cabeza de los faraones como símbolo de vigilancia y protección, se comenzó a decir que Tutankhamón empezaba a hacer efectiva su maldición.

Entonces surgieron comentarios que no hicieron sino dar más interés al tema. Por ejemplo, el antiguo inspector del Servicio de Antigüedades, Arthur Weigall, que trabajaba en el Valle de los Reyes como corresponsal de *Daily Mail*, tuvo la ocurrencia de decir al ver entrar a Carnarvon en la tumba, que le daba seis meses de vida; y la novelista Marie Corelli escribió la amenazadora frase que decía: «Sobre los profanadores de una tumba intacta, caerá el más terrible castigo.»

Estas advertencias, lógicamente, no hubieran sido más que palabras si dos semanas más tarde no hubiera fallecido el pobre lord Carnarvon. Pero su muerte no vino sino a dar credibilidad a este tipo de rumores, y pronto la maldición de Tutankhamón se convirtió en una noticia de primer orden.

No hay duda de que la muerte de lord Carnarvon se vio envuelta en extrañas circunstancias, aunque no debemos olvidar que el aristócrata inglés era un hombre de salud extremadamente delicada, y que se había visto obligado a pasar los inviernos en Egipto a causa de ello.

En cualquier caso, nadie podía imaginarse que al lord le quedaba poco tiempo de vida después de la apertura oficial de la tumba el 23 de febrero de 1923. Tras este acto, Carnarvon decidió viajar a Asuán para descansar después de las emociones vividas con el descubrimiento de la tumba. En dicho viaje, al lord le picó un mosquito en la cara que le produjo una pequeña herida. Él no pareció darle la menor importancia, pero una mañana, al afeitarse, se arrancó la pequeña costra de la cara y, aunque se desinfectó con yodo, a los pocos días cayó enfermo con fiebre. Su hija, lady Evelyn, al ver que el enfermo no mejoraba, decidió trasladarlo a El Cairo para alojarse en el hotel Continental Savoy. Sin embargo, su padre empeoró, y a una posible septicemia le siguió una neumonía.

Ante la gravedad de su estado fueron avisados su esposa y su hijo lord Porchester, que estaba en la India, y por supuesto, Howard Carter, que acudió de inmediato. Pero el 4 de abril el conde empezó a delirar y tras horas de agonía falleció. Era la 1.45 de la mañana del 5 de abril de 1923.

Justo en ese instante se dice que todas las luces de El Cairo se apagaron sin causa aparente y en Highclere, la casa de Carnarvon en Inglaterra, su perra *Susie*, un terrier al que le faltaba una pata, dio un lastimero aullido y se murió.

Aquellos hechos no hicieron sino dar pábulo a los augurios de Corelli y, cómo no, a los de Weigall, a la vez que abrían la puerta a la prensa sensacionalista para hacerse eco de las más extravagantes historias. No había día que no se hablara de la maldición del faraón y de las extrañas muertes ocurridas por este motivo. Hasta el famoso escritor Conan-Doyle hizo sus propios comentarios, al sugerir que extraños entes mandados por Tutankhamón habían sido los causantes de la muerte del conde.

Sin ir más lejos, cuando en septiembre de ese mismo año falleció el hermano de lord Carnarvon, Aubrey, la prensa enseguida aludió a una posible venganza por parte del faraón, y lo mismo ocurrió al enterarse de la muerte del egiptólogo francés Bénédite debido a una caída sufrida tras visitar la famosa tumba.

En realidad, podríamos llenar páginas enteras con casos de personas que fallecieron a causa de la maldición del faraón, siendo alguno de estos motivos un tanto rocambolescos. Howard Carter siempre criticó esta creencia, y negó que en la tumba pudieran existir sutiles venenos capaces de quitar la vida a nadie.

Ante la avalancha de desgracias ocurridas por culpa de la maldición, el egiptólogo americano Herbert Winlock elaboró en 1934 un estudio serio sobre este particular, cuyos resultados fueron clarificadores.

Por ejemplo, hasta aquella fecha, solo seis de las veintiséis personas que asistieron a la apertura oficial de la tumba habían fallecido, aunque todas lo habían hecho en la década de los treinta; y de las veintidós que presenciaron la apertura del sarcófago, únicamente dos habían perdido la vida.

La estadística de Winlock hacía también referencia a otros muchos momentos señalados en los que ninguno de los presentes sufrió daño alguno.

Hoy disponemos de datos que resultan definitivos y que echan por tierra cualquier creencia en la famosa maldición y la farsa que la rodeó.

Así, Carter, que fue el primero en profanar la tumba, no murió hasta 1939, es decir, diecisiete años después de su descubrimiento y cuando contaba con sesenta y cuatro, y lady Evelyn, que entró detrás de él y de su padre lord Carnarvon, falleció en 1980.

Estos dos casos ya son de por sí significativos, pero si repasamos el equipo que trabajó junto a Carter, y que por tanto pasó en la tumba nada menos que diez años, veremos que, salvo Arthur Mace, que era el encargado de conservación y que murió de tuberculosis, el resto falleció como mínimo trece años después de su primera entrada en la tumba. Alguno de ellos llegó a ser verdaderamente longevo, como el famoso filólogo sir Allan Gardiner, que fue el encargado de copiar todas las inscripciones de la tumba, y que murió en 1963 a la edad de ochenta y cuatro años, o el profesor Newberry, que lo hizo en 1949 a los ochenta. No obstante, el récord lo ostenta aquel que estuvo más cerca de la momia del faraón, y que no fue otro que el doctor Douglas Derry. Como recordamos, él fue quien le hizo la autopsia y el que más daños ocasionó a los restos de Tutankhamón, aunque este no pareció tenérselo demasiado en cuenta, ya que Derry murió en 1969 a la edad de ochenta y siete años. No hay duda de que la maldición no pudo con él.

Enigmas históricos

¿QUÉ FUERON LOS PERIODOS INTERMEDIOS?

Con este nombre se conocen los periodos de transición que existieron en Egipto durante determinadas épocas. En concreto, se han establecido tres de estos periodos. El primero ocupa el tiempo transcurrido entre el final del Imperio Antiguo y el comienzo del Imperio Medio. El segundo se produce desde finales del Imperio Medio hasta principios del Imperio Nuevo, y el tercero va desde la finalización del Imperio Nuevo hasta la Baja Época. Todos ellos se caracterizaron por tener algo en común, abarcaron épocas de gran inestabilidad política.

El Primer Periodo Intermedio comenzó, aproximadamente, en el 2150 a. C., a la muerte de Pepi II, último faraón de la VI Dinastía, que había gobernado durante más de noventa años. Su reinado supuso ya un desmoronamiento del poder real en favor de la nobleza, que, tras su fallecimiento, sumió a Egipto en un verdadero caos. El país se llenó de reyezuelos que guerrearon entre sí, y que intentaban mantener su poder pugnando por aumentarlo si fuera posible.

Asistimos, sin duda, a una verdadera revolución social, que algunos autores definen como «democratización», y en la que todo el inmenso poder de los reyes del Imperio Antiguo pasa a ser repartido entre los *nomarcas* y jefes locales.

El hablar de dinastías en este periodo es sumamente arriesgado, y la descripción que Manetón hace de la VII Dinastía es un claro ejemplo de ello, puesto que asegura que se sucedieron «setenta reyes en setenta días».

Obviamente, esto resulta un tanto exagerado, aunque puede darnos una idea aproximada de cuál era la situación.

Lo que sí se sabe es que el país quedó fraccionado, y que varias fuerzas lucharon por obtener una hegemonía. La zona del delta, por ejemplo, parece que fue tomada por tribus beduinas y asiáticos, aunque es en la ciudad de Heracleópolis, situada cerca de El Fayum, donde el *nomarca* local se sintió lo suficientemente fuerte como para proclamarse rey del Alto y Bajo Egipto. Este fue el comienzo de la dinastía heracleopolitana que acabó expulsando a los extranjeros del delta pero que, sin embargo, terminó por ser derrotada por la nobleza tebana. Fue el rey Mentuhotep II quien impuso su supremacía uniendo de nuevo el país para inaugurar la XI Dinastía y, con ella, lo que se llamaría el Imperio Medio.

Los cien años que duró el Primer Periodo Intermedio son sinónimo de oscuridad y caos. De él ha llegado hasta nuestras manos un texto apócrifo conocido con el nombre de las *Admoniciones de Ipuwer* en el que se relatan los desastres acaecidos en Egipto durante aquella época en la que el país caminaba sin rumbo. En ellas se observa una clara añoranza de los tiempos pasados, cuando la ley y el orden reinaban en el País de las Dos Tierras.

Al parecer, durante aquellos años Egipto fue presa de una hambruna desconocida, pues las crecidas del Nilo no fueron abundantes, por lo que es fácil de imaginar la inestabilidad social que ello debió de provocar.

Con el final de la XII Dinastía, unos 1750 años a. C., se da por terminado el Imperio Medio, comenzando el Segundo Periodo Intermedio. Este comienzo no se produce de una forma brusca, sino paulatina, y durante la siguiente dinastía, la XIII, el poder político de nuevo se va diluyendo hasta que en el transcurso de la XV y XVI Dinastías los príncipes de Avaris, conocidos como *hicksos*, se hacen con el control de la mayor parte de Egipto.

Se inicia entonces una especie de guerra de «liberación» por parte de los príncipes de Tebas, que les llevará finalmente a la victoria haciéndose con el poder. Amosis expulsa a los *hicksos* de Egipto y es proclamado faraón, con lo que se instauran la XVIII Dinastía y el Imperio Nuevo.

En cuanto al tercero de estos periodos, vino, como los anteriores, precedido de un declive político y económico. Durante el reinado del último ramésida, Ramsés XI, aproximadamente 1100 años a. C., el Estado ya se hallaba prácticamente fragmentado, puesto que Herihor, sumo sacerdote de Amón, gobernaba en Tebas, y Ramsés XI, que vivía en el norte, en Pi-Ramsés, había cedido su poder en el Bajo Egipto a Smendes. A la muerte de Ramsés XI, Smendes se proclamó faraón sin ningún problema, y compartió de esta forma el gobierno de Egipto con los grandes sacerdotes tebanos que controlaban el sur del país, manteniendo así una especie de cohabitación política.

Muy hábilmente, a partir de ese instante, el clero de Amón va a sostener al faraón siempre y cuando se someta a la voluntad de su dios.

Sin embargo, durante los siguientes trescientos años, Egipto llegará a ser gobernado por dinastías tan dispares como puedan ser las libias o nubias, y sufrirá el poder creciente del Imperio Asirio.

Es con el advenimiento del faraón Psamético I, durante la XXVI Dinastía, cuando se da por terminado este Tercer Periodo Intermedio, que tan profundos cambios produjo en la sociedad egipcia. Corría el año 664 a. C.

EL ENIGMA DE LOS *HICKSOS*

De nuevo abordamos un misterio más entre los muchos que nos ofrece la civilización del Antiguo Egipto. ¿Quiénes eran los *hicksos*? ¿De dónde procedían?

Aún hoy en día estas cuestiones continúan sin respuesta, no siendo posible más que hipótesis al respecto.

Las fuentes clásicas egipcias son escasas sobre este particular, y solo Manetón nos habla de este pueblo algo menos sucintamente.

Hasta hace no mucho tiempo, los *hicksos* fueron conocidos con el sobrenombre de «los reyes pastores», lo cual es un término incorrecto derivado de una mala traducción. Los antiguos egipcios los llamaron *hekau-kha-sut*, que significa «los reyes de los países extranjeros», siendo la palabra *hickso* una deformación griega de la anterior forma egipcia.

Respecto a la procedencia de este pueblo, la denominación que les dieron los antiguos egipcios no arroja demasiada luz al asunto, pues así era como estos solían llamar siempre a los asiáticos. Quizá fueran de origen indoeuropeo o más probablemente semitas que vinieron de Siria o Canaán. En cualquier caso, debieron de instalarse de forma gradual en el norte de Egipto a mediados de la XII Dinastía para extenderse progresivamente por el resto del delta. Aprovechando otra vez la inestabilidad política que imperaba en el país, estos grupos extranjeros se asentaron hasta llegar a ser mayoritarios en determinadas áreas, alcanzando el poder en ellas sin demasiada dificultad.

La información que ha llegado hasta nosotros procedente de fuentes egipcias es claramente negativa. Por ejemplo, existe un papiro perteneciente a la época de los ramésidas conocido como Sallier I en el que se denuncia la crueldad de los *hicksos* y cómo impusieron su hegemonía de manera sangrienta.

Actualmente se ponen en tela de juicio tales informaciones, que son tenidas como un tanto propagandísticas; algo usual y a lo que fueron muy aficionados los antiguos egipcios en no pocas ocasiones a lo largo de su historia.

Según Manetón, el fundador de la XV Dinastía —que es la primera en la que se considera que reinaron los *hicksos*— fue el rey Salitis, que subió al trono después de eliminar a cuantos se le opusieron, sin contemplaciones. Según ese antiguo sacerdote, los invasores extranjeros extendieron su poder por el país gobernando durante poco más de cien años con dos dinastías, la XV y la XVI.

Sin embargo, las evidencias arqueológicas sugieren que la influencia real de los *hicksos* en Egipto debió de circunscribirse al área del delta del Nilo y al reino Kushita del sur, con el que parece que tuvieron algún tipo de alianza.

Esto encajaría perfectamente con la situación política de aquel tiempo, pues así amenazarían el poder de los príncipes tebanos con los que los *hicksos* se encontraban en guerra.

A pesar de todo este tipo de informaciones, se sabe positivamente que los *hicksos* se amoldaron a las costumbres del Valle del Nilo, basando su gobierno en el modelo político egipcio. Utilizaron las titulaturas reales propias de los faraones y rindieron culto a algunos dioses egipcios, sobre todo a Set, aunque sin olvidar a otros procedentes del Próximo Oriente.

En cuanto a las relaciones comerciales con otros pueblos, los *hicksos* mantuvieron contactos con el Egeo y Próximo Oriente, habiéndose hallado pruebas de ello en lugares tan distantes como el palacio de Cnosos, en la isla de Creta.

De lo que no cabe ninguna duda es de la introducción en Egipto, por parte de los *hicksos*, de nuevos tipos de armamento, como espadas, yelmos, el carro de combate, etc., así como la del uso del caballo.

El final de la estancia de este pueblo en Egipto llegó tras una larga guerra contra los príncipes tebanos. Estos habían establecido su propia dinastía, la XVII, y lucharon contra los invasores *hicksos* hasta lograr expulsarlos definitivamente.

Fue el príncipe Amosis quien conquistó su capital, Avaris, y fundó seguidamente la XVIII Dinastía.

¿QUIÉNES FUERON LOS PUEBLOS DEL MAR?

Como ocurre con los *hicksos*, la naturaleza de los Pueblos del Mar sigue estando poco clara. Salvo los filisteos, a los que se les denominaba como *peleset*, del resto solo podemos aventurarnos a hacer conjeturas. Es difícil asegurar de dónde procedían los *thekel*, los *shekelesh*, los *denien* o los *weshesh*, mas en cualquier caso todos ellos formaron un contingente formidable que cambió por completo el mapa del mundo conocido hasta entonces.

Esta confederación de pueblos intentó asentarse no solamente en Egipto, sino en todo el Próximo Oriente, en un periodo histórico que coincide con una convulsión social que asoló Grecia y el Egeo.

Es posible que aquella verdadera horda huyera de la miseria y la hambruna y se viera obligada a buscar una tierra mejor en la que vivir. Sin embargo, su viaje migratorio a través de gran parte del mundo conocido en aquella época significó el final para otros muchos pueblos que fueron literalmente arrasados al paso de semejante oleada.

De aquel fenómeno migratorio ocurrido entre los siglos XIII y XII antes de nuestra era, han quedado datos registrados en el papiro Harris y, principalmente, en el templo de Millones de Años que el faraón Ramsés III se hizo construir en Medinet Habu. En los muros de este templo funerario existe una relación completa de todas las ciudades destruidas por los llamados Pueblos del Mar. Al parecer, estos cruzaron el mar Mediterráneo devastando Asia Menor desde Anatolia hasta Siria, incluyendo las islas del Egeo y Chipre, donde la incidencia fue considerable.

Al paso de estas huestes, pueblos como los hititas, verdadera potencia militar y tradicional enemigo de Egipto, desaparecieron para siempre sin dejar apenas rastro. Lo cual puede darnos una idea de la magnitud del fenómeno del que estamos hablando.

Sin lugar a duda, ello debió de dar que pensar al faraón, que sabía muy bien que el destino final de toda aquella amalgama de pueblos no era otro que su sagrada tierra. Egipto era en aquella época sinónimo de abundancia y buenas cosechas, lo cual representaba un motivo más que sobrado que animaba a aquellas gentes errantes a establecerse en una tierra, para ellos, de promisión.

Fue por eso que el rey de Egipto decidió salir a su encuentro en las tierras de Canaán. Cuentan que cuando el faraón los vio por primera vez se quedó perplejo, pues ante su vista se presentaba una inmensa muchedumbre que avanzaba con todos sus enseres personales sobre carros tirados por bueyes, camino de Egipto. El faraón comprendió al instante lo que sería del Valle del Nilo si todo aquel gentío lograba llegar hasta él; simplemente, su ancestral cultura desaparecería, como les había ocurrido al resto de las naciones del mundo conocido.

Ramsés III se enfrentó a ellos en campo abierto y los derrotó por completo, a la vez que conseguía un botín como nunca antes se había conocido. Familias enteras con todas sus pertenencias pasaron a formar parte del tesoro del Estado y, sobre todo, de los templos, en particular del de Amón, que aquel día hizo que sus riquezas aumentaran inmensamente.

Sin embargo, la amenaza no había desaparecido para el País de las Dos Tierras. Una enorme flota de barcos pertenecientes a estos pueblos se dirigía por mar hacia la desembocadura del Nilo con el propósito de invadir Egipto. El faraón, que estaba perfectamente informado de lo que se aproximaba, acudió presto a combatirlos y se enfrentó a ellos en una memorable batalla cuyas imágenes aún pueden verse hoy en día grabadas sobre los muros del templo de Medinet Habu. La crudeza de los bajorrelieves es espeluznante, y en ellos Ramsés contó a la posteridad cómo derrotó a los Pueblos del Mar en una encarnizada batalla en las bocas del Nilo. La victoria del faraón fue completa, destruyendo a sus enemigos sin piedad hasta el punto de que aquella confederación de pueblos desapareció para siempre.

Así acabó la aventura de los Pueblos del Mar.

Podríamos asegurar que los antiguos egipcios sentían poca afición por el mar. El Gran Verde, que era como denominaban el mar Mediterráneo, era para ellos sinónimo de caos y terribles peligros, pues no en vano en él señoreaba el iracundo dios Set, cuya violencia era capaz de desatar las más terribles tormentas.

En general, sabemos que los antiguos egipcios eran muy poco aficionados a abandonar su país. Se sentían muy apegados a su tierra y nunca poseyeron el interés mercantil que por ejemplo animó a los fenicios a explorar tierras desconocidas.

Las aguas que normalmente acostumbraban surcar eran las de su divino río, siempre con la orilla a la vista, pues solo allí se sentían relativamente seguros.

Pero independientemente de todo lo anterior, Egipto nunca dio la espalda al mundo que lo rodeaba y sus contactos con él son tan antiguos como su propia civilización. Desde el Imperio Antiguo fueron normales los viajes a puntos de Siria y Palestina. Se trata de un tipo de navegación costera gracias a la cual Egipto mantendrá relaciones con estas naciones durante toda su historia. Se han encontrado muchísimos objetos del Antiguo Egipto en lugares tan distantes como Creta, Chipre o Micenas, que dan fe del fluido intercambio comercial que el país de los faraones mantuvo con estos pueblos. Están plenamente confirmados los contactos con Byblos desde las primeras dinastías, y existe una inscripción en la Piedra de Palermo que atestigua como Snefru, primer faraón de la IV Dinastía y padre de

Keops, recibió nada menos que cuarenta barcos cargados de madera de cedro del Líbano, tan apreciada por los egipcios.

Asimismo, son conocidos los viajes por el mar Rojo hacia el legendario país de Punt, de donde se traían valiosos productos tales como ébano, marfil, incienso o mirra, aunque también sea cierto que todos estos contactos no se establecieron con regularidad, por lo que no se puede hablar de rutas consolidadas.

Pero a partir del siglo XII a. C., el Mediterráneo comienza a sufrir una transformación. En Creta surgen los primeros capitanes capaces de navegar guiándose por las estrellas, y en el litoral sirio los fenicios comienzan a recorrer aquel mar Mediterráneo hasta sus más alejados confines, mostrándose como unos magníficos navegantes.

Sus barcos comercian con asiduidad con Egipto, país con el que casi siempre mantendrán excelentes relaciones, proveyéndole de todo cuanto necesita. Naves cargadas con la estimada madera, o el indispensable cobre proveniente de Chipre, arriban al puerto de Menfis, desde donde posteriormente regresan a Tiro, Sidón o Byblos cargadas con las valiosas mercancías egipcias con las que harán nuevos negocios.

El mundo cambiaba, y con el transcurso de los siglos se hizo evidente la importancia que tenía dominar aquel mar al que se asomaban tantos pueblos.

Eso fue lo que pensó el faraón Necao II al ser derrotado por el babilonio Nabucodonosor en la batalla de Karkemish en el año 605 a. C. Egipto era vulnerable, así que concibió la idea de crear una flota capaz de defender su territorio de cualquier invasión. Para ello negoció con los corintios la construcción de una gran flota de trirremes de la que distribuyó una parte en el mar Mediterráneo y otra en el Rojo. Además ordenó hacer trabajos de rehabilitación en el antiquísimo canal que unía el mar Rojo con uno de los brazos del Nilo, el tanítico, por encima de la ciudad de Bubastis, con el fin de unir ambas aguas.

Heródoto asegura que el proyecto de Necao costó la vida a ciento veinte mil hombres, y que al parecer no lo pudo terminar, siendo el rey persa Darío quien lo finalizó.

Como en tantas ocasiones, las palabras de Heródoto deben ser tomadas con prudencia. No se sabe si Necao terminó las obras del canal, aunque los posteriores trabajos hechos por Darío sí son ciertos, ya que existe una estela que así lo atestigua.

Sobre este faraón, Heródoto, siempre infatigable, nos ha dejado una historia en verdad misteriosa y muy sugestiva. Esta no es otra que la circunnavegación del continente africano por parte de una flota de tripulantes fenicios a las órdenes de Necao II.

Cuenta el viejo historiador que la flota del faraón navegó por el mar Rojo hacia el sur bordeando la costa africana en un periplo que duró casi tres años, y en el que completaron la vuelta entera al continente, adelantándose así en casi dos mil años al portugués Vasco de Gama, que fue el primer navegante del que tengamos noticia que la realizara.

¿Es posible la historia que nos cuenta Heródoto? ¿Circunnavegó África la pequeña flota del faraón Necao II?

No hay ninguna prueba de que aquel viaje se produjera, aunque no cabe duda de que pudo realizarse. Los navegantes fenicios eran ya conocedores de la existencia del océano Atlántico, pues en la época de la que nos habla Heródoto ya habían fundado la ciudad de Gades, dos siglos antes, habiendo cruzado el estrecho de Gibraltar en múltiples ocasiones. Por consiguiente, es posible que se hubieran aventurado en un proyecto como aquel.

Obviamente, siempre existirán detractores y defensores de esta historia. Entre los últimos los hay que sostienen que muchas de las similitudes que las culturas precolombinas tienen con el Antiguo Egipto provienen de aquel viaje, al separarse quizás alguna de las naves del resto de la flota y navegar hacia el oeste rumbo al continente americano, donde se establecieron.

Sin duda que la expedición de Necao II constituye un verdadero enigma; al menos por el momento.

¿EXISTIÓ EL ÉXODO ISRAELITA?

El éxodo de los israelitas es otro de los hechos históricos que aún no han podido ser científicamente demostrados.

No existe ninguna fuente del Antiguo Egipto que nos hable del éxodo, y todo lo que sabemos sobre él es producto de lo que nos cuentan las Sagradas Escrituras.

En este tema, como en tantos otros de los que ocupan estas páginas, hay opiniones para todos los gustos. Están los que creen a pies juntillas cuanto la Biblia nos dice, y los que aseguran que tal éxodo nunca se produjo.

Sin embargo, la presencia hebrea en Egipto está plenamente demostrada. En tiempos del faraón Tutmosis III son mencionados como los *apiru*, y durante el reinado de Ramsés II se sabe que trabajaron en las canteras y acarrearon piedras.

Es en la época de este último faraón cuando, durante muchos años, se pensó que podría haberse producido la salida de Egipto por parte de los israelitas. Ramsés II los había empleado para la fabricación de ladrillos, sin embargo, no existe constancia alguna de que se produjera ninguna rebelión, ni mucho menos de que abandonaran el país.

Si nos atenemos a lo que nos dice la Biblia, el Éxodo (1:11) cuenta que el faraón ordenó a los hebreos trabajar en las ciudades de Pithom y Ramsés a fin de que las fortificaran.

Desgraciadamente, la primera de las ciudades no ha podido ser identificada, pero sí la segunda, que se cree fuera Pi-Ramsés. Esta ciudad comenzó a edificarse en tiempos de Seti I, unos 1280 a.C., y fue finalizada por su hijo Ramsés II, por lo que la época en la que la Biblia asegura que fueron enviados a trabajar los israelitas a dichas ciudades coincidiría con la del reinado de este faraón. Por ello, si hacemos un cálculo del tiempo transcurrido desde que Moisés huye al país de Madian hasta que los hebreos salen de Egipto, llegaremos a la conclusión de que esta tuvo que producirse bajo el reinado del sucesor de Ramsés II, el faraón Merneptah.

De hecho, Merneptah mandó erigir una estela, que hoy se encuentra en el Museo de El Cairo, en la que se menciona al pueblo de Israel a propósito de las victorias de este faraón contra los libios y diversos pueblos de Canaán.

Esta inscripción crea un conflicto entre las fechas, pues hubiera sido imposible que el pueblo de Israel hubiera iniciado el éxodo en tiempos de Merneptah y que luego este les hubiera combatido en Palestina, ya que Merneptah no gobernó más de diez años.

Sin duda, el tema de las fechas es uno de los principales motivos de controversia. El Antiguo Testamento sitúa el comienzo del éxodo cuatrocientos ochenta años antes de la construcción del templo de Jerusalén (Reyes, Libro 3, 6:1), lo cual no coincidiría con los reinados de los faraones anteriores, situándonos a mediados del siglo XIV a. C., aproximadamente, y ello podría llevarnos a los años en los que en Egipto reinó Akhenatón, el faraón hereje.

Esto no haría sino aumentar aún más la polémica, pues entraríamos a debatir una de las teorías que con más entusiasmo ha sido defendida por algunos investigadores: la relación entre Akhenatón y Moisés.

No hay en el Antiguo Testamento ninguna referencia a que exista un vínculo entre estos personajes, aunque sí es cierto que se habla del nacimiento de Moisés en Egipto, y de cómo el niño es criado por la hija de un faraón del que se desconoce su nombre.

Además, existen en este relato similitudes con otras leyendas que han llevado a numerosos investigadores a discutir, incluso, sobre la figura histórica del libertador hebreo.

¿Ocurrió entonces el éxodo israelita? ¿Fue Moisés quien les sacó de Egipto?

La tradición y la realidad histórica vuelven a enfrentarse sin que de ello surja una luz que aclare definitivamente ambas cuestiones. Tanto el éxodo como la figura de Moisés continúan sutilmente envueltos por un halo de misterio.

EL ENIGMA DE SMENKHARE

He aquí a uno de los personajes más enigmáticos de la historia del Antiguo Egipto. Su nombre está envuelto entre tan espesas sombras que su rastro se difumina al poco de ser seguido.

Hasta tal punto esto es así, que no faltan voces que opinen que en realidad esta figura nunca existió. ¿Puede ser esto cierto?

No hay duda de que una cierta ambigüedad rodea a la persona de Smenkhare, aunque también existen datos conocidos de él.

Históricamente, Smenkhare fue el sucesor de Akhenatón, el famoso faraón hereje. Se sabe que fue coronado como corregente, como era norma usual, en el año 15 del reinado de Akhenatón, gobernando de este modo en compañía del faraón durante dos años, hasta que este murió tras diecisiete de reinado. En ese instante, Smenkhare subió al trono coronándose con el nombre de Ankheprure, y él mismo se encargó de dar sepultura a Akhenatón en el Valle Real de Amarna, en una tumba que todavía no se encontraba terminada y que fue necesario adecuar lo mejor posible.

Sin embargo, no había transcurrido un año cuando

Smenkhare falleció, pasando el poder a Tutankhamón, que, probablemente, estuviera emparentado con él.

Ello coincidiría con un grafito hallado en la pared de la tumba de Pairi en Tebas, que dice que este faraón reinó tres años.

Según parece, nada más morir Akhenatón, el nuevo faraón se trasladó a Menfis instalando su corte en el Gran Palacio, el mismo que un día fuera construido por Tutmosis I. A partir de ese momento nada más se sabe de él. Parece ser que preparaba el regreso a la ortodoxia religiosa, siendo su sucesor, Tutankhamón, el que volviera finalmente a la antigua capital de Tebas.

Al ser nombrado corregente, Smenkhare se casó con Meritatón, hija de Akhenatón, con quien este a su vez había tenido una hija, pero ambas fallecieron, por lo que volvió a desposarse siendo ya rey con Ankhesenpaatón, una hermana de su anterior mujer.

Hasta aquí la historia no parece ser muy diferente a la de otros faraones que reinaron en Egipto. No obstante las dudas comienzan a aparecer al preguntarnos por la identidad de Smenkhare.

Su parentesco con Akhenatón no se conoce con certeza, pues hay quien apunta que era hijo de este, hermano, e incluso que no existía relación alguna de consanguinidad entre ellos.

Esta última teoría, muy aceptada en los últimos tiempos, se basa en el hecho de que fuera Nefertiti y no Smenkhare quien asumiera la corregencia. El que Smenkhare fuese coronado como corregente con el nombre de Nefernefruatón agregando el apelativo de «Amado de Akhenatón» invita a sopesar esta posibilidad, ya que Nefertiti se llamaba en realidad Nefertiti-Nefernefruatón, que era un epíteto que se había añadido y que significa «hermosa es la belleza de Atón», disfrutando también del título «Amada de Akhenatón», el mismo de Smenkhare. Todo ello, unido a que desde el año decimocuarto del reinado de Akhenatón no vuelva a tenerse noticia alguna sobre su hermosa reina, ha empujado a diversos investigadores a defender esta tesis, sin duda sugerente, según la cual Smenkhare y Nefertiti serían la misma persona.

Sin embargo, hay otra cuestión que viene a sembrar de dudas todo este debate. Esta no es otra que el misterio de la tumba número 55 del Valle de los Reyes.

Esta tumba, una de las descubiertas por Davis, fue en un principio considerada como la tumba de la reina Tiyi. El abogado norteamericano estaba tan entusiasmado por su hallazgo que incluso publicó un relato en 1907 en el que aseguraba tal posibilidad.

Sin embargo, estaba equivocado. En el sarcófago de esta tumba descansaba el cadáver de un hombre. Como el ataúd tenía inscrito el nombre de Akhenatón y el cuerpo estaba rodeado por cintas también con su nombre, parecía claro que la tumba correspondía a este faraón. No obstante, al hacer posteriormente la autopsia a la momia, se descubrió que el difunto no podía tener más de veinticinco años cuando murió, por lo que era imposible que fuera Akhenatón. Entonces, ¿a quién pertenecía aquel cadáver?

La cuestión se complicó todavía más al descubrirse en la tumba restos de un sarcófago que había pertenecido a la reina Tiyi y unos vasos canopes de alabastro cuyas cabezas femeninas parece que podían representar a otras reinas, una de las cuales, llamada Kiya, había sido una de las favoritas de Akhenatón.

Durante todos estos años, casi cien, desde que se descubriera su sepulcro, la polémica sobre la identidad de esta tumba ha sido constante, empezando por el propio sarcófago, que, aunque llevara inscritos los cartuchos reales de Akhenatón, fue concebido para alojar en su interior a una mujer, como propone el eminente egiptólogo Cyril Aldred. El cartucho es una figura ovalada formada por una cuerda en cuyo interior se escribían los nombres de los reyes del Antiguo Egipto. Eran, fundamentalmente, un símbolo de protección solar. Su nombre (*cartouche*) le fue dado por los soldados de Napoleón, ya que los antiguos egipcios lo llamaban *shenu*, palabra que procede del verbo *sheni*, que significa «rodear».

Para complicar aún más las cosas, en el año 1963 el doctor Harrison, de la Universidad de Liverpool, hizo un estudio a la momia que le llevó a demostrar que aquel cuerpo había pertenecido a un hombre normal que había fallecido en torno a los veinte años. Asimismo, los análisis serológicos realizados más recientemente a dicha momia indican que Tutankhamón y él estaban emparentados directamente.

Lógicamente, los defensores de la figura de Smenkhare aseguran que el cuerpo encontrado en la tumba 55 no es otro que el suyo, y que por tanto sucedió en el trono al faraón hereje.

Lo que sí parece seguro es que los cuerpos pertenecientes a Akhenatón y su familia fueron trasladados desde Amarna hasta el Valle de los Reyes y enterrados en esta tumba. Al parecer pudieron ser tres los cuerpos sepultados en ella, aunque en el caso de Tiyi sus restos fueran trasladados posteriormente al sepulcro de Amenhotep II, como ya sabemos.

En cualquier caso el sarcófago fue gravemente dañado en la antigüedad, arrancándose de él la mayoría de los cartuchos que contenían el nombre de Akhenatón, al tiempo que se destrozaba lo que debió ser una hermosa máscara de oro. No existe en toda la tumba ningún objeto que contenga el nombre de Smenkhare, o cualquier indicio que nos conduzca a él.

¿Existió entonces Smenkhare? El enigma continúa pero quién sabe, es posible que su cuerpo sea el hallado en la tumba 55, o quizá se encuentre en el interior de alguna tumba aún perdida a la espera de poder aclarar definitivamente este misterio.

¿CÓMO ACABÓ LA CIVILIZACIÓN EGIPCIA?

Los tres mil años de historia de la civilización egipcia no acabaron, obviamente, de forma abrupta. El esplendor de aquella cultura se fue diluyendo lentamente entre las nuevas potencias emergentes, siendo definitivamente absorbido por los pueblos surgidos del imparable renacimiento del Mediterráneo que, a la postre, bebieron de sus fuentes.

Ese paulatino ocaso del poder de los faraones comenzó con el final del Imperio Nuevo. Los últimos monarcas de la XX Dinastía fueron los primeros testigos de un declive que ya asomaba amenazador en un Estado que se encontraba en bancarrota. Comenzaba el Tercer Periodo Intermedio y con él Egipto iniciaba un camino sin retorno al que, sin embargo, se aferró durante casi mil años, pues tal era la grandeza de su propia civilización.

Desde Tanis, los reyes gobernaron como pudieron el Valle del Nilo en connivencia con los sumos sacerdotes instalados en Tebas.

Luego, libios y nubios se sentaron en el trono de los faraones y reinaron en Egipto durante trescientos años, en los que se alternaron otra vez las viejas tendencias separatistas con periodos de cierta estabilidad, y también de anarquía.

Con la XXVI Dinastía los reyes saítas tomaron el poder, en un intento por recuperar los antiguos valores de la sociedad egipcia. Durante esta época hubo un renacimiento de las viejas tradiciones, pero Egipto ya no dependía de sí mismo. Una gran amenaza avanzaba imparable desde el este hacia la tierra de los faraones, y en el año 525 a. C., Cambises II, rey de los persas, derrota a Psamético III, conquistando Egipto.

Los persas mantendrán su poder gobernando Egipto como una satrapía durante algo más de un siglo. Pero las revueltas constantes de los príncipes del delta acabaron por aprovecharse de las habituales intrigas a las que tan aficionados eran los persas, no dejando de socavar su poder. Así, a la muerte del rey persa Darío II, un príncipe de Sais llamado Amirteo se proclamó faraón, liberando a su país de los conquistadores.

Este fue el postrer intento por mantener Egipto en

manos de su población indígena; un espejismo que apenas duró sesenta años y que terminó con el gobierno de Nectanebo II. A él corresponde el penoso honor de ser el último faraón autóctono de la historia del Antiguo Egipto.

Durante diecisiete años, Nectanebo se esforzó porque su país se reflejara de nuevo en el Egipto milenario cuya esencia debía recuperar. Pero el buen rey tuvo mala fortuna, pues en Persia se alzó un monarca enérgico dispuesto a recuperar como fuera las posesiones perdidas y, sobre todo, Egipto.

Para ello, Artajerjes III mandó sobre el país del Nilo un gran ejército dispuesto a conquistarlo a sangre y fuego. Nectanebo II apenas contaba con una tercera parte de las tropas del rey persa, y estas estaban ya compuestas, principalmente, por mercenarios griegos y libios.

En el año 343 a. C., el faraón es derrotado en la batalla de Pelusio, viéndose obligado a huir hacia el sur para refugiarse en Nubia, donde un príncipe local le dio protección hasta su muerte. Con él acabó la XXX Dinastía.

Ese fue el final de la civilización egipcia. La derrota de Nectanebo significó la conclusión de la independencia de Egipto, que ya siempre sería un país conquistado.

El nuevo gobierno persa sería efímero, de apenas diez años, hasta que Alejandro Magno entró en Egipto para ser proclamado como nuevo faraón. Sus sucesores, los ptolomeos, reinaron en el país del Nilo durante trescientos años, pero ellos no eran egipcios. Trataron de conservar la estructura social de aquel país milenario amoldándose a sus viejas tradiciones y colaborando para mantener las prebendas del clero, erigiendo a su vez hermosos monumentos, pero pertenecían a otra cultura. Eran griegos, y esa es la lengua que hablaron estos monarcas; la antigua cultura egipcia se fundió así con la mediterránea con el paso de los siglos.

Con la conquista romana, dicha política apenas cambió. Los romanos utilizaron métodos similares para gobernar su provincia, respetando las antiguas tradiciones de aquel pueblo para así mantener las apariencias de lo que no dejó de ser un país conquistado, gobernado por un prefecto.

El Egipto romano, aunque próspero, no resultó beneficioso para su ancestral cultura, pues en el siglo IV de nuestra era pocos eran los que conocían la antigua lengua de los faraones.

Con la llegada del cristianismo, su milenaria religión fue perseguida y todos sus santuarios cerrados. Tan solo permaneció abierto el templo de Filae, donde siguieron celebrándose, en secreto, los viejos ritos a la diosa Isis.

No obstante, en tiempos de Justiniano el templo se cerró definitivamente, perdiéndose el último nexo de unión de aquel país con sus tres mil años de esplendorosa civilización. Así fue como acabó todo.

Los faraones,
entre los dioses y los hombres

¿DE DÓNDE PROCEDE SU NOMBRE?
¿CÓMO LES LLAMABAN EN REALIDAD?

La palabra «faraón» es una trascripción griega del término egipcio *peraa*, que significa «la gran casa». Con este nombre se denominaba durante el Imperio Antiguo al palacio real, aunque dicho significado puede hacerse extensible a la propia Administración encargada de las recaudaciones fiscales.

Indudablemente, los antiguos egipcios jamás llamaron faraones a sus reyes, pues como ya comentamos en anteriores pasajes, el pueblo siempre tuvo presente la idea de la naturaleza divina de su rey, como nexo de unión entre ellos mismos y los dioses.

Sin embargo, existe una titulatura real utilizada por los faraones egipcios compuesta por cinco nombres que muestran los conceptos divinos y humanos que poseía la realeza.

El primero de estos nombres era el de Horus. Desde los primeros tiempos del Predinástico, la unión entre el faraón y el dios Horus quedó firmemente consolidada, y los soberanos anteriores a la IV Dinastía solían ir acompañados siempre por el dios halcón, que se hacía representar sobre el *serej*, la forma antigua en que se inscribía a los reyes.

El segundo nombre era el de *Nebty*, también llamado «Las Dos Damas», que representaba a las diosas del Alto y Bajo Egipto. La diosa buitre Nekhbet y la diosa cobra Uadjet encarnaban en sí mismas la doble corona del país; la blanca simbolizaba al Alto Egipto, y la roja, al Bajo. Juntas personificaban la unión de las Dos Tierras.

El tercer nombre utilizado era el de Horus de Oro, un epíteto que se incluyó a partir del Imperio Medio.

El cuarto nombre era el conocido como Nesutbiti, y era el que se le adjudicaba al faraón al subir al trono; por eso se le llamaba «nombre de trono» o Prenomen. Nesutbiti podría traducirse como «el del Junco y la Abeja», ya que Nesut quiere decir «aquel que pertenece a los juncos», una referencia al rey del Alto Egipto, y Biti es la abeja que simboliza al monarca del Bajo Egipto.

Juntos vuelven a hablarnos de la unión de los dos reinos, un hecho fundamental para los antiguos egipcios. Este título acompañaba al nombre con el que el rey se había coronado, que iba inscrito en el interior de su cartucho.

El quinto y último nombre es el de nacimiento o Nomen, que era el que el rey había recibido al nacer. Este, también dentro de su cartucho real, iba introducido por la expresión «Hijo de Ra».

Todos estos nombres poseen su propia historia,

pues fueron añadiéndose en diferentes periodos durante el transcurso de la civilización egipcia.

Por ejemplo, el cuarto nombre, o Prenomen, se usó ya en épocas antiquísimas, exactamente durante el reinado del faraón Den, perteneciente a la I Dinastía, y en cambio el de Las Dos Damas no se incluyó definitivamente hasta la XI Dinastía, aunque bien es cierto que fue usado en alguna ocasión también en tiempos de la I Dinastía por reyes como Aha y Semerkhet.

El nombre de Horus de Oro se incluyó ya en el Imperio Medio, y los cartuchos en los que se inscribía el nombre real son instituidos por el faraón Huni, y empleados de forma general a partir de la IV Dinastía.

Lógicamente, todos estos nombres no eran utilizados más que con motivo de los actos de coronación y celebraciones especiales, siendo los comúnmente empleados para referirse al faraón los de nacimiento y coronación y el nombre de Horus.

¿QUIÉNES FUERON LOS FARAONES MÁS IMPORTANTES?

Indudablemente, una cuestión como esta abarcaría innumerables páginas. Elegir quiénes fueron los faraones más importantes en una civilización que se extendió durante tres mil años podría resultar subjetivo para no pocos lectores, pues el criterio utilizado para ello es posible que no fuera compartido. ¿Por quién decidirse entonces? ¿Por el mayor constructor de pirámides, el mejor guerrero o quizá por el faraón más longevo?

Dada la limitada extensión de que disponemos, sería imposible glosar a todos los que por uno u otro motivo así lo merecen. Por ello nos referiremos a aquellos que pueden considerarse como grandes entre los grandes.

Cronológicamente, el primer nombre que se nos viene a la memoria es el de Djoser III. El hecho de ser el primero en erigir una pirámide le hace merecedor de estar entre los mejores. El complejo que aún se alza en la necrópolis de Saqqara demuestra que durante su reinado las bases de la civilización egipcia se hallaban convenientemente asentadas. No hay demasiados datos de su reinado, aunque se sabe que durante toda la historia de Egipto su nombre fue recordado como sinónimo de justicia y sabiduría, manteniendo la paz en su tierra. Por todo ello, Djoser III es considerado como un gran rey.

Mas la era de las pirámides había comenzado y al trono de Egipto ascendió una saga de gigantes.

Snefru fue el primero de ellos, convirtiéndose en el constructor de pirámides por excelencia. Su figura sería respetada por su bondad y generosidad, y bajo su gobierno el país conoció una prosperidad extraordinaria.

Su hijo, Keops, continuó la obra de su padre erigiendo la mayor pirámide de todas, y en contra de la opinión que de él se tiene, fue un hombre sabio. Su mala reputación hay que achacársela, principalmente, a Heródoto, que nos transmitió historias repletas de falsedades acerca de este faraón.

Keops no llevó a la ruina a su pueblo, pues hubiera sido imposible, en ese caso, que su hijo Kefrén y su nieto Micerinos siguieran engrandeciendo Egipto con sus inmortales obras. Nunca los faraones tuvieron tanto poder como en aquellos tiempos, y en verdad que ellos fueron dioses para su pueblo.

Pero no todos los grandes reyes quedarán en el recuerdo por sus ciclópeas obras. Los hubo que gobernaron el país con gran sabiduría impulsando las artes y la literatura a niveles desconocidos hasta entonces. Los reyes de la XII Dinastía se caracterizaron por ese motivo, haciendo que aquella época, a la que llamamos Imperio Medio, sea considerada como «clásica».

De entre estos faraones, Sesostris I brilló con luz propia, pues su largo reinado, de más de cincuenta años, fue un ejemplo de buen hacer en el que se fortaleció la posición de Egipto a la vez que se construyeron embalses y canales. Él fue quien llevó a cabo las obras del canal que unía el Nilo con el mar Rojo, un proyecto de consideración, consiguiendo además en el plano social un buen funcionamiento de la Administración.

Habrán de pasar casi cuatrocientos años para volver a encontrar un faraón como los anteriores. Esto ocurrió durante el Imperio Nuevo. El tiempo de los faraones guerreros llamaba a las puertas de Egipto; ellos extenderían las fronteras de su poder hasta límites desconocidos, dando lugar a una verdadera época dorada.

La XVIII Dinastía es cuna de grandes reyes. Tutmosis I, gran conquistador; Hatshepsut, que gestionó el país con sabiduría; Tutmosis III, el hoy conocido como Napoleón egipcio, que realizó diecisiete campañas militares con las que Egipto extendió su dominio por todo el Próximo Oriente; el gran Amenhotep III, en cuyo reinado de casi cuarenta años Egipto alcanzó las cotas más altas de prosperidad y estabilidad de toda su historia; y, cómo no, su hijo Akhenatón, que también merece estar en la galería de los grandes, pues la complejidad de su personalidad le hacen acreedor a ello. Sin duda, los reyes de esta gloriosa dinastía podrían llenar páginas inacabables que hablaran de sus logros y gestas, pues durante aquella época Egipto brilló con luz propia.

Durante la dinastía siguiente, la XIX, el país continuó siendo fuerte. En el trono se sentó Seti I, un militar profesional que, sin embargo, embelleció Egipto con obras de una calidad extraordinaria. Él fue quien comenzó a edificar la Gran Sala Hipóstila del templo de Amón en Karnak, una de las maravillas arquitectónicas de la antigüedad, que fue finalizada por su hijo Ramsés II. Fue también un hombre profundamente religioso, y su tumba del Valle de los Reyes es la más hermosa de todas.

A este gran faraón le sucedió el que ha pasado a la historia como el más famoso de todos, Ramsés II, también conocido como Ramsés el Grande, pues en verdad lo fue. Tuvo una longevidad que le permitió gobernar durante casi sesenta y siete años, durante los cuales su única meta fue la de engrandecer su país y que su nombre quedara grabado en él como el del más poderoso entre todos los faraones que lo gobernaron.

Ningún rey construyó tanto como él, exaltando cada acción que tomaba. Las campañas militares contra sus enemigos los hititas son una buena prueba de ello, pues la famosa batalla de Kadesh, cuyo desenlace final sigue estando poco claro, fue celebrada por Ramsés como la mayor de las victorias e inscrita hasta la saciedad en los muros de los templos egipcios.

Desde nuestra perspectiva podríamos decir que Ramsés II fue un gran hombre de Estado, constituyéndose en el futuro como un referente para sus sucesores. Desgraciadamente, nadie le igualaría y solo Ramsés III, un siglo después, intentaría emular su política. Este fue el último de los grandes faraones de Egipto. Con él su país volvió a brillar como en sus mejores tiempos, aunque a la postre resultara solo un espejismo, pues a la muerte de Ramsés III Egipto iniciaría un declive que resultaría inexorable.

¿QUIÉN FUE AKHENATÓN?
¿POR QUÉ INSTITUYÓ EL CULTO A ATÓN?

Pocas figuras en el Antiguo Egipto han levantado el interés de este faraón. Sobre él se han escrito multitud de obras en las que se vierten todo tipo de teorías sobre su personalidad y los motivos que le llevaron a efectuar una reforma religiosa.

No hay duda de que su reinado constituyó un periodo revolucionario dentro de la ya larga historia de su país, aunque dicha revolución diste mucho del concepto que tenemos hoy en día de ella. El cambio que promovió Akhenatón fue, fundamentalmente, de pensamiento religioso, de ahí que este faraón fuera recordado en lo sucesivo como «el hereje».

El verdadero nombre de Akhenatón era Amenhotep. Él fue el segundo hijo del faraón Amenhotep III y su esposa real Tiyi, y por tanto inicialmente no le correspondía el derecho de ascensión al trono. Sin embargo su hermano mayor, el príncipe Tutmosis, murió prematuramente, con lo que el joven Amenhotep quedó convertido en heredero. Él fue quien sucedió a su augusto padre coronándose con el nombre de Neferkheprure, que significa «hermosas son las manifestaciones de Ra», aunque sea más conocido como Amenhotep IV.

Sobre este hecho aún se discute si el joven rey gobernó con su padre en corregencia durante algunos años, siendo dicha cuestión uno de los muchos enigmas que parecen envolver a su figura. Lo que sí se sabe con certeza es que en el año quinto de su reinado, el faraón decidió cambiarse el nombre por el de Akhenatón, que podría traducirse como «el que sirve a Atón», y eligió además un nuevo emplazamiento para la corte en un lugar a medio camino entre Menfis y Tebas. Allí hizo construir su capital, a la que llamó Akhetatón, la ciudad del «horizonte de Atón», desde donde gobernó hasta su muerte. Este lugar es conocido hoy en día como Tell-el-Amarna, aunque a él suele referirse simplemente como Amarna.

Así fue como el faraón instauró su culto monoteísta al disco solar encarnado por Atón, una deidad que ya había sido adorada durante el Imperio Antiguo, y se apartó del todopoderoso clero del dios Amón, cuyos templos clausuró llegando incluso a confiscar sus ingresos. Esta persecución provocó una verdadera guerra soterrada por parte de los sacerdotes de Tebas, cuyo poder no había hecho sino aumentar desde los últimos siglos.

Son muchos los investigadores que piensan que tras aquella decisión por parte del faraón se escondía más un motivo político que religioso, en un intento de cercenar la desmesurada influencia que el clero de Amón estaba acaparando. Indudablemente hay pruebas que indican que, políticamente, Akhenatón se encontraba lejos de ser un revolucionario, mostrándose incluso conservador en no pocos aspectos, aunque justo es reconocer que con el tiempo su personalidad se impregnó de una espiritualidad y misticismo que le hicieron apartarse de las cuestiones de Estado más de lo conveniente. Su vida y su obra parecían encomendadas a Atón en una especie de comunión verdaderamente compleja.

Tal fue su fervor que el gobierno fue paulatinamente abandonado a manos de su canciller Ay, que se encargó de la buena marcha de la Administración, y del general Horemheb, que se ocupó del ejército. Curiosamente estos dos personajes, que estaban emparentados, pues Horemheb era yerno de Ay, llegaron a ser faraones.

En cuanto a la personalidad de Akhenatón existen innumerables pruebas del amor que profesó a su familia. Estuvo casado con la hermosa Nefertiti, que le dio seis hijas, con las que se le puede ver en actitud cariñosa en diversos bajorrelieves, aunque este monarca también tuviera otras esposas y concubinas.

Pero ¿cómo era el aspecto de Akhenatón? ¿El estilo artístico que implantó en Amarna fue una revolución o tan solo una representación real de sus características físicas?

Sobre este particular también hay múltiples opiniones. Durante mucho tiempo se intentó encontrar una explicación científica a esta cuestión, sugiriéndose la posibilidad de que el faraón sufriera el síndrome de Fröhlich, como así lo significó ya en 1907 el doctor Elliot Smith.

Este síndrome puede ser debido a diferentes causas. La más común es un tumor en la hipofisaria. Este trae consigo desórdenes glandulares que presentarían un cuadro en el que se afeminarían las formas del individuo, aumentándole los pechos y las caderas, a la vez que evitaría el desarrollo de los órganos sexuales causando la esterilidad.

El aspecto de alguien aquejado por esta enfermedad es el mismo que muestran las estatuas de Akhenatón. ¿Fue entonces este el problema que aquejó a faraón hereje?

Lógicamente, lo primero que se nos ocurre pensar es que Akhenatón tuvo seis hijas y por lo menos un hijo, demostrando con ello que no era precisamente estéril. Claro está que hasta para esto hay opiniones, habiendo quien apunta que quizá los hijos no fueran suyos.

Suposiciones aparte, las representaciones artísticas de este periodo arrojan luz suficiente para aclarar el asunto. Al contemplar las figuras, dibujos y bajorrelieves en los que Akhenatón se halla representado, vemos que todos cuantos le acompañan presentan deformidades similares, algo que no es posible. Hay una prueba reveladora de todo esto en la figura del que fuera su visir Ramose. Con la llegada de Akhenatón, Ramose presenta, repentinamente, un cambio en la forma de su cráneo, como quedó plasmado en unas imágenes pintadas en su tumba.

Por todo ello, los especialistas en el reinado de este faraón opinan que todas estas representaciones artísticas no son sino una nueva forma de expresión alimentada por el propio Akhenatón, que rompe con el estilo clásico egipcio.

En cuanto al final de este faraón, su muerte continúa siendo un misterio. Sabemos que falleció en el año decimoséptimo de su reinado, durante la época de la vendimia, pero no conocemos las causas. Muchos son los que aseguran que al final de sus días Akhenatón no era más que un loco visionario y que encontró la muerte tras una revuelta. Pero esto no son más que especulaciones, pues no existen pruebas sólidas que confirmen que esto ocurriera.

Es cierto que la memoria de este faraón fue perseguida. Mas a pesar de ello, su legado artístico ha podido llegar hasta nosotros para mostrarnos una figura cargada de humanidad.

¿DÓNDE ESTÁ LA TUMBA DE AKHENATÓN?

A partir del año decimoséptimo del reinado de Akhenatón su rastro desaparece por completo. No conocemos los detalles de su muerte ni podemos asegurar con rotundidad dónde descansan sus restos.

Como ya apuntamos con anterioridad al hablar de Smenkhare, parece ser que él fue el encargado de su funeral, tal y como correspondería a su sucesor, y que aquel se realizó en la misma ciudad de Akhetatón. La tumba destinada a recibir sus restos se hallaba en el

Valle Real, aunque, al parecer, no estaba totalmente terminada. A pesar de ello, Smenkhare cumplió con los ritos del enterramiento y Akhenatón fue depositado en su sepulcro, aunque se desconozcan mayores detalles.

Esta tumba fue descubierta a finales del siglo XIX, y explorada por A. Bersanti, que encontró pruebas suficientes que indicaban que en ella había sido sepultado no solo el faraón Akhenatón, sino también su hija la princesa Meketatón, y su abuela, la reina Tiyi.

El sepulcro en sí es algo laberíntico, careciendo de la decoración propia de las tumbas tebanas que engalanaban las paredes de los pasillos con los característicos dibujos de letanías. Solo la cámara sepulcral, que presenta imágenes en las que Akhenatón y Nefertiti hacen sus ofrendas a Atón, y la que dio cobijo a Meketatón, en la que se observa a una doncella sosteniendo a un niño mientras el rey y la reina parecen llorar —hecho este que invita a pensar que la princesa hubiera muerto en el parto—, se encuentran decoradas.

Sin embargo, no hay rastro de los cuerpos reales, y solo el sarcófago de granito rojo del rey y el ajuar funerario indican que una vez estuvieran allí sepultados.

En ese caso, ¿dónde se encuentran sus restos?

Tras la muerte de Akhenatón, todo su proyecto se desmoronó. La capital fue abandonada y, como dijimos con anterioridad, su memoria perseguida. Hoy es generalmente aceptado que los restos reales fueron sacados de su tumba y trasladados al Valle de los Reyes para evitar así la brutal profanación que, seguramente, hubiera tenido lugar en un paraje tan abandonado como era ya la antigua Akhetatón.

Sobre el lugar al que fueron llevadas sus momias ya hemos hablado, pues casi con toda seguridad fue la misteriosa tumba número 55 la que tuvo tal honor. Allí fueron depositados tres cuerpos que bien pudieron corresponder a los de la familia real, y que probablemente el faraón Ay ordenara trasladar en un gesto humanitario.

Indudablemente, la tumba 55 representa un enigma en sí misma, aunque arqueológicamente hablando haya datos más que suficientes para asegurar que en ella se enterró a Akhenatón y a su madre, la reina Tiyi. De esta, parte de su mobiliario funerario y su sepulcro así parece confirmarlo; en cuanto a Akhenatón, los cuatro «ladrillos mágicos» situados en los cuatro puntos cardinales de la tumba, cuya misión era la de proteger al difunto, tenían grabados el cartucho con el nombre de este faraón, lo cual por sí solo ya es motivo más que suficiente para pensar que el sepulcro perteneció a Akhenatón. En un intento de arrojar más luz sobre los misterios que envuelven al periodo de Amarna, durante dos años (septiembre de 2007-octubre de 2009) el Consejo Supremo de Antigüedades de Egipto (SCA) llevó a cabo un proyecto alrededor de la figura de Tutankhamón, el FKTP, en el que se estudiaron once momias reales cuyos resultados, esclarecedores, fueron publicados por el *Journal of the American Medical Association, JAMA*, con el título de: «Ancestros y patología de la familia del rey Tutankhamón» en la edición del 17 de febrero de 2010.

Después de realizar análisis de los ADN de dichas momias, así como tomografías computerizadas, se llegó a la siguiente conclusión: la momia sepultada en la misteriosa tumba KV 55 correspondía a la del padre de Tutankhamón con un 99,99999997% de posibilidades. La edad de su muerte, que en el primer examen llevado a cabo por el doctor Elliot Smith a principios del siglo XX se fijó entre los 18 y los 25 años, quedaba ahora establecida por el SCA entre los 45 y los 55 años, aunque el *JAMA* la revisara para situarla entre los 35 y los 45 años. La antigua teoría que sostenía que los restos de aquel rey no podían pertenecer a Akhenatón, debido a la edad en el momento de su muerte, quedaba de esta forma totalmente desechada. El faraón hereje tendría unos cuarenta años cuando falleció, por lo que la momia a la que nos referimos es con seguridad la suya, como comprobaremos más adelante. Dichos restos se hallaban dentro de un sarcófago dorado al que se le habían destruido los nombres inscritos en el interior de los cartuchos reales, así como todos los símbolos de su rango. Sin duda se trató de un ataque a la memoria del faraón cuyo cuerpo reposaba en aquel sarcófago, que, curiosamente, había pertenecido inicialmente a Kiya, la mujer a quien más amara Akhenatón.

Como podemos observar, el destino final de Akhenatón parece tan misterioso como lo fue su propia vida, aunque, como a veces ocurre en Egipto, quizás algún día el faraón sea capaz de contarnos su verdadera historia.

¿Quién fue Tutankhamón?

Parece que todo lo que rodea al reinado de Akhenatón se encuentra impregnado por la duda y el misterio. En los anteriores capítulos hemos comprobado que este faraón resulta, sin duda, enigmático; pero si miramos hacia muchas de las figuras que convivieron con él en su corte de Amarna veremos que también se hallan envueltas en misteriosas sombras. Uno de estos personajes es Tutankhamón, seguramente el faraón más conocido por el público y, sin embargo, uno de los que menos importancia tuvieron en la larga historia del Antiguo Egipto. De hecho, antes del extraordinario descubrimiento de su tumba poco se sabía de él, pues ni tan siquiera se estaba seguro del momento en el que había subido al trono.

Su nombre, como el de Akhenatón y Ay, había sido omitido de las listas reales, por lo que, oficialmente, nunca había existido como faraón.

Obviamente, el hallazgo de su tumba vino a arrojar luz sobre un periodo particularmente inestable de la historia de Egipto, pero también hizo que surgieran nuevas dudas que aún no han sido resueltas.

La primera que se nos ocurre es la de la propia identidad de Tutankhamón. ¿Fue hijo de Akhenatón o, como defienden otros investigadores, hermano?

Esta última teoría podría tener visos de verosimilitud, arqueológicamente hablando. El joven faraón pudo haber sido hijo de Amenhotep III y Tiyi. Del primero se encontraron fragmentos con su nombre en la entrada de la tumba de Tutankhamón, y de la segunda su famoso mechón de pelo, que podría dar sentido a esta hipótesis.

El principal problema se encontraría en la edad de Tiyi, ya que en caso de ser la madre de Tutankhamón, debía de tener unos cincuenta años al darle a luz, lo cual se nos antoja algo complicado.

La segunda posibilidad es la de que fuera hijo de Akhenatón. Esta es la más aceptada actualmente después de los últimos descubrimientos arqueológicos. Para proseguir con el resultado de dichos estudios es necesario trasladarse a otra tumba, la KV35, que pertenece a Amenhotep II, en cuyo interior se descubrieron nada menos que quince momias reales que habían sido depositadas a finales del periodo ramésida para protegerlas de los robos generalizados que se perpetraban por aquel tiempo en el Valle de los Reyes. En una cámara lateral de dicha tumba se encontraron tres de estas momias, dos de las cuales han proporcionado una información fundamental en el análisis que nos ocupa. La primera a la que nos referimos, conocida como la «vieja dama», resulta pertenecer con seguridad a la reina Tiyi, como siempre se había sospechado, pues al comparar su ADN con el de sus padres, Yuya y Tuya, cuyos restos se encuentran bien conservados, el resultado no deja lugar a la duda: la «vieja dama» era hija de ambos y no puede ser otra que Tiyi, ya que fue embalsamada con el brazo izquierdo doblado sobre el pecho como corresponde al enterramiento de una reina.

El otro cuerpo sepultado junto a Tiyi, conocido como la «joven dama», y que también ha sido estudiado, corresponde al de una joven de unos treinta años que ha resultado ser hija de esta reina y además, con toda seguridad, madre de Tutankhamón. A la vista de los análisis efectuados queda claro que Nefertiti no pudo ser la madre del joven faraón, como muchos habían pensado durante años, sino que esta era hija de Amenhotep III y su Gran Esposa Real, Tiyi. Para proseguir con el estudio se compararon, a su vez, los restos del misterioso rey sepultado en la KV55 con los de Tiyi, y los resultados fueron determinantes: dicho faraón era hijo de la reina madre, al tiempo que padre de Tutankhamón, y no padecía ninguna de las enfermedades que se le habían atribuido durante muchos años a Akhenatón. Por tanto, el árbol genealógico del joven rey quedaba esclarecido de forma concluyente. Tutankhamón era hijo del faraón hereje, Akhenatón, y de una hermana de este. Pero ¿cuál de ellas?

Este es uno de los muchos misterios que todavía quedan por desvelar.

Lo que sí sabemos es que el niño no se llamaba Tutankhamón, sino Tutankhatón, que quiere decir «espíritu viviente de Atón», y que se crio en la corte junto al faraón. Poco más se conoce de él hasta que es sentado en el trono de Egipto, cuando contaba con unos nueve años de edad, lo cual habla claramente del desconocimiento que todavía se tiene de este personaje.

El nuevo faraón se casó con Ankhesenpaatón, que era hija de Akhenatón y de mayor edad que el muchacho, puesto que esta princesa había tenido ya una hija de su padre, Akhenatón, varios años atrás.

La pareja se trasladó por un tiempo con su corte a Menfis, pero enseguida se instalaron en Tebas, y en el segundo año de reinado se cambiaron los nombres, reemplazando la terminación *atón*, por la de *amón*.

Es fácil imaginar la enorme presión que el clero de Amón debió de mantener a fin de recuperar sus antiguas prebendas, y cómo aquel niño debió de verse envuelto en una situación que, evidentemente, le sobrepasaba. En realidad el destino del país descansaba sobre los hombros de Ay y Horemheb, sus consejeros, y sin lugar a duda ellos fueron los que tomaron la decisión de volver a las antiguas tradiciones.

Es entonces cuando el faraón, aún un niño, ordena erigir una estela conocida como la «estela de la Restauración», según la cual se restituye al templo de Amón todos sus poderes religiosos y, lo que es más importante, económicos. Dicha estela, de cuarcita, se encuentra hoy en día en el Museo de El Cairo.

Por cierto que esta lápida, así como otros monumentos que Tutankhamón erigió, fue usurpada por Horemheb cuando este se convirtió en faraón.

Seguramente, tras la llegada de la adolescencia, Tutankhamón comenzaría a interesarse por los problemas de Estado, pero desgraciadamente poco sabemos sobre ello. Cuando el faraón alcanzó la edad viril la muerte le sorprendió en extrañas circunstancias, cubriendo definitivamente de misterio su memoria.

Tenía diecinueve años y su cuerpo fue enterrado en una discreta tumba impropia, a todas luces, de un faraón.

¿MURIÓ TUTANKHAMÓN ASESINADO?

He aquí el último de los enigmas que el joven faraón se llevó a la tumba y sobre el que, como en tantos otros que nos dejó, circulan teorías para todos los gustos.

Es asombrosa la fascinación que este rey ha despertado entre el público en general desde el mismo día en que su tumba fuera descubierta, lo cual no deja de resultar paradójico, pues como ya hemos dicho, Tutankhamón apenas fue determinante en la historia del Antiguo Egipto.

Si su vida y figura ya centraron la atención de público y egiptólogos, su muerte no le iba a ir a la zaga, ofreciendo un terreno abonado a todo tipo de especulaciones.

Durante muchos años, el diagnóstico emitido por el doctor Derry, tras efectuar la autopsia a Tutankhamón, fue aceptado por la comunidad científica en pleno. Según Derry, el faraón había fallecido a causa de la tuberculosis, un dictamen que pareció irrefutable.

Sin embargo, el paso de los años trajo un espectacular progreso científico, y en el año 1969, como ya dijimos, el doctor R. G. Harrison, el anatomista de la Universidad de Liverpool, pidió permiso a las autoridades egipcias para examinar de nuevo la momia de Tutankhamón.

Como quiera que el doctor Harrison ya hubiera hecho un estudio de los restos hallados en la famosa tumba número 55, que como recordaremos él atribuyó a Smenkhare, el permiso le fue concedido.

Durante dos días el doctor y un equipo de radiólogos, odontólogos y médicos especialistas en otras disciplinas hicieron un nuevo examen a la momia con todos los medios de que se disponía en ese momento.

El trabajo no resultó sencillo, puesto que la momia se encontraba en muy malas condiciones —recordemos que había sido seccionada por Carter y Derry— y hubo que radiografiarla por partes. El examen vino a demostrar que, tal y como había dicho Derry, Tutankhamón había muerto a la edad aproximada de diecinueve años, aunque no a causa de la tuberculosis, ya que esta enfermedad afecta generalmente a las láminas epifisarias entre las vértebras, y las de Tutankhamón se encontraban muy bien. Lo que sí se descubrió fue una mancha oscura en la base del cráneo y lo que parecía un pequeño hueso astillado.

Como podemos imaginar, enseguida comenzaron a circular hipótesis sobre el hecho de que el joven faraón hubiera fallecido a causa de un golpe en la cabeza.

«Tutankhamón había sido asesinado», dijeron algunos.

El doctor Harrison jamás se aventuró a hablar de asesinato; Tutankhamón únicamente parecía haber recibido un golpe en la cabeza. En cuanto al pequeño fragmento óseo hallado en su interior, su rotura podría haberse producido después de la muerte, seguramente durante el proceso de embalsamamiento.

La noticia, sin embargo, dio pie a otras consideraciones, y algunos egiptólogos e investigadores comenzaron a especular con la posibilidad de que hubiera existido una conspiración para asesinar a Tutankhamón.

En poco tiempo las pruebas en este sentido parecieron ser concluyentes. Tutankhamón se había golpeado en una zona de la cabeza próxima a la articulación con el cuello, en la que es difícil impactar a no ser que alguien lo haga desde atrás.

Los instigadores del crimen también parecían claros. ¿Quién sino Ay y Horemheb serían los más beneficiados de su muerte? Tras Tutankhamón, Ay fue faraón, y después de este Horemheb. Ellos manejaban ya las riendas del poder y les hubiera sido sencillo desembarazarse del joven monarca para sentarse definitivamente en el trono de Egipto.

Todas las sospechas recayeron principalmente sobre Ay. Este tenía ya una edad avanzada cuando ascendió al poder, de hecho solo gobernó cuatro años, por lo que él era el mayor interesado en que el rey muriera.

Algunos apuntan la posibilidad de que Tutankhamón fuera golpeado mientras dormía, y que se mantuviera en coma durante un tiempo antes de morir. Según estos investigadores, ello daría sentido a unas inscripciones encontradas en el templo de Karnak en las que Tutankhamón y Ay comparten sus cartuchos reales.

Otro de los motivos que da que pensar a algunos investigadores sobre el hecho de un posible complot para asesinar al rey es el hallazgo de una carta escrita en caracteres cuneiformes atribuida durante muchos años a la reina Ankhesenamón, esposa de Tutankhamón, en la que pide al rey hitita, Suppiluliuma (Subiluliuma), que le mande a uno de sus hijos para casarse con él. En su carta, Ankhesenamón asegura tener miedo, ya que su marido ha muerto y no tiene hijos.

Parece ser que el rey hitita se quedó estupefacto ante semejante carta, no dándole en principio demasiado crédito; sin embargo, al poco decidió enviar a su chambelán a investigar el caso, el cual vino a corroborar cuanto había dicho la reina. Entonces fue cuando envió a uno de sus hijos, el príncipe Zannanza, para que se desposara con Ankhesenamón y se convirtiera así en faraón.

Mas este príncipe nunca llegaría a Egipto, pues desapareció en el camino, misteriosamente, sin dejar rastro alguno. Obviamente, los investigadores apuntan a la figura del general Horemheb como instigador de dicha desaparición, pues sería impensable que alguien como él, que había combatido a los hititas durante toda su vida, permitiera que uno de sus príncipes se sentara en el trono de Egipto.

Todas estas pruebas apuntadas no son en realidad más que suposiciones, pues son muchos también los que defienden la honradez de Ay y la posibilidad de que Tutankhamón se cayera de un carro, a los que era muy aficionado, golpeándose así en la cabeza, para morir poco después.

Entonces, ¿murió asesinado Tutankhamón?

Hace tan solo unos años, el doctor Hawass decidió volver a examinar el cuerpo de Tutankhamón con la esperanza de hallar alguna prueba que pudiera arrojar luz en todo este asunto. Para ello utilizó todos los medios y la última tecnología que le proporcionaba el siglo XXI. Se examinó a la momia por completo, y los resultados fueron en verdad sorprendentes. Según estos, el famoso golpe en la zona occipital de la cabeza no era más que resina acumulada en el cráneo tras el proceso de momificación.

No obstante, sí se encontró algo que había pasado desapercibido a los anteriores investigadores, y que resultaba de vital importancia. La momia presentaba signos evidentes de que el rey había sufrido una rotura abierta de fémur, fracturándose también uno de los tobillos.

Esto daba un nuevo giro al caso, ya que la fractura del fémur debió de ser muy grave, siendo posiblemente esta la causa de la muerte del rey debido a la infección que, con toda seguridad, se le produciría. La fractura pudo deberse a una caída de su carro, lo cual es ciertamente plausible. Pero la mayor sorpresa del equipo medico fue encontrar en la momia la presencia del parásito de la malaria trópica, en su forma más severa. Unido a todo lo anterior, esta fue la causa de la muerte de Tutankhamón, descartándose por completo la vieja teoría del asesinato.

Si esto fuera así, tendría sentido el que Tutankhamón y Ay compartieran sus cartuchos en una especie de traspaso de poderes, ya que el joven faraón tardaría un tiempo en morir. Esto no hubiera podido ocurrir en el caso de haber recibido un golpe en la cabeza que le hubiera hecho caer en coma, pues en aquellos tiempos no existía ninguna posibilidad de poder alimentarle por vía intravenosa, por lo que hubiera muerto en poco tiempo.

Obviamente, esta nueva teoría rehabilitaría las figuras de Ay y Horemheb, que por cierto fue un gran faraón, dando la razón a quienes aseguran que aquel fue un hombre piadoso que incluso ordenó el traslado de los cuerpos de Akhenatón, Tiyi y Smenkhare al Valle de los Reyes para así protegerlos mejor.

Como podemos observar, la muerte de Tutankhamón está llena de sorpresas que invitan a pensar que la causa de su fallecimiento continúa siendo un enigma.

¿QUIÉN FUE EL ÚLTIMO DE LOS GRANDES FARAONES?

Semejante honor recae sobre Ramsés III, segundo faraón de la XX Dinastía, que gobernó Egipto en el siglo XII a. C. Durante sus treinta y dos años de reinado, Ramsés III se esforzó por devolver a su país toda la gloria que había ido perdiendo paulatinamente desde los tiempos del gran Ramsés II, casi cien años atrás.

La herencia recibida de manos de su padre, el faraón Setnakht, era la de un país recién salido de la anarquía que, gracias a la intervención de este rey, no había terminado por convertirse en guerra civil.

Setnakht puso orden en aquel caos inaugurando la XX Dinastía. No obstante, tras un breve reinado de apenas tres años, fue sucedido por su hijo, Ramsés, que de inmediato tomó como ejemplo a seguir la figura del gran faraón que también llevó su nombre; él sería su referencia.

Ramsés III era un militar profesional, como también lo había sido su padre. Su educación había sido forjada en el más puro estilo castrense, lo cual le imbuyó de una determinación que le resultó de gran ayuda para los difíciles tiempos en los que tuvo que gobernar, ya que hubo de enfrentarse a las graves amenazas que acecharon a su país, saliendo siempre triunfante ante ellas.

La primera de estas amenazas ocurrió en el quinto año de su reinado. Un gran ejército formado por varias tribus del desierto occidental, como los *libu* y los *mashanesh*, invadió Egipto por el delta arrasándolo todo a su paso. Sus huestes llegaron hasta las mismas puertas de la ciudad de Menfis, pero el faraón salió a combatirlas y las derrotó por completo. Ramsés hizo un gran botín entre ellos, y los Pueblos del Oeste, como los llamaban los egipcios, dejaron de constituir una amenaza; al menos de momento.

Durante tres años Egipto permaneció en paz, pero en el octavo año de reinado de Ramsés III otro nuevo peligro se cernió sobre el Valle del Nilo. Corrían tiempos de inestabilidad, y el Mediterráneo se había convertido en un fusor del que parecían surgir pueblos dispuestos a cambiar el mapa del mundo conocido hasta entonces.

Una confederación de tribus, conocida como los Pueblos del Mar, emergió de la nada para devastar el Próximo Oriente y dirigirse hacia Egipto. Sabemos que a su paso imperios tan poderosos como el de los hititas sucumbieron sin dejar rastro, tal y como si nunca hubieran existido. Ante esta circunstancia, Ramsés III no dudó ni un momento. Para un soldado como él estaba claro que debía hacer frente a aquella horda invasora antes de que llegara a su sagrada tierra. Por eso salió a combatirlos, derrotándolos en dos encarnizadas batallas; la primera tuvo lugar en Canaán, en las llanuras de

Dyahi, y la segunda en las bocas del Nilo, donde el faraón hizo frente a una verdadera invasión de naves enemigas cuya flota destruyó por completo.

El papiro Harris y los muros de Medinet Habu dan cuenta de tales enfrentamientos. Así, en el muro exterior norte del segundo pilono de este templo, se hallan grabados los detalles de las batallas, y la gran victoria obtenida por el faraón ante aquella marea humana.

El tercer desafío al que tuvo que enfrentarse Ramsés III vino de nuevo por el oeste. Otra vez las tribus libias se aprestaron a invadir Egipto y, como en la anterior ocasión, el faraón salió a su encuentro para derrotarlos por segunda vez. Ahora Ramsés se mostró implacable e hizo gran escarmiento entre los vencidos, a los que grabó su nombre a fuego en su piel. Corría el año undécimo de su reinado, y Ramsés III había salvado a su pueblo por tercera vez de una posible conquista.

No cabe duda de que Egipto contó con el faraón adecuado para hacer frente a tales peligros, y que con otro tipo de rey en el trono el resultado de tales enfrentamientos hubiera podido ser muy diferente.

Por sí solas, estas hazañas hacen que Ramsés III sea considerado como un gran caudillo, aunque durante los treinta y dos años que reinó, el faraón también intentara mantener cohesionado el país en una especie de malabarismo político del que era plenamente consciente.

En aquel tiempo los intereses de los poderosos eran de tal calibre que el país se ahogaba sin remisión. Los inmensos botines conseguidos en las guerras, curiosamente, empeoraron aún más la situación, pues el reparto de estos bienes hizo todavía más ricos a aquellos que controlaban el país.

El mayor beneficiado fue, sin lugar a dudas, el clero de Amón. Los sacerdotes del templo de Karnak llegaron a acumular tales riquezas, tras estas guerras, que pocos años después fueron capaces de arrendar tierras al mismo faraón.

Ramsés III, sabedor de lo delicada que era la situación, intentó contentar al clero con más prebendas que a la larga solo consiguieron que el Estado acabara en la bancarrota. Con todo, el faraón trató de gobernar Egipto bajo las reglas de orden y justicia que promulgaba el *maat*, acabando con la inseguridad que se había adueñado de los caminos años atrás, a la vez que honraba a los dioses como el más devoto de sus hijos.

Hizo construir el grandioso templo de Medinet Habu, su «Castillo de Millones de Años» o templo funerario, que todavía hoy se alza en buen estado en la orilla oeste del Nilo, frente a la ciudad de Luxor, y que aún puede visitarse.

Mas su reinado también albergó sombras, pues durante sus postrimerías tuvo lugar la primera huelga conocida de la historia, declarada por los obreros de Deir-el-Medina, que se vieron abocados a ella debido a la insostenible crisis económica que atravesaba el país.

Al final de sus días, Ramsés III hubo de hacer frente a una conspiración para asesinarle. El complot, conocido como «la conspiración del harén», fue urdido por una de las reinas menores llamada Tiy, que buscaba poner en el trono a uno de sus hijos, el príncipe Pentaure, en detrimento del heredero oficial. Para ello organizó una verdadera intriga en la que colaboraron no pocos personajes de la corte, y en la que se llegó a utilizar hasta la magia negra, pues se encontraron figuritas de cera del faraón traspasadas con alfileres.

Sin embargo, la conspiración fue descubierta, aunque posiblemente consiguieran atentar contra el rey. Todo el proceso posterior se halla perfectamente documentado en diversos papiros. Los culpables fueron juzgados y castigados con arreglo a la ley.

Ramsés III falleció antes de que la causa terminara, constituyendo aún un misterio si fue a consecuencia de la conjura, aunque la opinión generalizada apunta a que pudo morir envenenado.

¿QUIÉNES FUERON LOS FARAONES NEGROS?

Con este nombre se conoce a los soberanos nubios que gobernaron Egipto durante la XV Dinastía, unos 700 años a. C.

Su advenimiento al poder se debió, sin duda, al clima de inestabilidad política que se adueñó de Egipto durante el Tercer Periodo Intermedio y que ellos supieron aprovechar.

En realidad, Nubia, o el país de Kush, ya había iniciado su propio camino desde los años postreros de los ramésidas.

Cuando Egipto se fracturó, se fundó un nuevo reino llamado Napata, totalmente independiente de los reyes del norte.

Allí crearon su capital, Gebel Barkal, y con el tiempo adoptaron progresivamente las costumbres egipcias hasta crear una dinastía con todos los símbolos y atributos de los faraones, manifestando una particular devoción por el dios Amón.

Poco a poco el reino kushita fue sintiéndose más fuerte hasta que llegó el momento en que Pianji, su rey, consideró que era tiempo de restablecer el orden en el norte y optar al trono de Egipto. Para ello avanzó desde el sur y se enfrentó finalmente a una coalición de príncipes del delta bajo el mando de Tekhnat, a los que derrotó en Heracleópolis. Después persiguió a este hasta Menfis, ciudad que conquistó, aunque no pudiera sin embargo capturar a su enemigo.

Antes de regresar a Napata, Pianji celebró el festival Opet en Tebas y consiguió que su hermana, Amonortais, fuera nombrada futura Divina Adoratriz de Amón, estrechando así sus lazos con el clero de Karnak. Luego marchó a su capital del sur, donde murió tras treinta y un años de gobierno, haciéndose sepultar en una pequeña pirámide en Kurru, donde también se enterró a cinco de sus mujeres y numerosos caballos.

A Pianji le sucedió Shabaka, su hermano, que decidió llevar una política pacífica y de retorno a los valores tradicionales, por lo que asistimos de este modo a un periodo de paz y estabilidad en Egipto.

Pero después de quince años, este rey dejó el trono a Shabataka, un hombre de talante mucho más agresivo, que iba a traer como consecuencia el futuro enfrentamiento con el terrible poder de Asiria.

Taharka, el faraón que sucedió a Shabataka, fue el

primero en comprobarlo, pues su reinado estuvo plagado de continuas contiendas con los asirios. El resultado de estas fue desigual, aunque a la postre el rey asirio Asharadón tomara la ciudad de Menfis e hiciera prisioneros a parte de la familia real, entre ellos el príncipe heredero, aunque Taharka lograra escapar.

Fue una época en la que Egipto pareció vivir en permanentes revueltas, pues en cuanto los asirios regresaban de nuevo a su capital, Nínive, se producían nuevos levantamientos.

Independientemente de todo lo anterior, el reinado de Taharka fue el más brillante de toda la dinastía kushita, gobernando durante veintiséis años el país del Nilo.

Es Tanutamón, su primo, quien le sucede a su muerte. Su principal objetivo sería intentar recuperar el poder perdido a manos de los asirios.

Para ello emprende una campaña en la que toma las ciudades del norte, después erige una estela en Gebel Barkal en la que narra sus hazañas, tal y como lo hicieron los antiguos faraones.

Sin embargo, en Asiria reinaba Asurbanipal, un monarca que no estaba dispuesto a pasar por alto la actitud del faraón. Por ello, casi de inmediato, se puso al frente de su ejército decidido a sojuzgar Egipto para siempre. Sus tropas toman la ciudad de Menfis, pero como también ocurriera en la anterior ocasión, el faraón logra escapar hacia el sur. Entonces el ejército asirio le persigue y ataca a Egipto en su lugar más emblemático; Asurbanipal arrasa la sagrada ciudad de Tebas, saqueándola así por primera vez en su historia.

Todos los tesoros y riquezas acumulados durante más de mil años fueron a parar a manos del ejército asirio, que, no contento con eso, se llevó también varios de sus obeliscos. Corría el año 663 a. C.

Tanutamón asistió impotente a aquellos hechos desde su alejado reino de Napata, donde los asirios prefirieron no aventurarse. Pero la repercusión de la caída de Tebas fue tal que muchos siglos después todavía sería recordada.

Tanutamón murió unos años después, siendo el último monarca de una dinastía que había durado un siglo. Tras su desaparición, el país de Kush sufrió una involución paulatina, olvidando sus costumbres egipcias para acabar adoptando otras totalmente africanas; con él finalizó la época de los faraones negros.

LA ENIGMÁTICA HATSHEPSUT

He aquí un personaje cuyo nombre es motivo de las más encendidas polémicas. Sus defensores y detractores acostumbran sostener interminables discusiones acerca de la personalidad de esta reina, en un intento de hacer prevalecer sus puntos de vista, destacando de esta forma sus virtudes o defectos. Sin embargo, no hay que olvidar que Hatshepsut fue una figura histórica de primera magnitud en el Antiguo Egipto, que gobernó su país durante más de veinte años, utilizando los resortes que el poder le confería; algo que han acostumbrado hacer siempre los monarcas de todos los tiempos.

Hatshepsut era la hija mayor de Tutmosis I y de la

reina Ahmose. Su padre, tercer soberano de la XVIII Dinastía y un gran conquistador que extendió las fronteras de Egipto hasta el río Éufrates, parece ser que le transmitió el carácter enérgico que nunca le abandonaría, así como una excepcional firmeza.

Al morir este rey, le sucedió en el trono Tutmosis II, un hijo habido con una concubina llamada Mutnofret, que se casó con Hatshepsut para legitimarse como nuevo faraón. De aquel tiempo no hay noticias acerca de un comportamiento de la reina que no fuera el usual en una esposa real, dándole a su marido y hermanastro una hija, Neferure.

Pero tras catorce años de reinado su esposo murió, y el elegido para sucederle fue un niño tenido por Tutmosis con Isis, una de sus reinas menores, y que dada su corta edad para desempeñar sus funciones, quedó bajo la regencia de su tía y a la vez madrastra Hatshepsut.

Mas a partir del segundo año, la corregencia que hasta ese momento había llevado Hatshepsut dejó paso a una política bien diferente. Con el apoyo de los altos dignatarios y sobre todo del clero de Amón, Hatshepsut consolidó su poder en los diferentes estamentos del país, hasta que en el año séptimo decidió proclamarse definitivamente faraón. Es entonces cuando Hatshepsut se muestra con atributos masculinos, como la barba, y vestida como ellos.

Muchos han sido los que han querido ver en este gesto una ambigüedad acerca de la sexualidad de la reina, olvidando, quizá, que la mentalidad egipcia se encontraba muy lejos de la nuestra, y que tales representaciones solo eran debidas a la necesidad de manifestar su poder como faraón, utilizando el mismo protocolo que todos los reyes de Egipto, puesto que en ese momento ella misma es el faraón; un concepto que va mucho más allá de la sexualidad de una persona.

Hatshepsut legitimó su derecho a reinar concibiendo una ingeniosa historia según la cual su padre era el mismísimo dios Amón, que había visitado a su madre, la reina Ahmose, adoptando la forma del faraón para dejarla embarazada. Después, tras el milagroso nacimiento, Hatshepsut fue presentada al resto de los dioses, que le dieron su bendición y la aceptaron como futuro rey.

Esta historia se halla representada en los muros de una de las terrazas del templo de Deir-el-Bahari, que Hatshepsut mandó levantar.

Esta grandiosa obra erigida junto al antiguo templo del faraón Mentuhotep II es una muestra del poder de Hatshepsut y de su gran capacidad para manejar el Estado. El periodo de paz que vive Egipto es aprovechado por ella para gestionar eficazmente los recursos económicos y desarrollar una actividad arquitectónica entre la que destacan, además del excepcional templo de Deir-el-Bahari, los cuatro enormes obeliscos que mandó levantar en el templo de Karnak.

Hatshepsut también fomentó las expediciones comerciales, siendo la más conocida, sin duda, la enviada al exótico país de Punt, probablemente la actual Somalia, cuyos detalles quedaron grabados en los muros de su gran templo.

Obviamente, una actividad semejante no hubiera sido posible sin el apoyo de los sacerdotes de Karnak, que no tuvieron inconveniente en que ostentara plenos poderes. Algo verdaderamente curioso, pues no debemos olvidar que, oficialmente, el trono correspondía al joven Tutmosis, y que su tía Hatshepsut, en teoría, no cumplía más que funciones de regencia hasta que llegara la mayoría de edad de aquel.

Lógicamente, a medida que el joven príncipe fuera creciendo, debió de darse cuenta de cuál era la situación real, siendo probable que comenzara a alimentar odios y rencores contra su madrastra. Esta, una mujer bella e inteligente, era consciente de sus propias aptitudes, y seguramente no estaría dispuesta a que su obra pasara a manos de un inexperto joven que, en su opinión, no tenía más derechos que ella al trono.

Sea cual fuere la relación que mantuvieron ambos, esta sigue siendo un misterio, aunque los restos arqueológicos que han quedado de aquel tiempo nos indiquen que Tutmosis debió de desarrollar un odio exacerbado hacia su tía.

El final de Hatshepsut constituye un enigma más en esta historia. Tras veintidós años de reinado desaparece sin dejar rastro, no conociéndose las causas de su muerte. Ello, claro está, ha dado pie a pensar que una vez Tutmosis alcanzara la edad adulta depuso a su tía o se desembarazó de ella. También hay quien opina que, simplemente, Hatshepsut falleció de muerte natural cuando tenía entre cincuenta y sesenta años.

Evidentemente, no existen pruebas que atestigüen cómo murió la reina, aunque sí las hay de la persecución a que fue sometida su memoria por parte de Tutmosis III. Este mandó destruir los cartuchos con su nombre, así como sus figuras, relieves y algunos de sus monumentos. Mas lo peor de todo fue la omisión de Hatshepsut de todas las listas reales, tal y como si nunca hubiera existido.

¿Hubo reinas que gobernaron Egipto?

Fueron pocas las mujeres coronadas como faraón en la historia del Antiguo Egipto. Si consideramos los tres mil años que abarcó su civilización, verdaderamente la cifra puede parecernos insignificante, apenas seis nombres, no teniendo la completa certeza de que alguno de ellos sea real.

La primera mujer de esta corta lista es Merit-Neit, una reina de la I Dinastía de la que, sin embargo, no existen pruebas concluyentes de que fuera coronada como faraón.

Su nombre salió a la luz en los albores del siglo XX cuando el arqueólogo Flinders Petrie excavaba una gran tumba en la necrópolis real de Abydos. Allí descubrió una estela funeraria con el nombre de Merit-Neit que le hizo pensar en un principio que pertenecía a un rey.

Mas al estudiar detenidamente el hallazgo y comprobar que dicho nombre no iba acompañado del de Horus, que tradicionalmente llevaban los faraones, se consideró que Merit-Neit quizá solo hubiera sido una «Gran Esposa Real.»

Sin embargo, existen datos que permiten acariciar otras posibilidades, ya que Merit-Neit se construyó un monumento funerario en Saqqara en el que se encontró una barca solar, algo característico de los enterramientos reales, y además alrededor del hallazgo se hallaron un gran número de tumbas pertenecientes a sus servidores.

Aunque todo esto podría significar una prueba que indicara que la «Amada de Neit» —que es lo que quiere decir Merit-Neit— fuera un faraón, su nombre no aparece en las listas reales, no existiendo datos concluyentes que demuestren que esta reina se sentara en el trono de Egipto.

La segunda mujer a la que nos referiremos no es otra que Jenkaus, una hija de Micerinos, que se hizo enterrar en una colosal tumba en Guiza, junto a la pirámide de su padre, en la que rezan títulos como los de «Rey y madre del Rey del Alto y Bajo Egipto». Además, existe una figura de este personaje en el que se muestra ataviada con la falsa barba utilizada por los faraones.

Sin embargo, el hecho de no haber encontrado ningún cartucho real con su nombre hace que los especialistas piensen que probablemente esta reina actuara solo como regente durante la minoría de edad de su hijo, no siendo distinguida por tanto como faraón al no haber ninguna referencia hacia su persona en las listas reales.

La tercera candidata a ser considerada como faraón de Egipto es Nitocris. De hecho, su nombre ha sido juzgado tradicionalmente como el de la primera mujer en sentarse en el trono del País de las Dos Tierras, aunque en honor a la verdad su figura siempre haya estado rodeada de leyendas, dudándose incluso de su propia existencia.

No obstante, su nombre es mencionado por Manetón, e incluso por Heródoto, viniendo también reflejado en el Canon Real de Turín.

Lo que viene a continuación es lo que sabemos de ella, pues no se ha encontrado resto arqueológico alguno que la mencione, como si nunca hubiera existido.

Los relatos que hay sobre Nitocris apuntan a que vivió al inicio del Primer Periodo Intermedio y que fue la esposa de alguno de los reyes que sucedieron a Pepi II, el último faraón de la VI Dinastía. Manetón, en sus escritos, canta alabanzas sobre ella, aunque resulten algo confusas, ya que le adjudica la construcción de la tercera pirámide en Guiza, que como sabemos fue levantada por Micerinos.

Heródoto, por su parte, asegura que en su visita a Egipto unos sacerdotes leyeron su nombre en un viejo papiro en el que se contaba que Nitocris ascendió al trono tras el asesinato de su marido, el faraón.

Una vez en el poder, la reina decidió vengarse, para lo cual hizo construir una gran cámara subterránea, comunicada por medio de un canal con el Nilo, en la cual ofreció un banquete a los responsables de la muerte de su esposo. Mientras sus invitados disfrutaban de la fiesta, Nitocris ordenó inundar la sala y los mató a todos. Luego se suicidó arrojándose a una sala cubierta de ascuas.

Más tangible es la historia de nuestra cuarta protagonista Nefrusobek, o Sobeknefru, como también se la conoce. Su historia sí se encuentra documentada en parte, ya que se sabe positivamente que reinó durante casi cuatro años, siendo por tanto, sin ninguna duda, la primera mujer que fue faraón.

Fue el último rey de la XII Dinastía, sucediendo a su hermano Amenemhat IV, unos 1750 años a. C. Es posible que también fuera «Gran Esposa Real» de este faraón, pues se desconocen las circunstancias de su subida al trono. Sobre este particular hay diversas teorías, habiendo quien opina que pudo urdir una intriga para hacerse con el poder, aunque quizá simplemente fuera la única representante de su familia, pues nunca llegó a ser considerada como una usurpadora.

Su nombre se encuentra junto con el resto de los reyes de Egipto, en las listas reales, aunque su final nos sea totalmente desconocido.

Cronológicamente, la quinta candidata sería Hatshepsut, de la que ya hemos hablado anteriormente, y es Tawsret la última de nuestra lista.

El perfil de esta reina se halla envuelto entre intrigas y misterios casi desde sus mismos orígenes, ya que se desconoce su procedencia, aunque se sabe que no era de sangre real.

Esta mujer aparece en los anales convertida en «Gran Esposa Real» del faraón Seti II, quinto monarca de la XIX Dinastía, en un periodo en el que parecía reinar cierto clima de anarquía en el país.

Al morir su esposo, este fue sucedido por Siptah, un hijo concebido por una reina menor. Siptah, que estaba enfermo, probablemente de poliomielitis, reinó poco tiempo, apenas seis años, durante los cuales su madrastra Tawsret fue acaparando todo el poder que le fue posible con el fin de sentarse ella misma en el trono de Egipto. Fueron tiempos verdaderamente convulsos, en los que surgió un personaje sin duda singular, llamado Bay, cuya influencia sobre Siptah y la misma Tawsret llegó a ser considerable.

Este hombre, natural de Siria, fue nombrado canciller y es el único plebeyo que dispone de una tumba en el Valle de los Reyes. Parece ser que él y la reina llegaron a ser amantes, aunque cuando a la muerte de Siptah esta se coronó como faraón, la pista de Bay desaparece.

El reinado de Tawsret estuvo rodeado de una gran inestabilidad, siendo su final desconocido. Sin embargo, la reina se hizo construir una tumba en el Valle de los Reyes que posteriormente le sería arrebatada por su sucesor, el faraón Setnakht. El cuerpo de la reina no ha sido identificado con seguridad, aunque es posible que sea uno de los hallados en el escondite de la tumba de Amenhotep II.

Estas son las posibles reinas que gobernaron el país del Nilo. La lista se detiene al comienzo de la época ptolemaica, pues para muchos historiadores esta familia es griega y poco tiene que ver con las verdaderas raíces del Antiguo Egipto. No obstante, esta dinastía reinó en Egipto durante trescientos años, y en ella hubo varias reinas de singular importancia, siendo la más destacada de todas nuestra famosa Cleopatra, la única que demostró un auténtico interés por la cultura del país que gobernó, aprendiendo su lengua. Ella merece un capítulo aparte.

LA MISTERIOSA CLEOPATRA

Dos mil años después de su muerte, el nombre de Cleopatra continúa siendo sinónimo de belleza, sensualidad, pasión, intriga y ambición desmedida. Una combinación fascinante que ha dado lugar a no pocas obras sobre su persona, que han acabado por convertirla en un personaje de leyenda.

Pero ¿qué hay de cierto en todo lo anterior? ¿Fue la mujer frívola y perversa que algunos aseguran? ¿O, por el contrario, trató de salvaguardar los intereses de su país de la voracidad de Roma?

No hay duda de que los tiempos que le tocó vivir a esta reina fueron verdaderamente difíciles, y que toda su política, con sus luces y sombras, estuvo encaminada a proteger Egipto del poder romano.

La historia de esta reina es de sobra conocida. Cleopatra VII era hija de Ptolomeo XII, heredando su trono cuando contaba diecisiete años de edad. Sin embargo, hubo de compartirlo con uno de sus hermanos, Ptolomeo XIII, que, apoyado por el intrigante Potino, intentó asesinarla.

Cleopatra tuvo entonces que huir hasta Siria, pero demostró su coraje al regresar al poco tiempo al frente de un ejército compuesto por parias.

Obviamente, con semejantes fuerzas no se atrevió a librar batalla con su hermano, pero dejó claro que no iba a renunciar a sus derechos. Es justo en ese momento cuando el poder de Roma hizo acto de presencia.

Después de ser derrotado en la batalla de Farsalia, Pompeyo huyó a Egipto, donde fue asesinado. Su perseguidor, Julio César, se presentó en Alejandría y allí le obsequiaron con la cabeza de su enemigo, algo que le horrorizó, enfureciéndole de tal modo que hizo ejecutar al culpable. Este hecho, y la fascinación que sintió por Cleopatra cuando le fue presentada, le hicieron tomar partido por ella en detrimento de Ptolomeo XIII, que al cabo apareció ahogado en un estanque.

Cleopatra se casó con su hermano pequeño Ptolomeo XIV, sentándose al fin en el trono de Egipto. Más ello no fue óbice para hacerse amante de César, a quien dio un hijo que llevó por nombre Ptolomeo XV Cesarión.

Sus amoríos con Julio César y posteriores avatares políticos están bien documentados, y proporcionan suficientes datos para forjarse una idea aproximada de la personalidad de esta reina.

Aunque la literatura ha destacado su belleza sobre los demás aspectos de su persona, sabemos que esto no era así. Plutarco asegura que su hermosura no era extraordinaria, pero sí que poseía un gran atractivo, pues era inteligente, gran conversadora y sumamente vivaz, a la vez que hablaba diversas lenguas.

Hoy sabemos que fue una gran mujer de Estado, pues en cierta forma controló a una figura de la magnitud de César, haciendo la política que creía más adecuada para el bien de su país.

No hay que olvidar que cuando accede al poder, Egipto se encuentra arruinado, existiendo una gran corrupción. Mas Cleopatra se tomó muy en serio sus funciones, y gestionó apropiadamente los recursos que poseía para recuperar la economía.

Se identificó plenamente con la milenaria historia de Egipto, y se hizo representar siempre como cualquier reina de la antigüedad, esforzándose asimismo en construir nuevos templos. Ella hablaba egipcio para poder comunicarse apropiadamente con su pueblo, siendo el único gobernante de la dinastía de los ptolomeos que lo hizo.

Cleopatra sabía muy bien el peligro que Roma representaba para su tierra, por eso a la muerte de César inicia una relación con Marco Antonio que unirá sus destinos para siempre. El romano se sintió deslumbrado desde el primer momento por aquella reina que simbolizaba al misterioso Oriente, amándola hasta el final de sus días. Cleopatra tuvo tres hijos con él, y juntos desafiaron a la misma Roma, siendo la reina quien llegara a financiar la campaña militar.

Pero en el año 32 a. C., la flota de Octavio les derrotó en la batalla de Actium, y el sueño de Cleopatra se desvaneció por completo.

Marco Antonio se suicidó arrojándose sobre su espada, y en cuanto a Cleopatra, la forma de su muerte sigue siendo un misterio. Retenida por el vencedor Octavio, que ya había ordenado dar muerte a su hijo Cesarión, prefirió quitarse la vida en su querida Alejandría, antes que acabar siendo paseada como un trofeo por las calles de Roma.

Hay quien dice que se envenenó, y también quien asegura que fue picada mortalmente por un áspid en su pecho.

Sea cual fuera el método utilizado, Cleopatra murió el 29 de agosto del 30 a. C., a la edad de treinta y nueve años. Ella fue el último soberano de Egipto.

¿SE CASABAN LOS FARAONES CON SUS FAMILIARES?

Existe una cierta confusión con respecto a las relaciones incestuosas en el Antiguo Egipto.

El incesto, tal y como nosotros lo entendemos, no era una práctica aceptada dentro de la sociedad del Egipto faraónico. El pueblo jamás la efectuó, a menos como pauta normal de conducta, estando además muy mal vista.

Entonces, ¿de dónde viene esta costumbre? ¿Acaso no fue seguida por los faraones?

Efectivamente, el incesto fue una conducta habitual entre la realeza en determinadas épocas de la historia del Antiguo Egipto. Sin embargo, y contrariamente a lo que se piensa, no en todos los periodos de esta milenaria civilización se siguió este hábito.

Por ejemplo, fue durante el Imperio Nuevo cuando más se generalizó su práctica, y sobre todo en la XVIII Dinastía, en la que se produjo un verdadero entramado de uniones entre hermanos, primos e incluso entre padres e hijos.

Una muestra clara de ello lo encontramos en la figura de la reina Hatshepsut, que fue hija del faraón Tutmosis I, hermanastra y esposa de Tutmosis II y madrastra y tía de su sucesor Tutmosis, del cual incluso llegó a ser suegra.

Este caso es verdaderamente revelador de hasta qué punto llegaron las relaciones incestuosas entre los miembros de la familia real. Sin duda que semejante costumbre no puede menos que asombrarnos y también escandalizarnos, aunque hubo reyes que fueron aún más lejos llegándose a casar con sus propias hijas, con las que, incluso, tuvieron descendencia.

Los casos más conocidos, y de los que se tiene documentación fehaciente, fueron los de Amenhotep III, que se desposó con Sitamón, una de las hijas tenidas con su amada esposa Tiyi; el del gran Ramsés II, cuya progenie es imposible de calcular, aunque él alardeó de haber tenido más de cien hijos, y que se casó con su hija Bintanat, no siendo probablemente su única unión de este tipo; y el de Akhenatón, que no tuvo problemas en unirse a tres de sus hijas: Maketatón, que murió posteriormente durante el parto del hijo que había concebido de su padre; y Meritatón y Ankhesenpaatón, que le dieron una hija cada una, aunque estas le hayan sido adjudicadas posteriormente a Smenkhare.

Estos casos nos dejan verdaderamente estupefactos; sin embargo, está absolutamente comprobado que dichas relaciones no se debieron a ningún tipo de desviación sexual, sino a prácticas que eran consideradas como necesarias para perpetuar el carácter divino de la propia familia real.

Durante muchos años se pensó que las razones del incesto había que buscarlas en la famosa «teoría de la heredera», según la cual eran las mujeres las que otorgaban el derecho al trono en el que luego se sentaban los hombres. De ahí la necesidad por parte de estos de desposarse con una descendiente directa del rey que legitimara su poder.

No obstante, se ha demostrado que no siempre se dieron este tipo de uniones, por lo que hay que examinar otras causas que puedan explicar las relaciones incestuosas.

Actualmente se cree que el motivo de este comportamiento hay que buscarlo en las mismas raíces de sus creencias religiosas, ya que los dioses primigenios eran incestuosos. Así, Geb, la tierra, estaba casado con su hermana Nut, el cielo, y Osiris e Isis, y Neftis y Set, que eran todos hermanos, también estaban casados.

Los faraones, como herederos de la divinidad que les otorgaban los dioses, quizá siguieron este criterio en determinados momentos, en un intento de mantener la pureza de su estirpe.

En cualquier caso, esta costumbre no fue seguida más que en épocas concretas. Las más señaladas serían la ya comentada del Imperio Nuevo, y la perteneciente al periodo ptolemaico, durante el cual fueron muy corrientes estas prácticas, que no pueden ser consideradas más que como un derecho real solo aplicable a la propia realeza.

EL ENIGMA DE NEFERTITI

La figura de Nefertiti está envuelta en un halo misterioso que ha terminado por formar parte de su propia leyenda. Desde sus orígenes, la famosa reina parece haber estado dispuesta a mostrarse de forma enigmática, como actriz destacada de un periodo salpicado de dudas y entelequias. Durante más de un siglo, la época de Amarna, en la que vivió, se ha visto envuelta por las sombras, y solo el infatigable tesón de los investigadores y el estudio de los hallazgos arqueológicos por parte de los especialistas nos han permitido conocer un poco más sobre aquel tiempo. Pero ¿quién fue en realidad Nefertiti? ¿Era egipcia? ¿O como algunos han sostenido, se trataba de una princesa extranjera?

El origen de esta reina ha sido motivo de apasionadas discusiones entre los egiptólogos. Durante años muchos fueron los que aseguraron que Nefertiti era natural de un país extranjero, probablemente Mitanni, y algunos incluso la llegaron a identificar como a Tadukhepa, princesa que llegó a casarse con dos faraones. Esta teoría carece hoy en día de fundamento, aunque en verdad poco se conozca acerca de los primeros años de la hermosa reina. Se sabe con certeza que Nefertiti se crio en el seno de la familia de Ay, ya que la esposa de este, Ty, es tenida como su nodriza. Puede que la hermosa reina naciese de alguna unión anterior de Ay que desconocemos, puesto que este se vanaglorió del título de Padre del Dios durante el reinado de Akhenatón. Dicho nombramiento siempre ha sido asimilado al de suegro del faraón, y existen poderosas razones para pensar que Nefertiti pertenecía a la familia real.

La posibilidad de que la futura reina fuera hija de Amenhotep III, como algunos han defendido, no se sustenta, pues entre los muchos títulos que llegó a poseer esta no figura el de Hija del Rey, que sin duda hubiera proclamado de haberlo tenido, como hiciesen el resto de las princesas reales. Sin embargo, la idea de que fuera familia de Tiyi cobra fuerza; sobre todo porque la Gran Esposa Real nunca hubiese permitido a una advenediza el desposarse con su augusto hijo, y mucho menos en el caso de que fuese extranjera. Como sobrina de la vieja reina, la sangre de la gran Amosis Nefertari correría por las venas de Nefertiti, y esto representaría una indudable garantía para Tiyi a la hora de otorgar su beneplácito al enlace con el príncipe Amenhotep, futuro faraón de Egipto. La pureza de su linaje permanecería incólume, algo por lo que siempre había velado Tiyi. Además, sabemos que Nefertiti tuvo una hermana llamada Mutnodjemet, y que Ay procreó una hija con este nombre, por lo que lo más plausible sea que el Divino Padre, como se hacía llamar, fuera el progenitor de la bella reina, tal y como parece que él mismo aseguraba.

La elección de Nefertiti como Gran Esposa Real por parte de Akhenatón no pudo ser más acertada para sus intereses, pues hoy no hay duda de que la joven resultó fundamental para llevar a cabo la revolución atonista. La talla política de la reina sobrepasó a su inmensa belleza, y durante todo el reinado de su esposo manejó los hilos del poder, al tiempo que mantuvo una lucha feroz para salvaguardar sus intereses. La pugna con su gran enemiga, Kiya, debió de ser terrible, pero a la postre Nefertiti salió triunfante, aunque la historia haya tardado en reconocerlo. La Gran Esposa Real no solo fue una mujer bellísima, que dio seis hijas al faraón, sino que ella misma se convirtió en dios de la Tierra Negra.

La figura de Nefertiti desapareció súbitamente después del duodécimo año de reinado de Akhenatón. Hasta hace poco, muchos pensaron que por algún motivo la reina cayó en desgracia para siempre, quizá repudiada por el faraón, o que probablemente falleciera de forma misteriosa. Sobre el particular surgieron las más diversas teorías, como por ejemplo que su gran contrincante, Kiya, ganó definitivamente el favor de su esposo, o alguna otra más inquietante, como se verá más adelante.

Que Nefertiti sobrevivió a Kiya es algo que no ofrece ninguna duda en la actualidad, así como que su caída en desgracia no fue tal, sino todo lo contrario. Simplemente su desaparición coincide con su elevación a corregente al trono de Egipto. La fecha se correspondería con la gran celebración que tuvo lugar en el decimosegundo año de gobierno de Akhenatón en su capital del «Horizonte de Atón», ante una representación de reyes vasallos y pueblos extranjeros que ofrecieron los más ricos presentes a los soberanos. Al acto acudieron delegaciones hititas, mitannias, sirias, nubias y de algunos pueblos del Egeo, lo cual nos habla de la solemnidad que debió rodear a aquella ceremonia. Esta quedó grabada para la posteridad en las tumbas de los altos dignatarios, Huya y Merire II, en las que llega a precisarse el momento exacto en el que tuvo lugar: día 8 del segundo mes de la siembra del año 12.

En los relieves de dicha conmemoración se observa a la pareja real sentada en su trono, sobre un baldaquino, rodeados de sus seis hijas y toda una corte de dignatarios que se postran para ofrecer infinidad de regalos. Lo curioso es que las imágenes del faraón y su esposa son del mismo tamaño y parecen superpuestas, como si quisieran representar a un único gobernante. Quizás este relieve muestre el ascenso a la corregencia de Nefertiti y explique así la suntuosidad del acto y los grandes tributos ofrecidos por los pueblos extranjeros. Además, tanto Huya como Merire II conmemoran en dicha celebración sus nombramientos como mayordomos del harén, una designación que tenía lugar cuando un nuevo faraón ascendía al trono y le era traspasado el harén real del anterior monarca. En este caso dicha transferencia resultaría simbólica, al tratarse de Nefertiti, pero muy significativa, como ya apuntó hace años E. F. Campbell.

No obstante, existen varias pruebas que, en opinión de muchos especialistas, demuestran la corregencia de Nefertiti. Una es la conocida como «estela de Pase», una pequeña representación procedente del Museo de Berlín que fue estudiada en el año 1928 por el egiptólogo Percy E. Newberry, y que dio lugar a toda una serie de fantasías y elucubraciones más o menos calenturientas.

En dicha estela puede verse a dos monarcas sentados con sus coronas reales en actitud claramente cariñosa, pues uno de ellos coge a su acompañante por el hombro, mientras este último le acaricia la barbilla. Para el profesor Newberry no había ninguna duda. Las dos figuras eran inconfundibles, y representaban a Akhenatón y a su corregente y futuro rey, Smenkhare, en una actitud evidentemente afectuosa. La conclusión resultaba terminante. El faraón hereje era homosexual, lo cual explicaría las formas afeminadas de muchas de sus estatuas; incluso hubo quien llegó a asegurar que Nefertiti había sido repudiada por esta causa.

Esta teoría fue aceptada por los estudiosos del periodo amarniense durante muchísimos años, hasta que en la década de los setenta, el egiptólogo John Harris expuso una idea bien diferente sobre la famosa escena para demostrar que el acompañante de Akhenatón no era Smenkhare, sino una reina. Sobre ambas figuras se puede observar, en el relieve, un disco solar del que emanan sus rayos vivificantes, y a ambos lados de este dos grupos de dos cartuchos reales, que se encuentran vacíos. Más a la derecha, sobre una mesa en la que se distinguen distintos alimentos, hay otro grupo de tres cartuchos, que también están vacíos, y que aclaran la escena de forma conveniente. Cada faraón necesitaba de dos cartuchos para ser representado. En esta estela, los situados a ambos lados del disco solar se refieren únicamente al Atón, pero los otros tres personifican la forma en la que se simbolizaba a un rey y a su reina, por lo que no podía tratarse de Smenkhare en ningún caso. De este modo las fantasías alimentadas durante casi cincuenta años, acerca de la sexualidad de Akhenatón, se desmoronaban por completo.

Existe otra estela, también en el Museo de Berlín, que aporta más pruebas a favor de la corregencia de la bella Nefertiti. En ella puede verse la inconfundible figura de esta junto a Akhenatón, y sobre ellos dos grupos de dos cartuchos, desgraciadamente vacíos, que representarían a dos reyes. Lo curioso es que uno de los cartuchos muestra una evidencia clara de haber sido añadido en un pequeño hueco, lo cual demuestra que en un principio el conjunto se refería a un rey y a su reina, tres cartuchos, al que se añadió otro posteriormente para representar así a dos reyes. Algo que invita a pensar que Nefertiti se convirtió en corregente mientras se terminaba de grabar la estela.

Por último, durante la campaña realizada por Petrie en Tell-el-Amarna en 1891-1892, salieron a la luz varios sellos de fayenza fabricados, seguramente, para la gran conmemoración del año doce, en los que estaba inscrito el nombre de Ankhetprura, el corregente de Akhenatón, al que curiosamente se había añadido la letra t, lo cual, gramaticalmente hablando, hace referencia al género femenino. El texto decía: «Ankhetprura, amada de Waenra», que sabemos se refiere a Neferkheprura-Waenra, Akhenatón.

No cabe ninguna duda de que, mientras Akhenatón se alejaba definitivamente de su pueblo en pos de la realización de sus sueños divinos, su corregente era muy consciente de la situación del país. El faraón hereje había llevado a Egipto a la más absoluta bancarrota, al tiempo que lo sometía a una verdadera dictadura que trajo el hambre a su tierra y la penuria a la mayoría de sus súbditos. Todos aquellos «hombres nuevos» de los que se rodeó resultaron ser, en demasiadas ocasiones, unos incompetentes, y así la Administración se sumió en un verdadero caos que dio pie a grandes abusos y ansias de enriquecimiento por parte de muchos de los funcionarios. Las persecuciones e inquina contra los antiguos cleros resultaron feroces, y durante años el terror se adueñó de los corazones de los paisanos, que no entendían lo que ocurría. Al clausurar los templos aumentó el desempleo, y la miseria se extendió por la Tierra Negra por primera vez en muchos siglos. El corregente fue plenamente consciente de que aquella situación era insostenible y así, en tanto Akhenatón ascendía definitivamente al panteón egipcio convertido en un verdadero dios, Nefertiti se hizo cargo de la lamentable situación en la que se encontraba Kemet para dar los primeros pasos en busca de un poco de luz entre tanta oscuridad. El conocido grafito Pawah es una buena prueba de ello, pues en él se da cuenta del ruinoso estado del país, así como del intento de acercamiento por parte de Ankheprura al clero de Amon. En este texto Nefertiti ora en compañía del sacerdote *web* Pawah, en su templo de Tebas, para pedir al Oculto que regrese junto a su pueblo, que parece abandonado. El grafito viene fechado en el año tres de gobierno de Ankheprura-Nefernefruatón, amado de Waenra, lo cual demuestra que Nefertiti ya poseía su propia cronología y tomaba decisiones de Estado en tanto su augusto esposo vivía su mística religiosa.

Sin duda, la situación de la bella corregente tuvo que ser delicada, pues se vería obligada a intentar mejorar el caótico estado en el que se hallaba Egipto en tanto procuraba mantener la nueva corriente ideológica creada por su marido. Ello nos habla de la gran talla y determinación que tuvo que poseer Nefertiti, que sin duda hubo de nadar por unas aguas plagadas de peligros e intrigas sin fin.

A Akhenatón le sucedió Ankheprura Smenkhare, que obviamente no podía ser otra que la reina corregente. La identidad de este faraón ha sido motivo de discusiones sin fin, pues parece surgido de la nada. A la posibilidad de que Nefertiti y Smenkhare hubieran sido la misma persona se han opuesto con firmeza muchos egiptólogos al asegurar que los restos reales hallados en la misteriosa tumba KV 55 pertenecían a un hombre joven, que no podía ser otro que el enigmático Smenkhare, y en ningún caso Akhenatón como defendían algunos.

Sin embargo, como sabemos, los últimos estudios no dejan lugar a dudas y hoy se sabe que las primeras dataciones efectuadas al cuerpo enterrado en la KV 55 eran erróneas, y que este pertenece con total seguridad a Akhenatón.

Como expone de forma brillante el egiptólogo N. Reeves en su magnífica obra, *Akhenatón el falso profeta de Egipto,* no existe ninguna prueba que pueda contradecir que Nefernefruatón y Smenkhare fueran una sola persona, pues incluso llegaron a tener la misma Gran Esposa Real, que no fue otra que la hija mayor de Nefertiti, Meritatón.

El reinado de Smenkhare resultó tan enigmático como efímero y, en opinión del autor, tuvo un final insospechado en el que se intentó fraguar la mayor traición conocida de manos de un faraón; la carta de la misteriosa reina Dahamunzu. Pero... ¿quién fue en realidad Dahamunzu?

EL ENIGMA DE LA REINA TRAIDORA

Todo comenzó en el año 1906 cuando el arqueólogo alemán H. Winkler encontró la antigua capital de los hititas, Hattusa, y al excavar en ella halló más de diez mil tablillas grabadas en escritura cuneiforme de un valor histórico inestimable. Estas tablillas recibieron el nombre de *Los hechos de Suppiluliuma*, aunque no fueran recopiladas durante el reinado de este rey, sino en el de su hijo, Mursili II.

Además de explicar los acontecimientos ocurridos en todo Oriente Próximo durante aquella época, los anales nos hablan de una inquietante carta recibida por Suppiluliuma que venía firmada por la reina de Egipto, Dahamunzu, a la muerte del faraón «Niphururiya».

Del contenido de la carta ya se ha hecho referencia en esta obra, pero ¿quién era esta reina egipcia que atendía a un nombre tan extraño? Sobre este particular han tenido lugar, como de costumbre, encendidas discusiones, y muchos especialistas han expuesto las opiniones más dispares sin que aún hoy en día se hayan llegado a poner de acuerdo.

Lo que sí que parece claro es que el término Dahamunzu no hace referencia al nombre de una reina, sino a la pronunciación hitita del término: *ta hemet nisut*, o lo que es lo mismo, «la esposa del rey», como demostraron Lombdin y Federn. Pero ¿de quién podía tratarse? ¿Quién era el faraón al que los hititas llamaban «Niphururiya»? Los dos únicos monarcas a los que podían referirse estos anales eran Akhenatón y Tutankhamón, más o menos contemporáneos a los textos, y cuyos nombres de entronización, Neferkheprura y Nebkheprura, resultaban parecidos a la vocalización hitita y, sobre todo, entre sí. Ahí radicaba el principal problema, pues para los estudiosos cualesquiera de los dos podía ser Niphururiya.

Obviamente, y en tal caso, las reinas capaces de escribir aquella carta no serían otras que Nefertiti o Ankhesenamón, y dado que la opinión generalizada se decantó por Tutankhamón como el elegido a convertirse en Niphururiya, Ankhesenamón se reveló como la redactora de la famosa carta; pero...

Tal y como argumentó John Harris, la muerte de Tutankhamón tuvo lugar en el mes de diciembre, ya que las ofrendas florales depositadas en la tumba indican que el entierro se produjo durante la primera quincena de marzo, setenta días después del fallecimiento del joven faraón, como era costumbre. Sin embargo, *Los hechos de Suppiluliuma* nos indican que la carta de Dahamunzu fue recibida a finales del otoño, es decir, unos once meses después de la desaparición de Tutankhamón. Se sabe que existió un lapso de tiempo en el que se produjeron nuevas negociaciones, lo cual nos llevaría a más de un año de espera hasta que el príncipe Zannanza se decidiera a partir hacia Egipto. Se antoja absolutamente imposible que Egipto estuviera sin faraón durante ese tiempo, sobre todo cuando sabemos fehacientemente que Ay fue el encargado de oficiar el entierro de Tutankhamón y, por tanto, declarado heredero al trono de las Dos Tierras. Para cuando Suppiluliuma diera la orden de partida hacia Egipto a su hijo, Ay llevaría gobernando cerca de un año, y resulta obvio que el viejo rey hitita jamás se hubiera atrevido a enviar a uno de sus príncipes en tales circunstancias. Así pues, Ankhesenamón no pudo ser la autora de aquella carta.

En el caso de Nefertiti las piezas encajarían perfectamente. Sabemos que Akhenatón murió durante la vendimia, finales de septiembre, y por lo tanto la reina, que ya gobernaba en solitario con el nombre de Smenkhare, tuvo tiempo suficiente para enviar la misiva en el mes de diciembre, al ver que su situación se hacía insostenible entre las ambiciones que la rodeaban. Ella sí pudo mantenerse a la espera durante los siguientes meses, pues no en vano continuaba en el poder, para hacer así posible las negociaciones que se sucedieron.

Harris también hace referencia a otra prueba que resulta, sin duda, determinante. En los anales hititas a los que nos referimos, se habla de un ataque a varias ciudades de Amki, en tiempos de la enigmática Dahamunzu y, asimismo, en una de las valiosas *Cartas de Amarna*, en concreto la EA 170, se comenta una acción militar llevada a cabo contra dicho territorio de Amki por parte de las tropas del general hitita Lupakki. Dado que estas tablillas permanecieron en la ciudad de Akhetatón hasta que los archivos fueron cerrados al abandonarse la capital, definitivamente, hacia el año ocho del reinado de Tutankhamón, resulta imposible que Dahamunzu fuera Ankhesenamón, que de haber escrito la carta debería encontrarse ya viuda, algo que ocurriría al menos dos años después de que la Casa de la Correspondencia del Faraón hubiese sido clausurada en Akhetatón.

Por último, el egiptólogo C. Vandersleyen apuntó, con perspicacia, que el término Dahamunzu no alude a la esposa del rey, sino más bien a la «esposa del rey por excelencia», un término hitita más apropiado para una gran reina como fue Nefertiti que para la joven Ankhesenamón.

Sin duda todo resulta misterioso, como también lo

fuera el final de la fascinante Nefertiti. Nadie sabe como murió la reina, ni tampoco dónde se halla enterrada, aunque todo apunte al Valle de los Reyes cómo su última morada, oculta en su propio misterio, a la espera de desvelarnos sus secretos.

Epílogo

ALGUNAS CURIOSIDADES

Como es fácil de comprender, el descubrimiento de la cultura del Antiguo Egipto se encuentra repleto de anécdotas y situaciones sumamente curiosas, que serían capaces, por sí solas, de confeccionar más de una obra.

Estas curiosidades o «chismes» históricos son, en ocasiones, verdaderamente sorprendentes e incluso divertidos, y es por esto por lo que, para finalizar nuestro paseo por la antigua cultura del país del Nilo, haremos referencia a alguno de ellos.

Ya sabemos que la fiebre por la egiptomanía desatada a raíz de la invasión de las tropas napoleónicas de Egipto hizo llegar hasta la tierra de los faraones a algunos personajes, cuando menos, peculiares.

El primero del que hablaremos es Davison, un diplomático inglés que entró en la Gran Pirámide en el año 1765. Él fue quien descubrió la primera cámara de descarga situada sobre la del rey, al captar los extraños ecos que parecía producir su voz en la parte superior de la «gran galería», en el interior de la pirámide. Así fue como descubrió un hueco junto al techo por el que decidió introducirse a investigar. La cosa no le resultó fácil, puesto que había casi medio metro de excrementos de murciélago acumulados desde hacía milenios; pero se las arregló, y tras arrastrarse por un estrecho pasillo, descubrió una cámara situada justo sobre la que hoy conocemos como cámara del rey. A Davison aquella sala, de las mismas dimensiones que la real aunque mucho más baja, no le pareció que tuviera interés alguno, aunque sin embargo dejara su nombre grabado en ella. Esta es la primera de las cinco cámaras de descarga situadas sobre la del rey, que recibe el nombre de Davison en honor de este diplomático inglés.

El siguiente al que merece la pena referirse no es otro que Giovanni Battista Caviglia, un marino genovés que exploró las pirámides y la esfinge a principios del siglo XIX. Este ingenioso individuo estaba obsesionado con el descubrimiento, dentro de la Gran Pirámide, de salas ocultas que contuvieran secretos místicos, aunque también es sabido que se dedicaba a la búsqueda de objetos valiosos para algunos anticuarios que le tenían contratado.

Este curioso personaje limpió de excrementos la cámara de Davison, convirtiéndola en su cuartel general, pues según cuentan vivía en su interior como si fuera su apartamento. Ni que decir tiene que recorrió todos los pasajes de la pirámide, aunque nunca encontrara su añorada sala secreta.

Cuando el coronel Howard Vyse conoció a Caviglia en 1836, mientras se encontraba en Alejandría, se sintió fascinado por él, contratándole de inmediato para que se hiciera cargo de las excavaciones que tenía la intención de acometer.

En verdad que este coronel era un tipo singular, pues él mismo se definía como «un moderno buscador de diversiones», aunque su verdadera afición fuera la dinamita, pues ha pasado a la historia por el uso sistematizado de esta, a fin de abrirse paso a través de los bloques de piedra de los antiguos monumentos.

Vyse encargó diversas exploraciones al italiano que, al parecer, este no cumplió, por dedicarse a la búsqueda de momias para los anticuarios en otros lugares. Ello trajo consigo que ambos hombres tuvieran un fuerte enfrentamiento, que llegó a su desenlace cuando una mañana, mientras el coronel desayunaba tranquilamente, Caviglia se presentó en su tienda y le arrojó la suma de cuarenta libras, que Vyse le había adelantado para las excavaciones, envueltas en un viejo calcetín. No sabemos si este estaba sucio o no, pero en cualquier caso el británico lo recogió con parsimonia y, tras extraer el dinero de su interior, se lo devolvió al italiano dándole los buenos días; algo que hizo que el genovés se marchara hecho una furia.

Lógicamente, este fue el final de su relación, pues a partir de ese momento Vyse contrató a un ingeniero llamado Perring, y se dedicó a excavar como a él le gustaba: con dinamita.

Este coronel inglés fue el que se abrió paso hacia arriba, desde la cámara de Davison, dinamitando las ciclópeas piedras hasta crear un pasaje por el que descubrió las restantes cuatro cámaras superiores, a las que bautizó con arreglo a su criterio particular.

Así, a la segunda la llamó cámara de Wellington, en honor al duque, a la tercera de Nelson, en recuerdo del almirante, a la cuarta de lady Arbuthnot, que era la esposa de un teniente general con este nombre, y a la quinta le puso por nombre de Campbell, que era el cónsul británico en El Cairo.

Este sujeto continuó haciendo de las suyas durante un tiempo por toda la zona arqueológica de Guiza, que probó su dinamita. Él fue el artífice de que se sacara el sarcófago de granito, perteneciente al faraón Micerinos, para embarcarlo a bordo del Beatrice, un barco con destino a Inglaterra.

Sin embargo, el Beatrice naufragó en medio de una terrible tempestad frente a las costas de Cartagena, en cuyas aguas continúa el sarcófago del faraón, ya que nunca se recuperó.

Mas si este tipo de aventureros darían para escribir más de una novela, los hallazgos encontrados por los arqueólogos en algunas tumbas no les irían a la zaga.

Un ejemplo de ello lo tendríamos en el descubrimiento de la tumba de la reina Hetepheres, madre del faraón Keops, en el año 1925. Al parecer, y mientras el jefe de la misión arqueológica, el americano G. A. Reisner, se encontraba en su país, el fotógrafo de la expedición, al ir a tomar unas fotografías de la zona, observó como las patas del trípode fotográfico se hundían en la arena, bajo la cual se encontraba nada menos que la tumba, intacta, de esta reina, que gracias al famoso trípode fue posible encontrar.

Indiscutiblemente, esta no ha sido la única vez que se descubre una tumba perdida en Egipto de semejante forma, pues no hace mucho el doctor Hawass sacó a la luz la conocida como la tumba de las momias de oro, en Bahariya, después de haberse hundido un burro en la arena que la cubría.

Otra anécdota divertida le ocurrió al arqueólogo inglés Quibell mientras limpiaba la tumba de Yuya y Tuya, que él mismo había descubierto. Un día recibió la inesperada visita de una dama acompañada de un hombre que se dirigía a ella como «alteza». Enseguida, el egiptólogo les invitó a entrar, aunque ya no hubiera mucho que ver, pues la tumba se encontraba prácticamente vacía, y solo quedaba como pieza de valor una silla que había pertenecido a la princesa Sitamun, hija y también esposa de Amenhotep III, que era una verdadera obra de arte. Al parecer, la invitada se sintió cansada, y al ver la maravillosa silla, no se le ocurrió otra cosa que sentarse en ella.

Según contaría posteriormente Quibell, no se atrevió a hacer levantar a su alteza del asiento, aunque, afortunadamente, este soportó su peso sin sufrir ningún daño.

Cuando la dama se marchó, Quibell se enteró de que aquella señora era nada menos que la emperatriz Eugenia de Montijo.

Otro de los hechos que causó perplejidad a los primeros egiptólogos fue el encontrar flores entre los restos mortales de algunos faraones. Son varias las momias reales que han sido halladas cubiertas con guirnaldas de flores. Así, cuando Loret descubrió la tumba de Amenhotep II, se quedó sorprendido al ver que la momia tenía un collar de mimosas alrededor de su cuello. Aunque para sorpresa la que recibió Maspero cuando encontró una avispa entre las flores que adornaban los restos del faraón Amenhotep I, perfectamente conservada. Al parecer, el insecto debió de quedarse atrapado entre los pétalos al cerrar el sarcófago, acompañando de esta forma al ilustre rey durante los siguientes tres mil quinientos años.

Otro capítulo, verdaderamente curioso, fue el que protagonizaron algunas momias reales.

Al morir el nacionalista egipcio Saad Zaghlul en 1927, el gobierno de este país decidió honrarle construyendo un mausoleo donde enterrarle. Sin embargo, la viuda del estadista no dio su beneplácito para que le sepultaran allí, y las autoridades egipcias pensaron entonces que ya que el mausoleo se encontraba vacío, sería un buen lugar donde depositar las momias reales de sus antepasados; y eso fue lo que hicieron.

No obstante, en el año 1937 la viuda del estadista egipcio juzgó oportuno cambiar de opinión, y por fin su marido fue llevado al mausoleo que un día levantaran para él.

En cuanto a las momias de los antiguos faraones, estas fueron devueltas al Museo de El Cairo como si nada hubiera pasado.

Por cierto que una de estas momias, la del faraón Amenhotep II, ya había sido trasladada con anterioridad desde su tumba en el Valle de los Reyes al Museo de El Cairo en el año 1931. Lo curioso es que lo hizo en un tren, aunque eso sí, en un coche de primera clase y ocupando la litera de arriba, tal y como correspondía a su alcurnia; sorprendente, sin duda.

Por último, y como colofón a este pequeño relato de curiosidades, nos referiremos a una anécdota realmente insólita. Esta no es otra que la que tuvo por protagonista a la momia del faraón Tutmosis IV al ser llevada a analizar por rayos X, allá por los años veinte del siglo pasado.

La momia tenía que ser trasladada desde el Museo Egipcio de El Cairo hasta el único hospital en la ciudad que poseía los medios necesarios para hacerlo. El doctor Elliot Smith y Howard Carter fueron los encargados de acompañar los reales restos, aunque lo hicieran de un modo, como poco, singular, ya que subieron al difunto en un taxi y, seguidamente, se encaminaron al citado hospital. Es por ello que Tutmosis IV puede presumir de haber sido el primer faraón de Egipto en viajar en taxi, lo cual no deja de ser un hecho digno de consideración.

Terminología egipcia

Akhet: la inundación, corresponde al período comprendido entre el 15 de julio y el 15 de noviembre.

akh: la unión entre el *ba* y el *ka*.

Amenti: el mundo de los muertos.

Ankh em maat: «el que vive en la verdad».

apiru: los bandidos que asolaban el valle de La Bekaa.

«Aquellos que dan la vida»: de esta forma llamaban los antiguos egipcios a los escultores.

atef: una de las coronas que porta el faraón a lo largo de su reinado.

Atón: el disco solar.

ba: así llamaban los antiguos egipcios al alma.

bau: fuerzas con las que los dioses podían actuar a distancia.

Campos del Ialú: tal era el nombre del paraíso de los egipcios.

Canciller del dios: jefe de los embalsamadores.

casa de la cerveza: taberna donde también se podía disfrutar de la compañía de mujeres.

Casa de la Vida: escuela albergada en el templo.

Casa de los Libros: los archivos del templo.

codo: unidad de medida equivalente aproximadamente a
0,523 metros y que se dividía en 7 palmos y 28 dedos.

corvada: las levas forzosas que reclutaban campesinos
para trabajar en la edificación de obras públicas y
monumentos.

deben: medida de peso usada para las transacciones.
Los antiguos egipcios no conocían el dinero, por lo
que las transacciones las hacían por medio de intercambios. Para ello utilizaban un valor de referencia
en forma de peso, el *deben*. Así, si por ejemplo alguien quería comprar un asno, ofrecía diversas mercancías que en conjunto sumaran el precio del po-
llino. A su vez, el *deben* se subdividía en *quites*. El
peso del *deben* varió a lo largo de la historia de
Egipto, pero durante la XVIII Dinastía la relación
de pesos era como sigue: 1 *quite*: 9 gramos; 10 *quites*: 90 gramos; 1 *deben*: 10 *quites*. A su vez, el *deben*
podía ser de cobre, plata u oro.

denyt: diques de retención construidos en la época de
la crecida del río.

djed: pilar símbolo de estabilidad.

epep: mes de mayo-junio.

Heb Sed: festival que conmemora los primeros treinta
años de reinado del faraón.

heka: mago, hechicero. También, cetro que simboliza
el poder de gobernar del faraón.

heka-het: gobernador.

hekat: unidad de medida de volumen, utilizada en agricultura y que correspondía a 4,78 litros. Un *hekat*
de trigo pesaba 3,75 kilos.

hem netcher: profeta.

hem netcher tapy: Primer Profeta de Amón.

hemet-nisut-weret: Gran Esposa Real.

henen: pene.

hentis: así designaban los antiguos egipcios a los años.

hery-sesheta: sacerdote jefe al cargo de las ceremonias del ritual.

heset: muchacha cantora al servicio de la diosa Hathor.

ibes: una de las coronas que porta el faraón durante su reinado.

imira sesemet: jefe de la caballería.

irep: vino.

iteru: equivalía a 10,5 kilómetros.

iti netcher: «Padre del Dios y puro de manos.»

justificación de Osiris: si el difunto era declarado apto para alcanzar el paraíso tras el Juicio Final, se decía de él que era «justificado».

ka: tiene un significado complejo que podríamos traducir como «la energía vital del individuo».

kap: academias donde los príncipes y los hijos de las familias poderosas eran educados.

khamsin: viento del desierto.

khar: unidad de medida de volumen, que durante la XVIII Dinastía equivalía a 73 litros.

khepresh: la corona de color azul que porta el faraón durante la batalla.

kilt: sencilla prenda que acostumbraban llevar los campesinos.

kolahk: cuarto y último mes de *Akhet* (octubre-noviembre).

«levantar tiendas»: así llamaban los antiguos egipcios al acto amoroso.

maat: principio de orden y justicia inmutable.

maaty: un «justificado» en el *maat*.

medjays: soldados que cumplían labores de policía.

menefyt: los veteranos en el ejército.

mer mes: general del ejército egipcio.

meret: siervo, campesino.

meryt: barreras de contención para proteger las casas de la crecida del río.

meshir: segundo mes de *Peret*; equivale al período comprendido entre el 15 de diciembre y el 15 de enero de hoy.

mesore: cuarto mes de *Shemu*.

mesyt: la cena.

metu: los antiguos egipcios creían que el cuerpo se hallaba repleto de canales llamados *metu*, que comunicaban todos los órganos entre sí. Por ellos circulaban todo tipo de fluidos.

mrjyt: clepsidra empleada para medir las horas nocturnas.

mu: semen.

mut-nisut: Madre del Rey.

nebet: señora.

nekhej: flagelo portado por el faraón, símbolo ancestral de su poder.

nemes: pieza típica de tela con la que se cubría la cabeza el faraón.

netcheru neferu: dios menor.

Niño de Horus: los ayudantes de los embalsamadores.

nomarca: el gobernador al cargo del nomo.

nomo: nombre que recibían las provincias en el Antiguo Egipto.

Nueve Arcos: los tradicionales enemigos de Egipto.

ostrakas: fragmentos de cerámica empleados para aprender a escribir.

paone: segundo mes de *Shemu*.

paope: segundo mes de *Akhet*.

pashons: primer mes de la estación de *Shemu*.

Peret: estación de la siembra.

phylaes: secciones en las que se dividían los trabajadores al servicio de los templos.

prenomen: nombre que tomaba el faraón al coronarse.

Primer Profeta: el Sumo Sacerdote.

pschent: la corona de las Dos Tierras que porta el faraón.

qahar: mercenarios libios.

quite: medida de peso equivalente a nueve gramos.

Ra-Atum: el sol de la tarde.

Ra-Horakhty: el sol del mediodía.

Ra-Khepri: el sol de la mañana.

renpit gab: un «año cojo»; año de desventuras en el que los meses se presentaban desordenados y las cosechas eran malas.

sacerdote *sem*: sacerdotes que actuaban en las ceremonias religiosas para celebrar los ritos de resurrección. Estaban adscritos al clero del dios Ptah y al del dios Ra, aunque también se encontraban relacionados con Sokar, un dios menfita ligado funerariamente a Ptah.

Sala de las Dos Justicias o Sala de las Dos Verdades: lugar donde se celebraba el Juicio Final.

saru: consejo local de notables.

sat nisut: Hija del Rey.

sebu: ceremonia de la circuncisión.

sedjemy: juez supremo.

sehedy sesh: escriba inspector.

sema-tawy: ceremonia en la que se representaba la unión indisoluble de las Dos Tierras, el Alto y el Bajo Egipto.

sementiu: los mineros.

senet: un tipo de pasatiempo muy popular entre los egipcios.

sendyit: faldellín corto.

sesh mes: escriba del ejército.

seshat: también conocida como *arura*. Equivalía a 2.735 metros cuadrados (cuatro *seshat* correspondían a algo más de una hectárea).

shebyu: collar de cuentas de oro macizo.

shedeh: un licor embriagador con propiedades afrodisíacas.

Shemu: estación de la cosecha.

shep-set-aat: gran dama noble.

shuty: tratante de comercio.

sunu: así llamaban a los médicos en el Antiguo Egipto.

talatat: bloque de piedra arenisca de menor tamaño (60 × 25 centímetros) que el empleado tradicionalmente en la construcción de templos y otros edificios.

tay srit: portaestandarte del ejército egipcio.

tent heteri: soldados de carros.

thot: primer mes de la estación de *Akhet*.

ti-aty: visir.

tobe: primer mes de *Peret*.

Toro Poderoso: uno de los nombres con los que se hacía llamar el faraón.

trilítero: caracteres jeroglíficos que representan tres consonantes.

Unuty: organismo formado por doce sacerdotes horarios.

ureus: símbolo característico de la realeza que puede verse en el tocado del faraón, en el que se representa una cobra erguida.

ushebtis: «los que responden»; estatuillas, generalmente momiformes, que se depositaban en las tumbas para realizar cualquier trabajo del difunto en el Más Allá.

was: cetro, símbolo de poder.

web: sacerdote purificador.

Bibliografía*

   * Para agilizar la lectura de esta obra, se han eliminado aquellas notas al pie de página en las que se recogía la referencia bibliográfica a citas textuales, terminología o conceptos incluidos en el texto. La inclusión de la bibliografía que se detalla a continuación espera llenar cualquier vacío que esa supresión haya podido ocasionar. *(N. del A.)*

ALFRED, CYRIL, *Akhenatón, faraón de Egipto*, EDAF, Madrid, 1989.

ASSMANN, J., *Egipto, Historia de un sentido*, Abada Editores, Madrid, 2005.

BAINES, J. y MALEK, J., *Egipto, dioses, templos y faraones*, Folio, Barcelona, 1992.

BLÁZQUEZ, J., MARTÍNEZ-PINNA, J., PRESEDO, F., LÓPEZ MELERO, R. y ALVAR, J., *Historia de Oriente Antiguo*, Cátedra, Madrid, 1992.

BRIER, B., *El asesinato de Tutankhamón, la verdadera historia*, Planeta, Barcelona, 1998.

—, *Momias de Egipto*, Edhasa, Barcelona, 1996.

—, *Secretos del Antiguo Egipto mágico*, Robinbook, Barcelona, 1994.

BUNSON, M., *A Dictionary of Ancient Egypt*, Oxford University Press, Nueva York, 1991.

CASTEL, E., *Diccionario de mitología egipcia*, Alderabán Ediciones, Madrid, 1995.

—, *Los sacerdotes en el Antiguo Egipto*, Alderabán Ediciones, Madrid, 1998.

CIMMINO, F., *Vida cotidiana de los egipcios*, EDAF, Madrid, 1991.

CLAYTON, P. A., *Crónica de los faraones*, Destino, Barcelona, 1996.

CORTEGGIANI, J. P., *El gran libro de la mitología egipcia*, La Esfera de los Libros, Madrid, 2010.

CUENCA, M. y BARBA, R. E., *La medicina en el Antiguo Egipto*, Alderabán Ediciones, Madrid, 2004.

DAVID, R., *Religión y magia en el Antiguo Egipto*, Crítica, Barcelona, 2004.

DE LA TORRE, J., SORIA, R., *Misterios de Egipto*, Studio Press, Madrid.

DESROCHES NOBLECOURT, C., *Tutankamen*, Noger, Barcelona, 1963.

DODSON, A., *Los jeroglíficos del Antiguo Egipto*, LIBSA, Madrid, 2003.

DORMAN, P., «The long coregency revisited: Architectural and iconographic Conundra in the tomb of Kheruef», Oriental Institute, University of Chicago, julio de 2007: *http://oi.uchicago.edu/pdf/LongCoregency.pdf*.

EDWARDS, I. E. S., *Las pirámides de Egipto*, Crítica, Barcelona, 2003.

Egipto con vocación a la eternidad (blog) el Decreto de Horemheb. *http://egiptoeterno-herjuf.blogspot.com.es/2007/10/el-decretode-horemheb-ra-serkheperu.html*.

FLETCHER, J., *Amenhotep III, biografía del Rey Sol de Egipto*, Folio, Barcelona, 2006.

—, *El enigma de Nefertiti*, Crítica, Barcelona, 2005.

GALÁN, J. M., «Aspectos de la diplomacia del Antiguo Egipto», *Sefarad*, LV, 1, CSIC, Madrid, 1995.

GARDINER, A., *Egyptian Grammar*, Griffith Institute Ashmoleam Museum, Oxford, Gran Bretaña, 1998.

GRIMAL, N., *Historia del Antiguo Egipto*, Akal, Madrid, 1996.

HART, G., *A Dictionary of Egyptian Gods and Goddesses*, Routledge & Kegan Paul Inc., Londres, 1990.

HORNUNG, E. y LORTON, D., *Akhenaten and the Religion of the Light*, Cornell University Press, Nueva York, 2001.

JACQ, C., *El Egipto de los grandes faraones*, Martínez Roca, Barcelona, 1998.

—, *El Valle de los Reyes*, Martínez Roca, Barcelona, 1994.

KEMP, B., *El Antiguo Egipto, anatomía de una civilización*, Crítica, Barcelona, 1992.

KMT, A Modern Journal of Ancient Egypt, Volume 21, n.º 2, verano de 2010, KMT Communications, Inc.

LEHNER, M., *Todo sobre las pirámides*, Destino, Barcelona, 2003.

MANLEY, B., *Los setenta grandes misterios del Antiguo Egipto*, Blume, Barcelona, 2004.

MANNICHE, L., *An Ancient Egyptian Herbal*, University of Texas Press, Austin, 1999.

MARTÍN VALENTÍN, F J., *Gramática egipcia*, Alderabán Ediciones, Madrid, 1999.

—, *Los magos del Antiguo Egipto*, Oberon, Madrid, 2002.

MONTET, P., *La vida cotidiana en Egipto en tiempos de los Ramsés*, Temas de Hoy, 1990.

Moran, W. L., *The Amarna Letters*, Johns Hopkins University Press, Baltimore, 1992.

Murnane, W. J., *Ancient Egiptian Coregencies*, Oriental Institute, Chicago University, Chicago, 1977.

—, *Texts from the Amarna Period in Egypt*, Society of Biblical Literature, Atlanta, 1995.

Nunn, J. F, *La medicina del Antiguo Egipto*, Fondo de Cultura Económica, México D. F., 2002.

Parra Ortiz, J. M., *Los constructores de las grandes pirámides*, Alderabán Ediciones, Madrid, 1998.

Rachet, G., *Diccionario de civilización egipcia*, Larousse, Barcelona, 1995.

Redford, D. B., *Akhenaten, The Heretic King*, Princeton University Press, Princeton, 1987.

Reeves, N., *Akhenatón. El falso profeta de Egipto*, Oberon, Madrid, 2002.

—, *Todo Tutankhamón*, Destino, Barcelona, 1991.

—, y Wilkinson, R. H., *Todo sobre el Valle de los Reyes*, Destino, Barcelona, 1998.

Rice, M., *Quién es quién en el Antiguo Egipto*, Archivos Acento, Madrid, 2002.

Romer, J., *Los últimos secretos del Valle de los Reyes*, Planeta, Barcelona, 1983.

Sánchez Rodríguez, A., *Astronomía y matemáticas en el Antiguo Egipto*, Alderabán, Madrid, 2000.

Shaw, I., *Historia del Antiguo Egipto*, La Esfera de los Libros, Madrid, 2007.

—, y Nicholson, P., *Diccionario Akal del Antiguo Egipto*, Akal, Madrid, 2004.

Strouhal, E., *La vida en el Antiguo Egipto*, Folio, Barcelona, 1994.

TOMPKINS, P., *Secretos de la Gran Pirámide*, Javier Vergara Editor, Buenos Aires, 1987.

TRELLO, F., *Las guerras de Ramsés III*, Boletín de la Asociación Española de Egiptología, Madrid, 2000.

TYLDESLEY, J., *Hijas de Lis*, Martínez Roca, Barcelona, 1998.

—, *Los descubridores del Antiguo Egipto*, Destino, Barcelona, 2005.

VV. AA., «Ancestry and Pathology in King Tutankhamun's Family», *The Journal of the American Medical Association*, vol. 303, n.º 7, 17 de febrero de 2010.

—, *Diccionario de civilización egipcia*, Planeta, Barcelona, 1992.

WEEKS, R. K., *Los tesoros de Luxor y el valle de los Reyes*, Libsa, Madrid, 2006.

WILKINSON, R. H., *Todos los dioses del Antiguo Egipto*, Oberon, Madrid, 2000.

WILKINSON, T., *The Raise and Fall of Ancient Egipt*, Bloomsbury Press, Londres, 2010.

Índice onomástico

Asclepios, 41
Atum, 101
Aureliano, 204
Ay, 209, 291, 295, 297, 300, 303-305, 328-329, 337
Ayrton, 227-228

Bastet, 176
Bauval, R., 38, 39
Bay, 320-321
Belzoni, Giovani Battista, 200, 207-208, 217-218
Bénédite, Georges, 251
Bersanti, A., 294
Bintanat, 326
Bonaparte, Napoleón, 49, 215-217, 219-220
Bouchard, Pierre Françoise, 220-221
Brier, B., 93
Bruce, James, 205, 215
Brugsch, Emile, 224
Burton, Harry, 228

Callender, 234, 235, 239, 241
Cambises II, 277
Campbell, E. F., 45, 331
Canopo, 111
Carnarvon, lord, 228-230, 233-238, 249-252
Carter, Howard, 192, 202, 219, 226-241, 243-244, 247-252, 302, 349

Caviglia, Giovanni Battista, 218, 344-345
Cayce, Edgar, 52
César, Julio, 322-324
Cesarión, 323-324
Champollion, J. F., 218, 221
Cleopatra, 321-324
Conan-Doyle, Arthur, 251
Corelli, Marie, 249, 251

Dahamunzu, 335-336, 338
Daressy, George, 206
Darío, 268
Darío II, 277
Davison, Nathaniel, 45, 343-345
Demócrito, 108
Den, 285
Denon, Vivant, 216
Derry, Douglas, 242-246, 252-253, 301-302
Diodoro, 108, 110
Djedefre, 39, 47
Djoser, 40, 42-43
Djoser III, 286
Duamutef, 111

Edwards, Amelia, 222
Edwards, I. E. S., 37
Engelbach, R., 160, 233
Escorpión, 18-20, 138
Euclides, 146
Evelyn, lady, 232-235, 250, 252

Ilustraciones

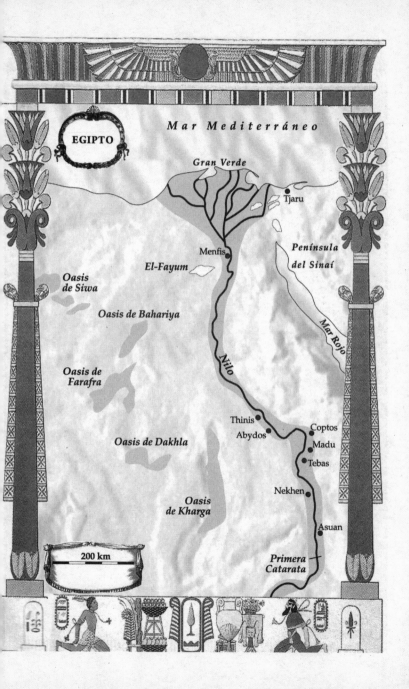

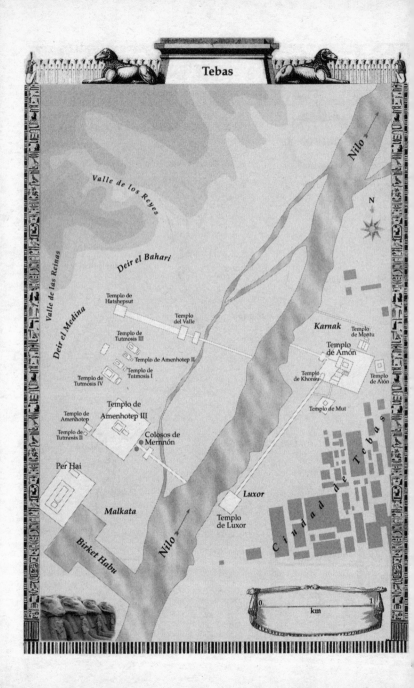

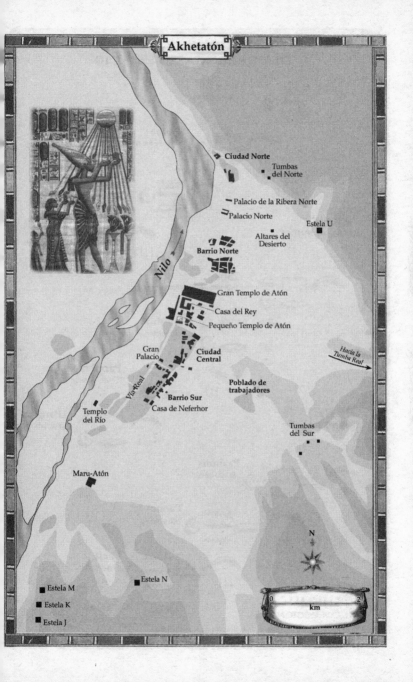

Akhetatón

Ciudad Norte

Tumbas del Norte

Palacio de la Ribera Norte

Palacio Norte

Estela U

Altares del Desierto

Barrio Norte

Gran Templo de Atón

Casa del Rey

Pequeño Templo de Atón

Hacia la Tumba Real

Gran Palacio

Ciudad Central

Poblado de trabajadores

Barrio Sur

Casa de Neferhor

Templo del Río

Tumbas del Sur

Maru-Atón

N

Estela N

Estela M

0 km 2

Estela K

Estela J

Nilo

ESTACIONES Y MESES
DEL CALENDARIO EGIPCIO

Thot
(Julio-agosto)

Paope
(Agosto-septiembre)

Hathor
(Septiembre-octubre)

Koiahk
(Octubre-noviembre)

AKHET
(INUNDACIÓN)

Tobe
(Noviembre-diciembre)

Meshir
(Diciembre-enero)

Parmhotep
(Enero-febrero)

Parmute
(Febrero-marzo)

PERET
(SIEMBRA)

Pashons
(Marzo-abril)

Paone
(Abril-mayo)

Epep
(Mayo-junio)

Mesore
(Junio-julio)

SHEMU
(RECOLECCIÓN)

Explanada de las pirámides de Guiza.

Derecha, antigua fotografía de la Esfinge, antes de su excavación total, con la Gran Pirámide de Keops al fondo.

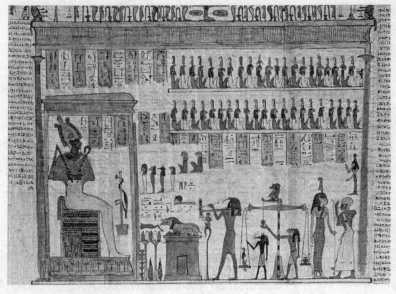

Escena de El libro de los muertos, *donde se observa el pesaje del alma de difunto en la balanza.*

Escarabeos, *amuletos en forma de escarabajo que simbolizaban la inmortalidad.*

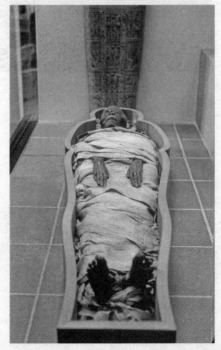

La creencia en el más allá era esencial en el mundo egipcio, por lo que tanto las ofrendas a los dioses (arriba, ofrendas a la diosa Maat), como la momificación (derecha) y la protección del cadáver revestían la mayor importancia (arriba, derecha, figura guardiana de la tumba de Tutankhamón).

*Arriba,
obelisco inacabado
hallado
en Asuán.*

La representación de las diversas actividades de la vida cotidiana egipcia aparecen en pinturas, bajorrelieves y esculturas. En la página anterior, abajo, elaboración de cerveza. Arriba, escenas de ordeño y de caza de patos, y abajo, carpinteros en su taller.

Arriba, grabado de la momia de Ramsés II y jeroglífico en el que aparece el nombre del faraón (cartucho izquierdo) y su nombre como rey (cartucho derecho): Usimare-Setepenre («la justicia de Ra es poderosa», «elegido de Ra»).

Arriba, la diosa Isis saluda al faraón.

Arriba, la Piedra de Rosetta, clave para descifrar la escritura jeroglífica egipcia. En ella aparece el mismo texto en escrituras jeroglífica y demótica, así como en griego.
A la derecha, arriba, Howard Carter y lord Carnarvon en la entrada de la tumba de Tutankhamón; abajo, carro de combate hallado en la tumba.

Bajorrelieve de la tumba de Akhenatón en el que aparece el propio emperador con su esposa Nefertiti y sus hijas Meritatón y Meketatón, adorando al sol.

La tumba de Tutankhamón ha constituido un descubrimiento único por la cantidad de objetos recuperados. Arriba, interior de la tumba de Tutankhamón y, a la derecha, máscara funeraria del faraón.

Arriba, templo funerario de la reina Hatshepsut.
Abajo izquierda, busto de piedra representando a Nefertiti
y, abajo derecha, escultura de Nefertari, esposa de Ramsés II, en Abu Simbel.

Índice